Oscar João Abdounur

COLEÇÃO ENSAIOS TRANSVERSAIS

Matemática e Música

O pensamento analógico na construção de significados

escrituras
Prêmio APCA 1999
Melhor Produção Editorial

Escrituras Editora e Distribuidora de Livros
Rua Maestro Callia, 123 - Vila Mariana 04012-100
São Paulo, SP - Telefax: (11) 5082-4190
Site: www.escrituras.com.br
E-mail: escrituras@escrituras.com.br

Coordenação editorial
Raimundo Gadelha

Capa e abertura de capítulos
Cristiano Leão

Fotolitos
Binhos

Impressão
Bartira Gráfica

Dados Internacionais de Catalogação na Publicação (CIP)
(Câmara Brasileira do Livro, SP, Brasil)

Abdounur, Oscar João
Matemática e música: pensamento analógico na construção de significados / Oscar João Abdounur. – São Paulo: Escrituras Editora, 1999. – (Série ensaios transversais)

Bibliografia.

1. Analogia 2. Matemática - História 3. Música - História 4. Significado (Filosofia) I. Título. II. Título: O pensamento analógico na construção de significados. III. Série.

99-4050 CDD-169

Índices para catálogo sistemático:
1. Pensamento analógico: Construção de significados: Filosofia 169
2. Significados: Construção: Pensamento analógico: Filosofia 169

Sumário

Capítulo IV - Implicações Educacionais

A meu pai
(In memoriam)

Introdução/Objetivos

A matemática e a música possuem laços profundos já conhecidos desde a Antigüidade. As primeiras manifestações de algum tipo de relação entre essas áreas aparentemente tão diferentes perdem-se, como dizem os historiadores, na noite dos tempos, uma vez que em quase todos os povos da Antigüidade encontram-se registros destas áreas em separado. Por exemplo, o poder conquistador suprahumano da música já se expressa na mitologia grega em Orfeu, cujo canto acompanhado de lira sustava rios, amansava feras e movia pedras. A matemática também faz-se presente desde os tempos mais remotos, por exemplo, na contagem de objetos.

Naturalmente, essas considerações levam-nos a pensar que em algum momento, o homem tenha começado a conjecturar relações entre matemática e música seja, por exemplo, através do fato de que a corda de um arco- e flecha maior, mais grossa ou ainda menos tensa produza sons mais graves ou mesmo que ao assoprar um osso, podem-se gerar sons diferentes dependendo do seu tamanho, bem como das posições em que são inseridos buracos.

Esta hipótese reforça-se através de um artigo publicado na revista *Scientific American* de setembro de 1997, referente a um osso de urso com idade entre 43.000 a 82.000 anos encontrado nos Alpes da Eslováquia em 1995, apresentando uma configuração de buracos capaz de produzir intervalos musicais de tons e semitons, elementos fundamentais da escala diatônica moderna, como por exemplo *dó-ré-mi-fá-sol-lá-si-dó*. Passível de ser considerado o instrumento musical mais antigo conhecido, esse achado emitia tais intervalos em virtude da distância entre o segundo e terceiro buracos ser duas vezes aquela existente entre o terceiro e quarto, o que já mostraria preocupações matemáticas quando de sua confecção. Porém, tais considerações não passam de conjecturas.

O primeiro registro científico, de fato, associando matemática e música ocorre por volta do século VIa .C. na Grécia Antiga, na escola pitagórica. Estes pensadores relacionaram *intervalos musicais* com o conceito matemático de *frações,* há mais de 2000 anos, fazendo uso de um instrumento de uma corda que denominaram monocórdio. Cientificamente como o primeiro registrado, tal experimento promove um vasto número de discussões na Grécia e posterior à cultura grega sobre teoria musical possuindo razões matemáticas como característica principal.

Entre essas discussões, uma questão importante que contribui para o fortalecimento dos estudos em matemática/música concerne às tentativas de buscar fundamentos científicos por exemplo para a *consonância musical.* O que faz dois sons produzirem efeitos no sentimento? O que os faz produzirem emoções das mais diversas naturezas, muitas delas comuns à grande parte dos seres humanos? Qual o fundamento científico que está por trás de tais fenômenos? Por que especificamente subjazem às consonâncias razões de pequenos números inteiros? Por que as escalas musicais são como as conhecemos? Por que as escalas são logarítmicas?

Nas tentativas de responder questões dessa natureza é que a matemática entra em cena constantemente desde o experimento de Pitágoras até os dias de hoje, gerando e respondendo a novas dúvidas. Cabe ressaltar que não se trata de querer com este trabalho fazer a matemática explicar completamente a música e nem o contrário. Entretanto, procura-se recuperar e organizar historicamente momentos importantes que revelam relações entre estas duas ciências.

Para realizar esta tarefa, bem como estudar as possíveis aplicações das relações entre a matemática e a música na dinâmica de construção de significados no cenário educacional, esta obra estuda ainda a relevância do pensamento análogico como instrumento de articulação de áreas ou de conceitos aparentemente distantes, mas com forte semelhança estrutural.

Dadas as considerações anteriores, o presente trabalho objetiva resgatar e relevar a importância do pensamento analógico na construção de significados. Tal meta ganha sentido especial quando se observa o pouco valor atribuído a esta forma de articulação de idéias no âmbito da educação. Apesar dos movimentos epistemológicos mais abrangentes no que tange às idéias de inteligência e conhecimento, o cenário educacional ocidental ainda supervaloriza as habilidades lógico-matemáticas e lingüísticas no leque de aptidões que compõem a faculdade intelectual. Na dinâmica de ensino/aprendizagem, o quadro mencionado evidencia-se em distintas circunstâncias, tais como resolução de problemas, estratégias de convencimento, processos de avaliação, atividades heurísticas e negociações didáticas em geral. A revalorização do pensamento analógico adquire ainda maior importância quando avaliamos as conseqüências ou os fatores concomitantes de uma formação destituída dessa forma de comparação de idéias na construção da identidade individual e coletiva.

A valorização excessiva atribuída ao pensamento lógico-matemático no cenário ocidental relaciona-se à importância adquirida pela Lógica Formal em tal âmbito, vinculada originalmente à Gramática e à Dialética. Estas, por sua vez, encontram suas raízes mais profundas nos trabalhos de Aristóteles que, fundamentado na organização da língua grega, sistematiza a lógica dedutiva.

Tais aspectos vinculam-se fortemente ao pouco reconhecimento da relevância de analogias na criação e no discurso científicos, bem como na resolução de problemas. Moldando tacitamente a estrutura dinâmica de pensamento coletivo ocidental, esse fenômeno ressoa em distintos terrenos, emergindo particularmente de maneira significativa no âmbito de ensino/aprendizagem.

Estimulada ainda por distintos pensadores - de Platão a Kant -, a relevância do raciocínio lógico-formal mencionada recebeu contribuição particular de Descartes. Tal pensador vem-nos à mente como símbolo de um conjunto de idéias associadas ao raciocínio dedutivo e encadeado, à causalidade e ao direcionamento, bem como à separação que estabelece, num certo sentido, contraponto significativo com as noções de comparação, simultaneidade, acausalidade, sincronicidade. Num plano superior, a tensão referida traduz-se no antagonismo - que simultaneamente possui caráter de complementaridade - lógico/analógico.

Associa-se ainda ao pensamento cartesiano a idéia de separação entre corpo e alma, cérebro e mente, bem como a concepções mecanicistas em diversos campos das ciências e humanidades. Além das evidências expressas anteriormente no âmbito didático/pedagógico, as idéias cartesianas emergem, com roupagens próprias, em distintos campos tais como a neurociência, em que alguns pesquisadores insistem em explicar a mente exclusivamente a partir de fenômenos cerebrais, desprezando-se o resto do organismo, bem como o ambiente físico e social. A medicina no ocidente também revela a influência tácita do pensador francês ao abandonar uma concepção orgânica e integradora de mente e corpo, predominante desde Hipócrates, passando por pensadores árabes tais como Ibn Sina, até o Renascimento, para assumir caráter mecanicista - por exemplo, concebendo o corpo como um mecanismo - e dissociado a partir de Descartes. Observa-se ainda a *ressonância* cartesiana na metáfora em que o corpo associa-se ao *hardware,* enquanto que a mente ao *software.* Impregnada de pensamento cartesiano, tal comparação apresenta-se fraca estruturalmente diante das evidências da atualidade, uma vez que o fato de a mente alterar o corpo não se transfere para o domínio informático, já que o *software* não modifica o *hardware.*

Nesse contexto, um ponto bastante significativo da influência de Descartes refere-se à separação razão/emoção que se revela, por exemplo, no simples ditado popular de que, para pensar bem e tomar decisões corretas, é preciso manter a cabeça fria, afastando as emoções e os sentimentos (Damásio, 1996). Outro aspecto estreitamente relacionado à presença silenciosa, no ambiente de ensino/aprendizagem, das idéias cartesianas refere-se à afirmação talvez mais famosa da história da filosofia: *penso, logo existo.* Tal asserção concede ao pensamento, em sua concepção racional, o papel principal no cenário subjacente à existência, o que de certa maneira apresenta-se intimamente relacionado à supremacia, entre as aptidões intelectuais, do raciocínio lógico-matemático no desenvolvimento epistemológico-cultural do ocidente.

O pensamento analógico ainda revela sua importância quando se examinam mais cuidadosamente os aspectos ressaltados anteriormente e ao mesmo tempo que se desvenda e sente a capacidade que esta forma de associação de idéias possui de integrar domínios cognitivos a domínios afetivos, bem como de inseminar a mente com estrutura dinâmicas complementares àquelas subjacentes ao raciocínio lógico-matemático, propiciando reconfigurações no pensamento, que agora assume estrutura mais ampla.

Num certo sentido, esta proposta retoma ainda, no âmbito educativo, o caráter organicista mencionado, pois aborda a participação do pensamento analógico à luz das concepções de *Conhecimento como Rede* (Lévy, 1993 e Machado, 1995), *Inteligência como um Espectro de Múltiplas Competências* (Gardner, 1995) e *Inteligência Coletiva* (Lévy, 1994). Conceber o conhecimento como rede possui estreita semelhança com pensá-lo como um organismo. Embora o presente discurso tenha enfatizado o abandono da idéia organicista no âmbito da medicina, o esquema subjacente a tal fenômeno ressoou em distintos cenários, incluindo a epistemologia e a didática que sustentaram até a década retrasada - pelo menos com ênfase registrada - a imagem de conhecimento como construção por tijolos.

Do ponto de vista histórico/didático/pedagógico, o presente trabalho visa a refletir sobre as concepções anteriormente mencionadas ao eixo matemática/música revelando, a partir da comparação das trajetórias das ciência e artes referidas, esquemas comuns na dinâmica de construção de significados. Observando as trajetórias da matemática e da música, o presente trabalho procura revelar analogias e similaridades no desenvolvimento dinâmico de construção de conceitos considerados, sob uma ótica especialista, pertencentes exclusivamente às áreas referidas. A partir da relação matemática/música, este estudo promove o entretecer de aptidões intelectuais pensadas, do ponto de vista cartesiano, como competências estanques, bem como a desterritorialização de conceitos considerados habitantes de terrenos específicos do conhecimento.

Do ponto de vista didático/pedagógico, busca-se operacionalizar a proposta acima através de oficinas interdisciplinares que, utilizando de distintas linguagens, atingem âmbitos de primeiro, segundo e terceiros graus. Ao utilizar distintas aptidões intelectuais concebidas por Gardner, articuladas às outras concepções mencionadas, tais oficinas revelam que a consciência de esquemas comuns permitem reproduzir, na dinâmica de ensino/aprendizagem, cenários da matemática/música, (re)construindo significados direta ou analogicamente. A fim de tornar clara a maneira como analogias participam da (re)construção de significados em meio às concepções epistemológicas apresentadas, concentra-se o trabalho em poucos temas pertencentes a princípio ao eixo intelectual referido, tais como Séries de Fourier, logaritmo e média geométrica em matemática e Série Harmônica e Temperamento em música.

Ao ressaltar a importância do pensamento analógico na (re)construção de significados, o presente trabalho pretende fornecer subsídios para interligar conhecimentos regidos por esquemas comuns, bem como integrar razão e emoção, estreitamente relacionadaa à indissociação afeto/cognição. Ao observar interferências e paralelos significativos entre a matemática e a música, reproduzindo analogicamente encontros das trajetórias de tais ciências em dinâmicas de ensino/aprendizagem, o presente trabalho tem o intuito de revelar que emoções e sentimentos, contrariamente à concepção racionalista, não somente constróem a racionalidade, como apresentam-se como condição sine qua non para sua existência.

Breve descrição dos capítulos

O capítulo I ilustra relações, analogias, paralelos e explanações mútuas entre matemática e música desprovidos de apoios em concepções epistemológicas. Tal interação serve de suporte experimental às futuras conjecturas sobre o papel do pensamento analógico na construção de significados, não apenas na relação entre essas áreas, mas também nas contribuições mútuas entre quaisquer outras expressões da inteligência.

Apesar dos esforços concernentes à inteligibilidade, é possível que a parte inicial desse trabalho apresente alguns pontos demasiadamente técnicos e específicos das áreas referidas. Para os fins que essa parte inicial se propõe - fornecer subsídios mais concretos com o intuito de desvendar dinâmicas ocultas de interação entre as trajetórias da matemática e da música com vistas ainda a conjecturar processos mais amplos referentes à inteligência -, tal dificuldade não relevará demasiada importância, assim como para o projeto como um todo. Contrariamente à procura de relações específicas entre as áreas referidas, o estudo em matemática/música no presente trabalho procura extrair semelhanças em esquemas subjacentes, processos de criação, mecanismos e dinâmicas cognitivas/afetivas abarcadas na *navegação* pelos cenários propiciados pelo envolvimento com as áreas mencionadas para a compreensão de mecanismos epistemológicos mais gerais pertinentes às distintas competências intelectuais.

As percepções inicialmente mencionadas possibilitam levantar dúvidas e conjecturar soluções sobre questões de natureza análoga em outros campos, inseminando e fertilizando, agora no terreno epistemológico, idéias concernentes ao significado do pensamento analógico na estrutura/dinâmica de pensamento/sentimento de um indivíduo, e portanto em sua formação pessoal. Nos primeiros mergulhos reflexivos de tal natureza, uma das impressões é de que cada experiência vivida permite o desencadeamento da assimilação e incorporação consciente ou não de esquemas, no universo cognitivo/afetivo, transferidos por canais de diversas naturezas durante o processo interativo que, de algum modo, construíam, enredavam, desmoronavam e fomentavam representações em significados habitante,s do mundo da cognição e do afeto. Nesse sentido, cada experimento a que um indivíduo se sujeitava, provocava um rearranjo e reconfiguração em seu campo cognitivo, propiciados por distintos canais de interação.

Nesse ponto, as concepções de rede, de Lévy (1993), de *conhecimento como rede*, de Machado (1995), de *inteligência como um espectro de múltiplas competências*, de Gardner (1994), ancoram o sentimento construído a partir das reflexões anteriores, determinando a adoção de tais concepções como substrato teórico do trabalho.

Entretecendo as concepções mencionadas, o capítulo II ressalta a idéia de que significados organizam-se em redes e de que *conhecer* possui a acepção de *conhecer o significado*, entretecido com outros significados por meio de relações de distintas naturezas. Estes, por sua vez, enredam-se com outros significados e assim por diante, indefinidamente, organizando um mundo de significações denominado *hipertexto* (Lévy, 1993, p.25). A fim de não reduzir as possíveis interpretações do modelo de tal conceito, cuja estrutura e dinâmica subjaz a diferentes universos povoados por significações, o capítulo II apresenta os seis princípios abstratos estabelecidos por Lévy, dos quais a metáfora hipertextual encontra-se tributária. O filósofo francês denomina-os *Princípio de metamorfose, de heterogeneidade, de multiplicidade e de encaixe de escalas, de exterioridade, de topologia, e de mobilidade de centros*, sobre os quais se discorrerá de maneira mais cuidadosa na fundamentação teórica do presente trabalho.

Esse capítulo sublinha ainda a contribuição dos trabalhos de Gardner, no quais a inteligência adquire outra dimensão, quando as capacidades lógico-matemática e lingüística perdem primazia no *reino do saber* em favor de uma distribuição *afetivo/cognitiva*, onde relevam-se valores pertinentes a cada competência não comparáveis mensuralmente, mas apreciados por sua originalidade. Sob a ótica deste autor, a inteligência expressa-se num espectro de múltiplas competências, incluindo a lógico-matemática e lingüística já mencionadas, bem como outras capacidades como a corporal-cinestésica, a espacial, a intrapessoal, a interpessoal e a musical, abordadas mais detidamente no decorrer do trabalho.

Concedendo-nos condições de analisar relações entre distintas competências com maior firmeza, a organização aqui apresentada permite que analogias respirem novos ares e a relação matemática/música conquiste *terra firme*. A partir da figuração do entretecimento das concepções supra-referidas, o capítulo II procura ainda salientar a dinâmica com que o pensamento analógico participa da estrutura apresentada no sentido de contribuir na construção de significados. A fim de perceber resignificações e reconfigurações propiciadas pela estruturadinâmica teórica apresentada, o capítulo III investiga a dinâmica de interação entre matemática e música à luz das concepções estabelecidas, e o capítulo IV comenta algumas das implicações educacionais pertinentes à operacionalização de tais critérios - apoiadas em oficinas de matemática e música já realizadas - e de maneira mais ampla referentes à formação da estrutura dinâmica de sentimento/pensamento, bem como da identidade individual e coletiva.

Este trabalho intenciona, em especial, revelar o poder das analogias de inseminar afeto no conhecimento distanciado da realidade intrapessoal. Dentro do espaço de significações, pode-se situar o *saber* em regiões onde a carga afetiva já adquiriu certo nível capaz de tornar o conhecimento sentido, propiciando a assimilação e incorporação de significados relacionados. Tal observação ressoa fortemente com Ricouer ao dizer que *sentir é tornar nosso o conhecimento que foi colocado à distância em sua fase de objetivação* (Ricouer, 1992, p.157). Os canais e estratégias considerados para o acesso e (re)construção de significados através do pensamento analógico propiciam condições para efetivamente *sentir o conhecimento*, fator que julgo imprescindível na conquista do saber.

Tal observação me parece fornecer a recíproca do dizer de Fernando Pessoa

Quando sinto, penso

Fernando Pessoa, 1987, p.222

ao mesmo tempo que ressoa sutilmente em :

O meu sentimento é cinza
Da minha imaginação
E eu deixo cair a cinza
No cinzeiro da razão

Fernando Pessoa, 1987, p.507

1

Da matemática à música: um passeio numérico através dos sons

A música é uma ciência que necessita possuir um estatuto definido. Suas regras devem ser extraídas de um princípio claro, inconcebível sem o auxílio da matemática. Apesar de toda a experiência que eu possa ter adquirido em música por associar-me a ela por tanto tempo, devo confessar que somente com o auxílio da matemática, minhas idéias tornaram-se claras e a luz substituiu uma escuridão da qual eu não estava ciente.

Rameau , 1722

Este capítulo percorre parte das trajetórias da música e da matemática a fim de ressaltar pontos de contato entre tais aptidões intelectuais, bem como resgatar e tornar visíveis raízes comuns a estas áreas aparentemente estanques. A fim de contextualizar melhor no capítulo III as concepções deste trabalho na interpretação das dinâmicas de construção de significados em música e matemática, optamos por explorar principalmente, no presente capítulo, temas como *Séries Harmônicas* e *Temperamento em música*, direta e respectivamente associados em matemática às idéias de Séries de *Fourier* e *Logaritmo*. À luz da concepção de *Inteligência Coletiva* (Lévy,1994) - introduzida posteriormente - no âmbito científico, o trabalho desvenda prenúncios da construção de tais conceitos que, alimentados silenciosamente no decorrer da história, nos levam à consolidação e sistematização das idéias mencionadas.

1 Da matemática à música: um passeio numérico através dos sons

O presente capítulo apresenta um apanhado histórico da interação matemática/música no mundo ocidental desde a Grécia Antiga, com as experiências matemático-musicais de sábios como Pitágoras e Arquitas, até os séculos XVIII e XIX, com cientistas musicais tais como Saveur, Rameau, Daniel Bernouilli, Euler, Ohm, Fourier e Helmholtz, fortes contribuintes na explicação racional de fenômenos matemático-musicais tais como o Temperamento[1] e Séries Harmônicas. Nessa caminhada, passa-se cuidadosamente pelos séculos XVI e XVII, responsáveis por significativa quebra epistemológica na ciência/arte em questão, com teóricos musicais tais como Zarlino, Vincenzo Galilei, Mersenne, Galileu Galilei, Kepler, Descartes, Wallis e outros.

1.2 Origens da matemática e da música

Provavelmente, o início da manifestação de aspectos interativos dos campos supracitados perde-se, como dizem os historiadores, na noite dos tempos, uma vez que em quase todos os povos da Antigüidade encontram-se manifestações destas áreas em separado. Por exemplo, o poder conquistador supra-humano da música já se expressa na

1 Sistema musical em que subjazem à intervalos musicais equivalentes mesmas relações de frequência

mitologia grega em Orfeu, cujo canto acompanhado de lira sustava rios, amansava feras e movia pedras. A matemática também faz-se presente desde os tempos mais remotos, por exemplo, na contagem de objetos. A interação entre estas áreas torna-se fortemente manifesta a partir da necessidade de equacionar e solucionar o problema da *consonância* no sentido de buscar fundamentos científicos capazes de justificar tal conceito. As distintas explicações possíveis para consonância/dissonância incluem fatores sócio-culturais, bem como concepções físicas e matemáticas.

No que concerne à organização das escalas musicais, esta ocorreu de diversas maneiras em diferentes povos e épocas, porém com alguns aspectos em comum. Os gregos desenvolveram os tetracordes e depois escalas com sete tons. Teóricos musicais tais como Pitágoras, Arquitas, Aristoxeno, Eratóstenes dedicaram-se à construção de escalas desenvolvendo diferentes critérios de afinidade. Por exemplo, valorizando os intervalos de quinta perfeitos[2], bem como a utilização somente de números de 1 a 4 na obtenção das frações da corda para gerar as notas da escala, Pitágoras estabeleceu uma afinação utilizando percursos de quinta para a obtenção das notas da escala. Arquitas construiu sua escala baseada em frações da corda resultantes de médias harmônicas e aritméticas daquelas encontradas por Pitágoras no experimento do monocórdio. Já Eratóstenes (284 - 202 a.C.) elaborou a diferenciação entre intervalos calculados aritmeticamente à maneira de Aristoxeno, de intervalos calculados pela razão (Weber, 1995, p.72).

Com relação aos povos orientais, a China desenvolveu desde a Antigüidade as *seqüências pentatônicas chinesas*

---

2 Produzido pela fração da corda correspondente a 2/3

contendo, por exemplo, a partir da nota *do* , o *ré, mi, sol* e *lá*[3], correspondentes às cinco primeiras notas do ciclo das quintas, comparadas no livro de Tso-kiu-ming aos cinco elementos da filosofia natural - água, fogo, madeira, metal e terra. Já os árabes elaboraram escalas com 17 notas e os indus com 22 (Helmholtz, 1954, p.514-17).

1.3 O experimento do monocórdio e a música na escola pitagórica

Pelo menos em ênfase registrada, os primeiros sinais de casamento entre a matemática e a música surgem no século VI a.C., quando Pitágoras, através de experiências com sons do monocórdio, efetua uma de suas mais belas descobertas, que dá à luz, na época, ao quarto ramo da matemática: a *música.* Os pitagóricos foram os únicos até Aristóteles a fundamentar cientificamente a música, começando a desenvolvê-la e tornando-se aqueles mais preocupados por este assunto. Como principais teóricos musicais dessa escola tem-se Pitágoras e Filolaus no período pré-clássico, bem com Arquitas, Aristoxeno e Aristóteles no período clássico (Fallas, 1992, p.266). Possivelmente inventado por Pitágoras, o monocórdio é um instrumento composto por uma única corda estendida entre dois cavaletes fixos sobre uma prancha ou mesa possuindo, ainda, um cavalete móvel colocado sob a corda para dividi-la em duas seções. A princípio, seus experimentos evidenciavam relações entre comprimento de uma corda estendida e a altura musical do som emitido quando tocada.

3 Assim como nos contextos posteriores desta tese, utiliza-se aqui os nomes atuais das notas no ocidente somente para que tenhamos uma referência de comparação.

Concordando com princípios de sua própria escola, Pitágoras buscava relações de comprimentos - razões de números inteiros - que produzissem determinados intervalos sonoros.

Pitágoras deu continuidade a seus experimentos investigando a relação entre o comprimento de uma corda vibrante e o tom musical produzido por ela. Caracterizando a primeira lei descoberta empiricamente, o experimento de Pitágoras é ainda a primeira experiência registrada na história da ciência, no sentido de isolar algum dispositivo para observar fenômenos de forma artificial. Há evidências sobre observações de Thales de fenômenos cotidianos tais como trovões, porém não se tem registro de simulação ou estabelecimento de um conjunto de meios planejados ou dispostos com vistas a atingir determinado objetivo, tal qual o foi a experiência do pensador de Samos.

Em seu experimento, Pitágoras observou que pressionando um ponto situado a 3/4 do comprimento da corda em relação a sua extremidade - o que equivale a reduzi-la a 3/4 de seu tamanho original - e tocando-a a seguir, ouvia-se uma quarta acima do tom emitido pela corda inteira. Analogamente, exercida a pressão a 2/3 do tamanho original da corda, ouvia-se uma quinta acima e a 1/2 obtinha-se a oitava do som original. A partir de tal experiência, os intervalos mencionados passam a denominar-se *consonâncias pitagóricas*. Assim, se o comprimento original da corda for 12, então quando reduzimo-lo para 9, ouve-se a quarta, para 8, a quinta e para 6, a oitava. O princípio subjacente a essa experiência mostra-se presente em qualquer instrumento de corda ao escutar-se o som emitido pela corda solta, por 3/4, 2/3 e metade da corda. A descoberta da relação entre razão de números inteiros e tons musicais mostrou-se significativa naquela ocasião, gerando uma dúvida fundamental para o pensador de Samos, bem como para o desenrolar da relação matemática/música:

Por que às consonâncias musicais subjazem razões de pequenos números inteiros? Qual é a causa e qual o efeito?

A partir do experimento mencionado, Pitágoras estabeleceu relações entre a matemática e a música associando, respectivamente, aos intervalos musicais referentes às consonâncias perfeitas - oitava, quinta e quarta -, as relações simples 1/2, 2/3 e 3/4. Estas correspondem às frações de uma corda que fornecem as notas mais agudas dos intervalos referidos, quando se produz a nota mais grave pela corda inteira. Atribui-se o descobrimento dos intervalos consonantes a Pitágoras, embora provavelmente estes já fossem conhecidos desde muito antes em distintas culturas antigas (Fallas, 1992, p.270). Tais intervalos mostram-se naturais ao ouvido humano, pois estabelecem acusticamente configurações de onda compostas por relações de pulsações simples - 1 contra 2, 2 contra 3 e 3 contra 4. Em linguagem cartesiana (Descartes, 1961), tal característica cansaria menos o ouvido, já que, na onda resultante, o número de pulsos a serem percebidos diminui em função das coincidências.

O pensador de Samos justificou a subjacência de pequenos números inteiros às consonâncias pelo fato de que os números 1, 2, 3 e 4 - envolvidos nas frações mencionadas - geravam toda a perfeição. Os pitagóricos consideravam o número quatro - primeiro quadrado par - origem de todo o universo, todo o mundo material, representando a matéria em seus quatro elementos integradores: o fogo, o ar, a terra e a água. A importância do número quatro para os pitagóricos emerge ainda no cenário musical ao considerar o tetracorde - sistema de quatro sons, cujos extremos encontravam-se a um intervalo de quarta justa - como escala mais elementar e unidade fundamental da música grega. Referindo-se a tal número sagrado, Pitágoras inicia os famosos *Versos Dourados* com a exaltação: *Salve número famoso, gerador dos deuses e dos homens* (Tahan, s/d, p.120).

Tornando-se base para a especulação científica, a relação de números inteiros com consonância e com harmonia, num sentido mais amplo, tem sua origem na Antigüidade e Idade Média, especialmente entre os povos orientais. Pitágoras realizou viagens ao Oriente, percorrendo a Síria, a Palestina, grande parte da Arábia e da Pérsia, bem como o Egito, onde permaneceu alguns anos iniciando seus estudos em Ciências Ocultas e aprendendo regras de cálculo (Tahan, s/d, p.117). Influenciada fortemente pela cultura oriental, a doutrina pitagórica sustentava que *"Tudo é número e harmonia"*. Esta afirmativa parece vincular-se a relações de números inteiros existentes na cultura chinesa manifestada por exemplo no livro de Tso-Kiu-Ming - um amigo de Confúcio (500 a.C.) -, em que se comparavam os cinco elementos de sua filosofia natural - água, fogo, madeira, metal e terra aos cinco tons da escala (Helmholtz, 1954, p. 229). Para os chineses, o número quatro simbolizava a criação, relacionado com os quatro elementos, os quatro seres mitológicos do Celeste Império - o dragão, a fênix, o unicórnio e a tartaruga - etc. Pitágoras levou às últimas conseqüências a veneração dos orientais pelo número, acreditando que esses governavam o mundo e portanto todos os fenômenos podiam ser interpretados e explicados por meio deles que exerciam terminante influência sobre cada ser (Tahan, s/d, p.119, 120).

Assim, os pitagóricos acreditavam que todo o conhecimento reduzir-se-ia a relações numéricas, posicionando-as como fundamento da ciência natural. Compreendendo e explicando a realidade por proporções, tais pensadores acabaram por assumir os números - racionais, na concepção de sua escola - como causa direta das consonâncias. Relacionada à dinâmica com que consonâncias e dissonâncias dialogam no decorrer de uma música, a harmonia musical herda do pitagorismo a qualidade de propriedade numérica, sendo 6, 8, 9 e 12 números harmônicos, o que irá mais tarde justificar o nome de média harmônica atribuído por Arquitas ou Filolaus (Boyer,1996, p.48) à antiga *média subcontrária*. Além destes teóricos musicais, encontram-se, na Grécia, Arquitas (séc. IV a.C.), Aristoxeno (séc. IV a.C.), Eratóstenes (séc. III a.C.), Didymos (séc. I a.C.).

A partir do experimento de Pitágoras, o desenvolvimento de um sistema musical ocorre nessa escola ancorado a relações simples de números inteiros. Já que os intervalos mencionados apresentavam-se consonantes e entoavam naturalmente, tornava-se interessante estabelecer afinações que contivessem tais intervalos denominados puros. Partindo do pressuposto de que a oitava mostrava-se como intervalo fundamental[4], os pitagóricos a tomam como universo da escala. A partir desta hipótese, o problema do estabelecimento de uma escala reduzia-se a dividir a oitava em sons que determinassem o alfabeto através do qual a linguagem musical pudesse se expressar, tornando-se portanto natural a partir de uma nota - determinante da oitava-universo juntamente com sua oitava superior - caminhar

4 Esta suposição justifica-se sonoramente pelo fato de que quando uma mulher ou uma criança acompanha um homem cantando, o faz por diferença de oitava, o que nos leva a considerar como equivalentes notas que difiram por um número de oitavas. Mais adiante, Descartes justifica cognitivamente este fato.

em intervalos de quintas ascendentes e descendentes, retornando à nota equivalente - acrescida ou diminuída de um número inteiro de oitavas - sempre que escapasse da oitava-universo.

Partindo do pressuposto de que notas diferenciadas por intervalos de oitava apresentam certa semelhança, poder-se-ia formalizar o discurso anterior definindo uma espécie de classe de *equivalência*[5] musical da seguinte forma: duas notas são equivalentes, se o intervalo definido por elas for um número inteiro de oitavas. Sob essa ótica, as distintas oitavas reduziam-se apenas a uma, possuindo portanto cada nota equivalentes em todas as outras oitavas, e particularmente naquela referencial. Para efeito da análise em questão, quando se atinge uma nota qualquer na construção de escalas, seu significado é a sua posição relativa à nota mais grave (no caso, o *do*) da oitava em que se encontra. Portanto, começando, por exemplo, em um *fá*, após uma quinta, obtém-se um *do*, que por sua vez acrescido de uma quinta torna-se um *sol*, depois *ré* (oitava de cima), seguido de *lá*, *mi* (oitava acima) e *si*. Portanto, forma-se a seqüência *fá-do-sol-ré-lá-mi-si*, que remanejada à oitava inicial,

---

5 O termo classe de equivalência refere-se a um conceito matemático definido a partir de uma relação de equivalência. Uma relação R desta natureza deve ser reflexiva (aRa), simétrica (aRb se e somente se bRa) e transitiva (aRb e bRc então aRc). Nesse contexto, dois elementos pertencem a uma mesma classe de equivalência se estiverem entretecidos segundo a relação de equivalência em questão. Tomando a relação de equivalência "=" sobre os números reais, esta define classes de equivalência onde por exemplo 3/2 e 6/4 pertencem a uma mesma classe. No caso em questão, a relação de equivalência sobre o universo das notas é a seguinte: Duas notas são equivalentes se diferirem em intervalo por um número inteiro de oitavas. *Podemos observar que a relação estabelecida satisfaz as propriedades referidas definindo como classes de equivalência conjuntos que possuem mesmas notas a menos de um número inteiro de oitavas.*

apresenta-se como *do-ré-mi-fá-sol-lá-si-dó*. Tal seqüência constituída por quintas puras - relação de comprimentos 2/3 - denomina-se *gama pitagórica*.

Cabe ressaltar que a nomenclatura aqui utilizada para as notas musicais serve apenas de referência para melhor compreensão, uma vez que estas possuíam diferentes nomes na época. Denominaremos o processo anterior de *percurso das quintas* - caminhar quintas ascendentes e quartas descendentes de modo a limitar-se somente ao espaço da oitava referência sem a repetição de notas.

Já utilizada pelos gregos e possuindo intervalos estáveis, a gama diatônica tornou-se progressivamente a escala referência na música ocidental, porém a precisão das freqüências[6] subjacentes a tal escala - afinação - variou ao longo da história de acordo com a evolução das teorias de consonância (Assayag & Cholleton, 1995, p.808). Os pitagóricos construíram as relações de freqüências apoiados em ordens místicas que os levaram a exprimi-las sob a forma de proporções de números inteiros com potências de 2 e 3, considerados geradores universais.

Tomando como ponto inicial a nota do teclado de hoje a qual, sem perda de generalidade, atribuirei hipoteticamente o comprimento 1, percorre-se a escala por quintas ascendentes transpondo as notas obtidas à oitava referência em caso de ultrapassagem desse intervalo. Assim, obtém-se em notação hodierna, as notas sol, com comprimento 2/3, ré com 8/9, lá com 16/27, mi com 64/81, si com 128/243 etc, e no percurso descendente,

---

6 Embora na época em questão não houvesse ainda o termo frequência, utilizamo-lo aqui com o intuito de simplificar o discurso. A relação entre frequência e comprimento torna-se evidente pela fórmula de Mersenne, abordada posteriormente, que mostra ser tais conceitos inversamente proporcionais.

as notas fá com 4/3, etc de acordo com a configuração seguinte:

dó	*ré*	*mi*	*fá*	*sol*	*la*	*si*	*dó*
1	*8/9*	*64/81*	*3/4*	*2/3*	*16/27*	*128/243*	*1/2*

Embora o *mi* e o *si* possuam relações com o *dó* diferenciadas sob uma ótica pitagórica - caracterizam-se por razões de números relativamente grandes -, a influência dessa gama percorrerá toda a Idade Média, vindo a ser substituída gradativamente a partir do século XVI. Da figura anterior, pode-se observar que, seqüencialmente, os graus conjuntos[7] possuem aqui respectivamente as relações de freqüências 9/8, 9/8, 256/243, 9/8, 9/8, 9/8, 256/243 correspondentes aproximadamente aos intervalos de *tom, tom, semitom, tom, tom, tom, semitom* temperados.

As evidências mencionadas, assim como as invasões ilírias, depois do ano 1000 a. C., a tessálios, dórios e beócios introduzindo em todas aquelas costas e ilhas seus esquemas melódicos e rítmicos (Fallas, 1992, p.266), corroboram a crença de que a música grega recebeu forte influência de culturas orientais.

Partindo da nota do e construindo a escala pelo percurso de quintas, o ciclo fecha-se aparentemente formando a seqüência *dó, sol, ré, lá, mi, si, fá#, do#, sol#, ré#, lá#, fá, dó*, porém deve-se lembrar que estas notas correspondem, na gama temperada, a aproximações dos sons de fato alcançados. As quintas temperadas possuem certa impureza traduzida em freqüências correspondentes a $2^{7/12} = 1,49830 < 3/2$, enquanto que os intervalos de quinta pitagóricos - puros - associam-se a relações de freqüência 3/2. Portanto,

7 Graus consecutivos de uma escala.

após o percurso de *n* quintas puras, a nota alcançada corresponderá a uma freqüência multiplicada por $(3/2)^n$, que nunca poderá igualar-se precisamente a 2^m, fator multiplicado à freqüência inicial quando percorrem-se *m* oitavas. Isso significa que um número inteiro de quintas puras nunca poderá equivaler exatamente a um número inteiro de oitavas naturais. Tal desajuste encontra sua melhor adequação após doze quintas e sete oitavas, pois $2^7 = 128$ é aproximadamente $129{,}746 = (3/2)^{12}$. Sob uma ótica algébrica, os números 7 e 12 apresentam-se respectivamente-como pequenos valores inteiros de *m* e *n* que tornam a relação $(3/2)^n : 2^m = 3^n : 2^{m+n}$ mais próxima da unidade. Igualando a expressão acima a 1, encontramos $m/n = (\ln 3 - \ln 2) : \ln 2 \;\; 0.584962 \sim 0.583333 = 7/12$. Já que 7 e 12 são primos entre si, a expressão acima corrobora tais números como uma boa[8] aproximação no que concerne à sensibilidade auditiva para o encontro dos caminhos referidos.

A partir desse ponto, poder-se-ia continuar o percurso das quintas, gerando notas bastante próximas daquelas adquiridas no primeiro ciclo, o que estabelece uma configuração de freqüências que se desenvolve como uma espiral infinita. Suficiente para produzir batimento[9], a diferença entre 12 quintas e 7 oitavas puras - matematicamente, $(3/2)^{12} : 2^7 = 1{,}01364326... \neq 1$, chamada coma pitagórica - contribui fortemente para a emergência do Temperamento.

De maneira semelhante, ao caminhar de terças em terças pitagóricas maiores, o ciclo também não se fecha, uma vez que após n terças a freqüência multiplica-se por (9/8)2n, que nunca se iguala a 2^m, fator matemático correspondente ao

8 *A expressão boa refere-se à sensibilidade auditiva.*

9 *Instabilidade na percepção da nota*

percurso de *m* oitavas. De forma mais ampla, qualquer intervalo natural que se percorresse diferente da oitava corresponderia a uma freqüência com algum fator diferente de 2, seja no numerador, seja no denominador.

Generalizando os argumentos precedentes, pode-se verificar que um número inteiro de um mesmo intervalo puro qualquer nunca se ajusta a um número inteiro de oitavas. Tal fenômeno impossibilita a construção de escalas em que a todos os intervalos subjazam razões de números naturais, correspondendo ainda cada qual a uma única relação de freqüência, ou seja, torna-se impossível construir escalas simétricas apenas com intervalos naturais. Traduzindo-se no fato de que a precisão em afinidade harmônica compromete a completude em simetria, tal "*princípio de incerteza*"[10] justifica-se pela compressão de distâncias intervalares - mais bem discutida no capítulo III - à medida em que se percorre a Série Harmônica.

Uma possível solução para o desajuste entre os ciclos referidos consiste em "diminuir" algumas ou todas as quintas de modo a adequar a superposição de tais intervalos a um número inteiro de oitavas, resultando num tipo temperamento[11]. A compreensão do Temperamento ganha maior clareza quando comparamo-lo com a seguinte imagem. Considere infinitos pontos marcados sobre uma espiral que se desenvolve a partir de um círculo para fora, de modo que tais pontos deslocam-se ligeiramente, do ponto de vista radial, a cada ciclo. O processo do Temperamento

---

10 De maneira simplificada, O princípio da incerteza de Heisenberg afirma a impossibilidade de determinarmos simultaneamente com precisão a posição a posição e instante de observação de um elétron.

11 Comentado no início do capítulo como uma de suas metas, o termo Temperamento com letra maiúscula refere-se ao temperamento em que há simetria total, também chamado temperamento igual.

pode ser imaginado como a transformação de tal configuração em doze notas - correspondentes a um ciclo - distribuídas simetricamente sobre o círculo mencionado, conforme a figura seguinte[12]:

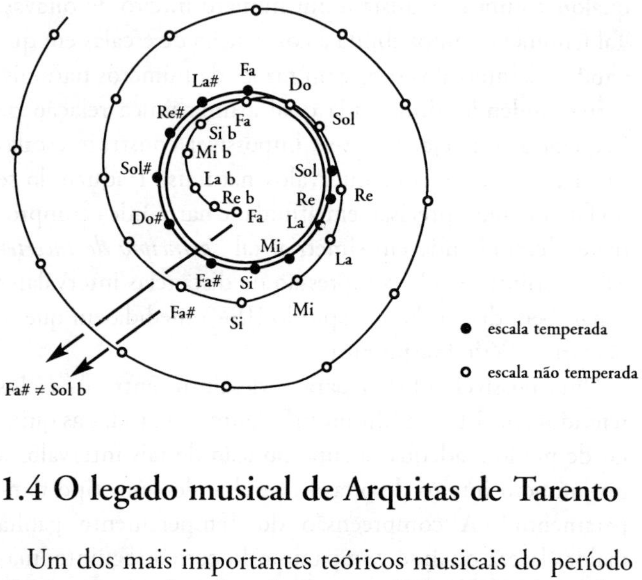

1.4 O legado musical de Arquitas de Tarento

Um dos mais importantes teóricos musicais do período clássico grego, Arquitas de Tarento (430-360a.C.) colaborou de maneira significativa não somente para o desenvolvimento da música mas para o desvendar de seus fundamentos racionais. Um dos baluartes da linha racionalista pitagórica, Arquitas atribuiu mais atenção a tal arte do que a maioria de seus predecessores, acreditando que a música deveria assumir um papel mais importante que a literatura na educação das crianças. Para os pitagóricos, a teoria

12 Cabe agradecer aqui a contribuição de Christina Brito Bottura com a imagem apresentada.

musical dividia-se no estudo da natureza das propriedades dos sons, no estabelecimento e no cálculo respectivamente de intervalos musicais e proporções musicais. Segundo Ptolomeu (During *apud* Fallas, p.267, 1992), Arquitas escreveu trabalhos científicos principalmente relacionados ao último tema, sem deixar de dedicar-se aos dois primeiros, especialmente no que concerne à consonâncias. Entre suas contribuições, há evidências que possivelmente o pensador tarentino modificou a antiga denominação da média subcontrária para média harmônica, provavelmente pelo fato do comprimento relativo ao intervalo de quinta - 2/3 da corda inteira -, de grande valor harmônico para os gregos, ser a média subcontrária entre o comprimento da corda solta - inteira - e aquele correspondente à oitava - metade da corda -, intervalo consonante fundamental.

Segundo Porfirio (Fallas, 1992, p.273), Arquitas relatou que, diante de uma consonância, o ouvido exigiria a escuta de apenas um som, ou seja, apesar de haver duas ou mais notas, estas fundir-se-iam ouvindo-se o acorde resultante[13] como um som único. À luz do conhecimento acústico-musical da época, tais reflexões levantavam dúvidas e questões paradoxais, pois se sons originavam-se de movimentos - sons mais agudos produziam-se por movimentos mais rápidos e vice-versa -, mostrava-se lógico que os sons referidos apresentariam duas velocidades diferentes, ao mesmo tempo que movimentos distintos pareceriam unificar-se. Segundo Arquitas, as consonâncias são produzidas por dois ou mais sons simultâneos percebidos como apenas um, portanto o problema não concerne ao fenômeno em si, mas sim a sua percepção, o que o levou a pensá-lo como um problema do sujeito (Fallas, 1992, p.273). Partindo

13 Esta expressão não era utilizada originalmente por Arquitas.

deste pressuposto, restava aos teóricos da época compreender racionalmente a percepção de tal fenômeno. Estes explicavam que os sons simultâneos - emitidos com velocidades diferentes, por definição - chegavam ao ouvido com a mesma velocidade - o mais rápido atrasava-se até igualar-se ao outro (Fallas, 1992, p.273).

No que diz respeito a teorizações sobre a natureza do som, Arquitas atribuiu - na linguagem da época - diferenças de tom a variações do movimento resultantes do fluxo que causa o som (Boyer, 1996, p.49). O pensador tarentino parece ter sido um dos primeiros a caracterizar o fenômeno sonoro como resultado de pulsações de ar que produziam sons mais agudos à medida em que se tornavam mais rápidas. Nesse sentido, sons diferenciavam-se de acordo com suas velocidades no meio, de modo que o agudo dependia de uma velocidade mais alta que o grave. Ele ilustrava a afirmação precedente com um exemplo de uma propagação provocada por um vento forte, que produzia um som agudo em contraposição a outra produzida por um som grave. Nesse sentido, Arquitas prenuncia a relação de freqüência com altura musical, reconhecidamente explicada por Galileu em 1638 (Dostrovsky, S., Bell, J.F. & Truesdell, C., 1980, p.665), Mersenne na mesma época e por D'Alembert no século XVIII.

A partir da observação motivadora da mudança no nome da média subcontrária, Arquitas generalizou tal processo calculando analogicamente o comprimento da corda correspondente a um intervalo de terça maior acima de uma determinada nota como a média harmônica entre o comprimento gerador de tal nota e aquele que produzia uma quinta acima. Segundo o pensador tarentino, podia-se calcular a fração da corda inteira que produzia o intervalo de terça como $2/(1\text{-}1 + (2/3)\text{-}1) = 4/5$, o que significa, numa ótica mais ampla, que o intervalo de terça reparte a quinta na mesma proporção em que este último divide a oitava. Tal inferência possui caráter analógico e proporcional coerente com a Logística, fundamento epistemológico da Escola de Tarento.

Cabe ressaltar que o intervalo de terça maior obtido por Arquitas concorda com aquele presente na Série Harmônica. Tal fenômeno levar-nos-ia a imaginar que Arquitas possuísse um ouvido sensível[14] ao perceber que a terça correspondente a (4/5) - mais baixa que a pitagórica, (64/81) - soava mais natural, uma vez que se fundia exatamente dentro dos harmônicos naturais de uma nota. Enquanto Pitágoras calcula frações subjacentes à escala utilizando apenas percursos de quintas, Arquitas considera fortemente cálculos de médias aritméticas e harmônicas na geração de seu sistema musical. Revelando uma estrutura de pensamento poderosamente proporcionalista, o pensador tarentino redistribui as relações de comprimentos subjacentes à escala pitagórica, obtendo diferentes frações tais como (4/5) correspondente ao intervalo de terça, outrora associado a (64/81) por Pitágoras.

Condizendo fortemente com os fundamentos de sua escola, Arquitas esforçou-se, segundo Ptolomeu (Fallas, 1992, p.267), em manter a continuidade por meio de proporções não apenas nas consonâncias, mas ainda nas divisões dos tetracordes. Subjaz fortemente às idéias do pensador tarentino a simetria de proporcionalidade nas coisas harmoniosas. A estratégia apresentada, bem como outros

---

14 Segundo Fallas (Fallas, 1992, p.269), o fato de Arquitas utilizar a terça maior natural e não a pitagórica, dentre outras evidências de sua musicalidade, levam-no a acreditar que o tarentino devia conhecer muito bem as possibilidades teórico-práticas da lira.

procedimentos de Arquitas, tais como a divisão dos tetracordes, revelam a importância que o pensador tarentino atribuía à homogeneidade, procurando estabelecê-la a partir da noção de proporção. A idéia de que a simetria das proporções apresenta-se nas coisas harmoniosas constitui pedra angular da Escola tarentina. Curiosamente, observa-se que algumas seqüências geradas pelo processo fractal e analógico utilizado por Arquitas tendem a razões irracionais[15], matéria-prima do Temperamento, o que sob uma ótica coletiva, corrobora a estratégia do tarentino como prenúncio silencioso de tal processo.

Cabe ressaltar que os cálculos realizados por Arquitas objetivavam a princípio a afinação exata para a lira. No entanto, as dificuldades de colocar-se em prática tamanha precisão contribuem em evidenciar a pouca praticidade das teorias pitagóricas. Nesse ponto, vale lembrar que Arquitas teve Aristoxeno de Tarento por discípulo, vindo a tornar-se ideologicamente seu maior rival. Enquanto o pitagorismo - postura essencialmente teórico-matemática - priorizava o cálculo exato e harmônico dos intervalos, o aristoxenismo interessava-se fundamentalmente pela percepção auditiva - escola teórico-empírica. A tensão existente entre as idéias de Arquitas e aquelas subjacentes à escola aristoxeniana - teoria organizada quase exclusivamente a partir da prática - arrisca-nos afirmar que Arquitas possuiu um papel ideológico mediador entre as escolas mencionadas. Na concepção deste tarentino, os dados experimentais contracenam na construção e enredamento de conhecimentos científicos como controladores e confirmadores, assumindo portanto papel determinante no desenvolvimento das teorias. Do

---

15 Um número irracional é aquele que não pode ser expresso como a razão de dois números inteiros.

ponto de vista epistemológico, Arquitas possibilita a emersão de um pressuposto fundamental não apenas para sua escola, mas principalmente para os futuros grandes cientistas, abrindo caminho para o aristoxenismo que, embora contrário a suas idéias, utiliza-se fortemente dos desenvolvimentos teóricos do pitagorismo (Fallas, 1992, p.269).

Como já mencionado, Arquitas desenvolveu uma teoria para a natureza do som com implicações imediatas em música, na qual relacionou força e velocidade com altura musical - quanto mais forte e rápido um movimento, mais agudo o som produzido. Considerar o ar como elemento fundamental evidenciava a centralização do interesse pelo meio de propagação sonora por parte do tarentino, que afirmava haver maior compressão de ar ao emitir-se um som mais forte. Tal afirmação destituiu as qualidades inerentes ao instrumento e suas possibilidades acústicas, do foco das atenções no estudo do que hoje chamar-se-ia acústica, rumo à compreensão de como o som transportava-se. Essa mudança revela certa proximidade de Arquitas da idéia de ondas de propagação no ar por meio de pequenas partículas.

Induzido pela observação de que se produzia uma mesma nota por distintos valores de comprimentos, tensões ou de capacidades diversas, Arquitas viu-se obrigado a abandonar a teoria pitagórica tradicional, lançando-se à busca teórica de um princípio que explicasse a essência do som, independentemente da estrutura do corpo ressonante. A perspectiva do tarentino apresentava-se completamente diferente, uma vez que Arquitas não se interessava pelo estudo do som enquanto qualidade, mas procurava compreendê-lo a partir de movimentos do ar. Essencialmente, Arquitas já estaria enfrentando a física dominante da Antigüidade, que possuirá como principal teórico Aristóteles (Fallas, 1992, p.273). Representando uma significativa contribuição do pitagorismo, os estudos acústicos do pensador tarentino infelizmente não prosperaram, vindo a ser retomados somente na Modernidade, quando ter-se-ia o início do desenvolvimento da acústica moderna. No que tange a desenvolvimentos de escala na Grécia, cabe ressaltar ainda a contribuição de Eratóstenes (284 - 202 a.C.) que elaborou a diferenciação entre intervalos calculados aritmeticamente à maneira de Aristoxeno, de intervalos calculados pela razão (Weber, 1995, p.72).

Observa-se ainda as origens antigas da idéia subjacente à moderna teoria de ondas sonoras com a analogia entre som e onda na água realizada pelo estóico grego Crisipo (280 -208 a.C) e defendida ainda no século I d.C. pelo arquiteto romano Vitrúvio. Ao explicar propriedades acústicas dos anfiteatros gregos, Vitrúvio comparou explicitamente os sons das vozes às ondas que se propagavam na água, refletindo-se ao encontrar obstáculos (Thagard, 1993, p.15).

Antes de dar continuidade ao estudo do desenvolvimento do significado de propagação de ondas sonoras - o que exigiria uma *viagem no tempo* até o século XVI -, cabe apresentar um breve trajeto da música ocidental na Idade Média. Tal recorte contribuirá fortemente para a elucidação da necessidade do Temperamento ao mesmo tempo que, à luz do Teorema de Fourier, possibilitará o desvelar da presença tácita da matemática no processo de desenvolvimento dinâmico da música.

1.5 Breve panorama da música na Idade Média

Neste ponto, cabe ressaltar a forte contribuição do cidadão romano e escritor Boetius (480-524 d.C.) para a sistematização da música ocidental (Pahlen, 1991, p.32). Escrevendo sobre as disciplinas matemáticas - aritmética, música, geometria e astronomia -, lógica, teologia e filosofia, o pensador romano publicou em cinco volumes o *De Institutione Musica*, em que considera a música uma força que impregnava todo o universo e um princípio unificador tanto do corpo e alma do homem quanto das partes de seu corpo. Obra de teoria musical mais difundida na Idade Média, seu tratado apoia-se na doutrina pitagórica das consonâncias, e faz uso da matemática para racionalizar as consonâncias musicais e o princípio da divisão do monocórdio (Sadie, 1988, p.117).

Percorrendo a Idade Média desde os anos 800 d.C. até o início do Renascimento, observa-se na música ocidental mudanças substanciais que partem de uma concepção exclusivamente melódica - utilizando-se de elementos simples - rumo a um caráter principalmente harmônico. A fim de justificar tal asserção, cabe ressaltar algumas estruturas musicais pertinentes a este período. Desenvolvido no século VIII e IX d.C, o *Cantochão* apresenta-se como uma das formas musicais reconhecidas entre as mais antigas, consistindo de *uma única* melodia limitada pelo intervalo de uma oitava. Ilustrada a seguir, tal forma musical percorre geralmente de maneira suave, graus conjuntos com ritmos irregulares regidos pela acentuação das palavras (Bennett, 1982, p.13).

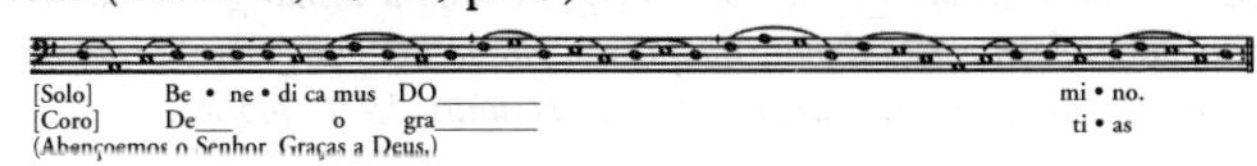

Cabe ressaltar que, até então, a música apresentava-se de maneira essencialmente horizontal, e o intervalo de quarta era considerado consonante, juntamente à quinta e à oitava. Tal atribuição à quarta vigorou enquanto a música caracterizou-se como essencialmente monofônica, provavelmente não apenas pela herança dos tetracordes gregos como células formadoras das escalas, mas pelo fato de tal intervalo posicionar-se, do ponto de vista melódico - predominante na época -, anteriormente ao intervalo de quinta. Com o desenvolvimento da música polifônica nos séculos XII e XIII, a quinta assumiu o lugar do intervalo de quarta como mais consonante depois da oitava e do uníssono e, no século XV, alguns compositores tais como Tinctoris atribuíram à quarta caráter dissonante (Drabkin, 1980, p.736).

Embora documentos e fatos anteriores ao século IX revelem alguns rudimentos de harmoria[16], o homem cantou e tocou em uníssono - pelo menos em ênfase registrada - durante séculos (Houaiss, 1976, p.5668). Por volta do século IX, começaram a aparecer o que se poderia chamar as primeiras músicas polifônicas, denominadas em sua forma mais antiga de *Organum Paralelo*. Exemplificado em seguida, essa forma musical consistia de uma voz principal no estilo do Cantochão, acompanhada pela voz organal em intervalos de quintas ou quartas paralelas, eventualmente duplicadas em oitava com o propósito de enriquecimento.

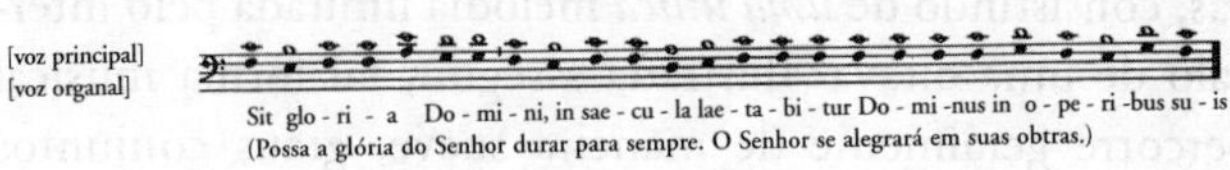

(Possa a glória do Senhor durar para sempre. O Senhor se alegrará em suas obtras.)

16 Um dos mais antigos escritos sânscritos ensina a afinar grupos de três tambores diferentes de tal maneira que um possua um som grave, outro uma 2ª ou 3ª acima e o outro uma 5ª acima (Houaiss, 1976, p.568).

Pode-se agora observar os primeiros sinais, ainda bastante primários, de contextualização harmônica, utilizando-se de intervalos de quarta e quinta, bem como a oitava na duplicação (Bennett, 1982, p.14). Esse fenômeno mostra-se bastante interessante, uma vez que as consonâncias referidas apresentam-se como as três primeiras distâncias intervalares existentes no desenvolvimento de um som em Série de Fourier - teoria desenvolvida dez séculos depois -, que se discutirá mais tarde.

Nos dois séculos seguintes, o canto evoluiu para o *Organum Livre.* Nessa época, cabe ressaltar a importância do pedagogo e teórico musical Guido d'Arezzo (955-1050 d.C.) que, utilizando novos métodos de notação e ensino, exerceu papel decisivo na constituição de nossa teoria musical. O téorico italiano escreveu o *Micrologus* - primeiro tratado completo sobre prática musical - que, incluindo uma discussão sobre a música Polifônica e o *Cantochão*, desenvolvia, entre outros aspectos, uma técnica de canto à primeira vista baseada nas sílabas *ut, re, mi, fa, sol, la*[17] - nome das notas musicais empregado atualmente em grande parte do mundo. Guido D'Arezzo estabeleceu o hexacorde - uma série ascendente de seis notas que se desloca por tons inteiros, exceto entre a terceira e quarta notas (Sadie, 1988, p.428). Auxiliando o canto e a composição, tal série serviu de base para o mais antigo sistema padrão

---

17 Guido de Arezzo criou os nomes das notas utilizados hoje em grande parte do mundo a partir da identificação dos sons da escala à primeira sílaba de cada frase de um hino latino - UT queant laxis, REsonare fribis, MIra gestorum, FAmuli tuorum, SOLve poluti, LAbii reatum, Sancte Ioannes - com o qual os meninos cantores costumavam abrir seu canto, pedindo a São João - o santo padroeiro - que lhes concebesse belas vozes. De difícil entonação o UT foi substituído posteriormente arbitrariamente pelo DO.

de notação na música polifônica. Ao lado do *Institutione Musica* de Boetius, o Micrologus apresenta-se como o manual mais copiado e lido na Idade Média (Sadie, 1988, p.395).

No Organum Livre, a voz organal liberta-se da trajetória paralela para navegar em movimentos contrários, oblíquos e diretos[18] . Nessa forma, o estilo ainda mostra-se praticamente o de nota contra nota[19], já ocorrendo eventualmente porém, uma nota contra duas, como no exemplo seguinte (Bennett, 1982, p. 14).

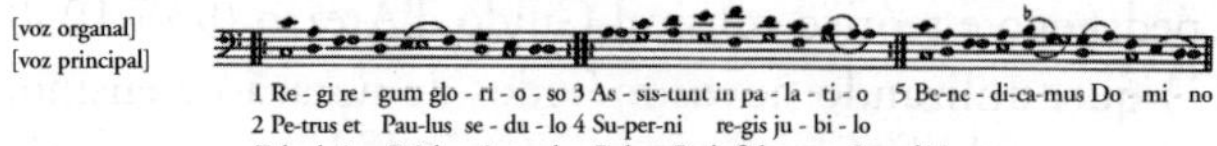

(Pelo glorioso Rei dos reis guardam Pedro e Paulo fielmente o Seu palácio.
Com louvor ao Rei superior abençoemos o Senhor.)

Essa forma perdura até começo do século XII, quando se abandona o estilo nota contra nota para assumir o *Organum Melismático*, onde se encontra a voz principal - chamada a partir dessa ocasião de tenor - sustentando notas longas, enquanto outra voz desenvolvia-se livremente com notas de menor valor (Bennett, 1982, p.14), o que significa ainda diversificação rítmica, como ilustra o exemplo seguinte.

---

18 Na escrita polifônica, o movimento contrário ocorre quando duas melodias simultâneas caminham em sentidos opostos , o oblíquo quando uma voz permanece na mesma altura enquanto a outra se move e o direto quando ambas as vozes caminham na mesma direção porém sem manter o mesmo intervalo.

19 A expressão nota contra nota para um par de melodias aplica-se a trechos musicais em que se tocam simultaneamente notas de mesma duração, não ocorrendo, por exemplo, desenvolvimento de uma melodia ritmicamente enquanto a outra realiza uma nota mais longa.

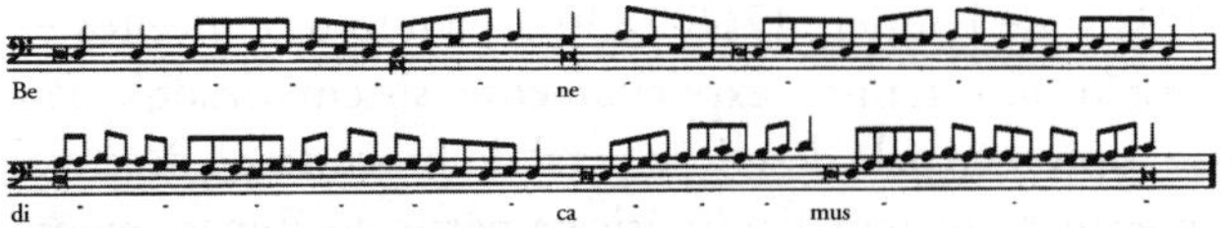

Com a forma musical *Descante*, o tenor começa a assumir o ritmo do canto original em segmentos, por exemplo, pronunciados pela palavra *Domino*, chamados de *clausula.* No século XIII, as notas das *clausulae* passam a utilizar palavras independentes do texto, dando origem a um tipo de música popular chamada *moteto* - figura seguinte -, onde uma terceira voz - triplum - entra em cena munida de palavras completamente independentes, por vezes em outras línguas (Bennett, 1982, p.17). Sem esquecermo-nos do surgimento de outras formas musicais, os exemplos supra-referidos fornecem-nos subsídios para a construção de um quadro, ainda que pouco específico, do desenvolvimento da música ocidental na Idade Média.

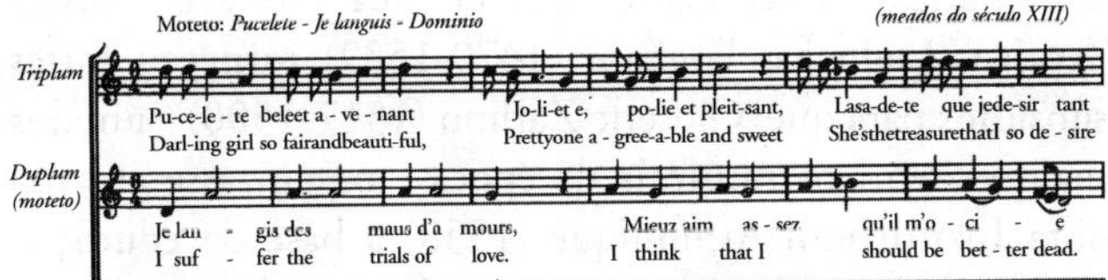

Menina bela e amável/mimosa, gentil e doce/tesouro que tanto desejo.
Sofro as penas d'amor/queria muito mais estar morto

A fim de dar continuidade ao desvendar do processo de construção dos conceitos de Série Harmônica/Série de Fourier e Temperamento/Distribuição Logarítmica, torna-se interessante estudarmos cientista-musicais posteriores à Idade Média a partir de Gioseffe Zarlino (1517-1590) - o primeiro musicista moderno segundo Rameau (Rameau, 1971) - até Fourier (1768-1830), quando os conceitos em questão mostram-se explicitamente sistematizados. Para isso, optou-se pela descrição geral do processo de desenvolvimento da matemática/música a partir do Renascimento, seguida de aprofundamento de alguns pontos considerados mais relevantes.

1.6 Contribuições para a Ciência/Música a partir do Renascimento

Neste ponto, apresentaremos uma visão geral da interação matemática/música a partir do Renascimento, seguida de alguns aprofundamentos relevantes neste período no que concerne à compreensão do enredamento das idéias de Série Harmônica e Temperamento. Do ponto de vista musical, o Renascimento caracteriza-se pela evolução da polifonia - superposição de melodias - e conseqüente desenvolvimento da harmonia. Realizando especulações matemáticas concernentes a esta área em seu Musica Teorica, Ludovico Fogliani (1470-1539) forneceu fortes subsídios para que Gioseffe Zarlino (1517-1590) - um dos maiores teóricos musicais da época - organizasse em sua obra Inztituzioni Armonique (1558) a base da educação científico-cultural em toda Europa durante dois séculos.

Dando continuidade ao teórico mencionado, encontram-se o espanhol Francisco Salinas (1513-1590), bem como o padre e matemático francês Marin Mersenne (1588-1648) que, dedicando-se ainda à acústica, apresenta-se como o primeiro teórico a fundamentar o estudo de harmonia no fenômeno da ressonância. Mantendo correspondência assídua com René Descartes (1596-1650),

Mersenne discutiu problemas e aspectos pouco claros do Compendium Musicae escrito pelo filósofo francês em 1618. Apoiando-se fortemente na teoria da ressonância, resultado evidente de sua interação com o padre francês, Descartes estabeleceu no compêndio referido conceitos estéticos de influência marcante ao Tratado de Harmonia, escrito por Jean Philippe Rameau (1683 -1764) cem anos mais tarde.

Cabe aqui ressaltar o cenário epistemológico vivido pela ciência neste período. Caracterizada por processos de matematização, experimentação e mecanização, a Revolução Científica nos séculos XVI e XVII propiciou a emergência de interpretações e argumentações inovadoras, contrapondo-se às doutrinas aristotélicas, à luz da qual os estudos da natureza possuíam caráter fundamentalmente qualitativo. Tendendo a justificar fenômenos naturais voltando-se para suas essências, a ciência satisfazia-se com explanações sustentadas por comparações e analogias nem sempre bem estruturadas e apoiadas em místicas numerológicas ou evidências pouco seguras, tais como a explicação da queda livre de um corpo pela tendência a dirigir-se ao seu lugar natural no centro do Universo.

Ao exigir dos fenômenos naturais interpretações regidas por fórmulas e teorias matemáticas, a ciência emergente tornara-se mais quantitativa, primando pela exatidão e sofrendo um processo de matematização. Considerando o fenômeno de queda livre já mencionado, um newtoniano observa, sob a nova ótica que, para dois instantes de tempo quaisquer, a relação das distâncias s1 e s2 percorridas por um corpo no vácuo mostra-se proporcional a razão dos quadrados dos tempos correspondentes. Estabelecendo limites claros entre sujeito e objeto, o processo de experimentação resignificou a leitura científica que assumiu um caráter mais artificial e dissociado, tanto no estabelecimento de condições de observação - por exemplo, com a criação do vácuo no experimento mencionado -, como na avaliação de fenômenos muitas vezes inexistentes no dia-a-dia.

Apoiando-se em princípios explanatórios redutores da realidade infinitamente complexa e ressoando fortemente com a antiga teoria atômica, o processo de mecanização simplificou excessivamente a ciência, ao observar seus fenômenos como máquinas e ao dividir a matéria, bem como sistemas gerais respectivamente em partículas e em partes independentes, desconsiderando todas as suas qualidades, exceto forma e tamanho. Explicando tudo que ocorria no mundo através do movimento de partículas de matéria de diferentes tamanhos e formas, tal postura contrapunha-se fortemente à concepção aristotélica mencionada anteriormente, que explicava uma determinada propriedade pela conjectura da existência de uma certa qualidade na qual a propriedade a ser explanada estava contida. Sob tal ótica, explicava-se, por exemplo, o fato de alguns corpos apresentarem-se mais ou menos quentes estabelecendo-se a hipótese de que em tais corpos havia uma certa quantidade de uma qualidade chamada calor (Cohen, 1984, p.9). Acreditando que o mecanicismo não se opunha à verdadeira religião, Mersenne - cuja contribuição matemático-musical mostra-se bastante significativa e de quem falaremos mais tarde com maior afinco - apresenta-se como um dos fundadores e impulsionadores de tal filosofia na nova ciência, defendendo-a fortemente apoiado na idéia de que o conhecimento da grande máquina do mundo constitui o conhecimento da ordem instituída por Deus mediante leis (Japiassú & Marcondes, 1996, p.180).

Tal cenário magnetiza a ciência matemática-música que passa a buscar explicações mais racionais para seus fenômenos. Modificando substancialmente a concepção pitagórica, Galileu Galilei escreveu em 1638 que nem o comprimento, nem a tensão e nem a densidade linear de cordas apresentava-se como razão direta e imediata subjacente a intervalos musicais, mas razões dos números de vibrações e impactos de ondas sonoras que atingiam o tímpano. Considerando o som que alcançava o ouvido invés do objeto vibrante que o produzia, Galileu verificou que a altura musical relacionava-se diretamente à freqüência registrando rastros de arranhões desenhados numa placa metálica provenientes de uma haste vibrante solidária a uma membrana que recebia vibrações sonoras.

A percepção por parte de Galileu no século XVII de que a sensação de altura musical relaciona-se diretamente ao conceito de freqüência marca o início da física da música em sua concepção atual. Tal idéia motivou esforços para o entendimento dos harmônicos musicais, já que durante este século parecia paradoxal - a princípio por parte de Mersenne - que um simples objeto pudesse vibrar simultaneamente em diferentes freqüências. A explicação quantitativa de timbre assim como a de harmônicos associados ao timbre também ocorre nesse período.

Até início do século XVII, estudava-se acústica somente no que concernia a sua aplicação à música, sabendo-se já nesta época da possibilidade de produção de sons por corpos vibrantes, porém não havia formalização sobre a noção de propagação por ondas no ar. Os fundamentos desta idéia por meio de fórmulas matemáticas demonstrativas concretizou-se mais tarde através de Newton, Laplace e Euler. A passagem do conceito de vibração ao de onda ocorreu na associação daquela à velocidade de propagação, gerando ondas progressivas.

Classificado como onda, o som ganhou uma nova dimensão que possibilitou seu estudo à luz da teoria ondulatória desenvolvida por Huygens (1629 -1695), ponto significativamente estratégico na interação da matemática com a música na medida em que, compreendendo a natureza do som, torna-se possível entender, representar e manipular melhor os fenômenos musicais. O cientista holandês estudou ainda a respeito da falha de uma coma no temperamento desigual, fenômeno de grande relevância para a emergência do Temperamento.

O ceticismo ao dogmatismo aritmético pitagórico em música desencadeou o interesse pelos determinantes físicos da altura musical no final do século XVI e princípio do século XVII. Tal postura manifesta-se, por exemplo, quando Vincenzo Galilei levantou o então paradoxo de que várias frações poderiam associar-se a um determinado intervalo (Dostrovsky, Bell, Truesdell, 1980, p.664). Apesar de inspirar-se na idéia de harmonia celestial, Kepler também criticou a supervalorização aritmética pitagórica concernente ao julgamento do caráter consonante de um intervalo musical. Este período caracteriza-se por um deslocamento de justificativas numerológicas a explicações físicas não somente para as frações tradicionais subjacentes aos intervalos consonantes, mas para os diversos conceitos acústico-musicais.

Tal mudança de perspectiva manifesta-se em distintos teórico-musicais da época. Observando quão facilmente obtinha-se o intervalo de oitava quando se soprava mais intensamente uma flauta, Descartes sugeriu em 1618 que tal intervalo deveria ser a primeira consonância. A resolução da ambigüidade apresentada por Vincenzo Galilei encontra-se em seu filho Galileu (1564 -1642) que modificou o referencial sonoro de até então, ao considerar em sua análise o som que atingia o ouvido ao invés do objeto vibrante que o produzia. Percebendo que altura e intervalo musicais associam-se unívoca, direta e respectivamente à freqüência e à razão de freqüências, Galileu explicou a consonância/dissonância de alguns intervalos ao escrever em 1638 que a explicação direta e imediata subjacente aos intervalos musicais não era o comprimento da corda, nem a tensão a que se encontrava sujeita, nem a sua espessura, mas sim a razão do número de vibrações e impactos de ondas de ar que batiam diretamente no ouvido (Dostrovsky, Bell, Truesdell, 1980, p.665).

Galileu relacionou a altura musical com a freqüência ao observar os deslocamentos contra o tempo descritos por arranhões gerados por uma haste vibrante que desenhava sobre uma superfície metálica, experimento aprimorado no decorrer da história. A partir das observações anteriores, o pensador italiano afirmou que o grau de consonância produzido por dois tons associava-se à proporção de impactos do som mais agudo que coincidia com aqueles resultantes do som mais grave. Outros teóricos, tais como Benedetti em 1563, assim como Beeckman, Descartes e Mersenne no início do século XVII, já haviam associado diretamente altura musical à freqüência, porém suas idéias não se tornaram muito conhecidas, assim como suas explicações não se apresentaram tão claras como a de Galileu. O pensador italiano afirmou ainda que a freqüência produzida por uma corda tensionada era inversamente proporcional à raiz quadrada da densidade linear de tal corda, fato corroborado e generalizado por Mersenne ao determinar, por meio de experimentos envolvendo cordas densas e de mais de 30 metros, outros parâmetros dos quais a freqüência de vibração de uma corda ainda dependiam.

Uma das maiores questões que vinha acompanhando a acústica musical até então referia-se ao mistério dos harmônicos do som. Mersenne tentou explicar tal fenômeno, estabelecendo o seguinte paradoxo: Como poderia uma corda - portanto um comprimento de corda - produzir mais que uma altura ao mesmo tempo? Esta questão não poderia ser respondida com base somente no pitagorismo. O matemático francês percebeu a importância dos harmônicos, requisitando seus inúmeros correspondentes a procurar uma explanação para tal fenômeno.

A essa altura, a correspondência biunívoca entre sons harmônicos e modos de vibração de uma corda não havia sido compreendida completamente. À luz da idéia de altura como freqüência, tornava-se mais claro conjecturar harmônicos do som como superposição de configurações de onda de diferentes freqüências do que como uma composição de vários modos de vibração de uma corda, o que ressoava fortemente com a idéia subjacente ao paradoxo de Mersenne. Tal idéia ganharia uma estrutura bem definida em 1677, quando John Wallis induziu a vibração de uma corda por simpatia com harmônicos de sua freqüência fundamental. Afirmando que tal fenômeno já era conhecido pelos músicos de Oxford há alguns anos, o matemático inglês confirmou a associação entre harmônicos do som e as diferentes configurações de nós determinantes dos modos de vibração da corda, idéia essa publicada novamente em 1692 por Francis Robartes.

No que concerne a harmônicos, Fontenelle referiu-se à idéia subjacente ao princípio da superposição quando afirmou que cada metade, cada terço e cada quarto de uma corda de um instrumento realizava suas vibrações parciais ao mesmo tempo que a corda inteira vibrava. A relação ciência/música encontra ainda ressonância na genialidade do matemático francês Joseph Saveur (1653-1716) que, apesar de ter sido surdo e mudo, descobriu pela primeira vez um meio de calcular o número absoluto de vibrações de um som. Considerado muitas vezes o pai da acústica, o matemático francês apresenta-se como primeiro a calcular a freqüência dos batimentos produzida por duas notas, resolvendo ainda o paradoxo estabelecido por Mersenne ao explicar racionalmente o fenômeno dos sons harmônicos fundamentando-se no Princípio da Superposição. Presente silenciosamente em seus estudos de batimentos, harmônicos e timbre, tal princípio mostra-se como uma das idéias mais importantes de Saveur para os desenvolvimentos futuros. Assim como Wallis e Robartes, porém independentemente deles, Saveur explicou que a vibração de uma corda em modos mais altos resultava no aparecimento de nós e ventres, introduzindo os termos "son harmonique", "noeud" e "ventre". A explicação racional de Saveur para o fenômeno dos sons harmônicos (Houaiss, p.5670), bem como outras contribuições acústico-musicais do matemático francês o fazem muitas vezes considerado o fundador da acústica.

O matemático francês percebeu que os construtores de órgão haviam descoberto intuitivamente os harmônicos, misturando-os por meio de registros com o intuito de obter distintos timbres. No dizer de Saveur, a natureza teve a força de fazer com que os musicistas caíssem inconscientemente no sistema de sons harmônicos norteados apenas por seus ouvidos e experiências. Os organistas misturavam os botões do órgão quase que da mesma maneira com que pintores misturavam cores, imitando a harmonia da natureza observada nos objetos sonoros (Dostrovsky, Bell, Truesdell, 1980, p.665). Outros pensadores, tais como Newton, contribuíram para o desenvolvimento da relação matemática/música neste período. Nesse caso, o físico inglês teceu comentários a respeito de sons musicais em alguns de seus primeiros artigos sobre ótica, analisando ainda matematicamente a propagação do som em seu Princípia.

Nessa altura, calcular a fundamental e os harmônicos de um determinado corpo sonoro apresentava-se como o problema acústico central do século XVIII. Em 1713, Taylor tentou descrever o movimento do monocórdio baseado na mecânica racional de Newton. Nesse mesmo período, acreditava-se que os harmônicos de todos os corpos acústicos possuíam certo equilíbrio natural e alguns autores afirmavam que Jean-Philippe Rameau (1683-1764) havia fundamentado seu sistema harmônico em cima de tal idéia. Compositor e teórico francês, Rameau publicou seu Tratado de Harmonia em 1722, pedra angular do estudo de harmonia musical que apresenta uma nova teoria abordando, por exemplo, a relação entre o baixo e a harmonia baseado em sua concepção das propriedades físicas do som.

Entre os contribuintes para a relação matemática/música no século XVIII, encontram-se Leonhard Euler (1707-1783), Jean Le Rond d'Alembert (1717-1783) e Daniel Bernoulli (1700-1782). Diante da emergência da tonalidade e portanto da necessidade de um sistema numérico subjacente à música sustentado por números irracionais, Euler afirma que nós devemos distinguir cuidadosamente as razões que nossos ouvidos realmente percebem daquelas referentes aos sons expressos como números (Dostrovsky, Bell, Truesdell, 1980, p.666). O matemático suíço elucidou a frase mencionada quando afirmou que no temperamento igual, a escala não possuía consonâncias exatamente puras, uma vez que embora o ouvido escutasse o intervalo de quinta como razão de 3 para 2, seu valor matemático real igualmente temperado soava no ar como $2^{7/12}$. Segundo Euler, o ouvido tendia a simplificar a razão percebida, especialmente quando tons dissonantes seguiam-se após uma progressão harmônica. Por exemplo, a seqüência 36-45-54-64 era indistingüível de 36-45-54-63 ou mesmo de 4-5-6-7.

A conexão mais precisa entre altura de som musical e freqüência - velocidade de um movimento vibratório - ocorreria no século XVIII com D'Alembert. Estudando o comportamento de cordas vibrantes, o matemático e filósofo francês descobriu que o comprimento de uma corda sujeita a uma tensão fixa era inversamente proporcional à freqüência do som emitido pela corda referida. D'Alembert foi ainda mais longe ao afirmar que um som natural não era puro, mas complexo, sendo obtido pela superposição de diversos harmônicos de uma série (Cartier, 1995, p.751). Do ponto de vista quantitativo, um harmônico caracteriza-se pela sua amplitude, que assume grande importância na síntese sonora. A descoberta de D'Alembert não se aplica somente à análise de sons, mas a todos os tipos de movimentos vibratórios.

Daniel Bernoulli (1700-1782) afirmou que a vibração de um corpo sonoro poderia ser observada como superposição de seus modos simples com distintas amplitudes, porém não havia princípios gerais sobre os quais a prova de tal afirmação poderia ser experimentada (Dostrovsky, Bell, Truesdell, 1980, p.666). Considerando a insuficiência de ferramentas matemáticas desenvolvidas no século XVIII para confirmar a validade do princípio enunciado por Bernouilli concernente à superposição de oscilações simples, tal princípio somente assumiria uma justificativa consistente no século XIX, quando os matemáticos apresentar-se-iam aptos a explicar a idéia de Bernoulli para uma diversidade de corpos vibrantes, o que formará parte indispensável da acústica de hoje.

A afirmação de Bernoulli ancorou-se teoricamente nos experimentos de Fourier em áreas aparentemente distantes do universo musical. Realizando experimentos em condução de calor nas primeiras décadas do século XIX, Fourier mostrou como representar qualquer curva periódica pela superposição de ondas senoidais correspondentes às freqüências 1, 2, 3, 4, ...vezes a freqüência da curva original. Aprofundada e sistematizada por Fourier, a análise harmônica apresentada por D'Alembert e conjecturada por Kepler encontrou aplicação em distintos campos científicos, tecnológicos e econômicos, tais como ondas luminosas, evolução climática, oscilações elétricas, fenômenos geofísicos como amplitude das marés e ondas sísmicas, configurações de uma bandeira, flutuações na Bolsa de Valores etc (Cartier, 1995, p.752).

O Teorema de Fourier, bem como suas generalizações e analogias, não apenas concretizou o ponto de vista de Daniel Bernoulli em acústica, como se transformou no fundamento para análises de harmônicos, consonância/dissonância, batimentos dissonantes, assim como distintos conceitos musicais aparentemente dissociados da matemática. Ainda relacionado à construção de tal conceito, o físico alemão Georg Ohm (1819 - 1880) afirmou, em 1843, que os sons musicais dependiam apenas da distribuição de energia de seus harmônicos, não possuindo nenhuma relação com as diferenças de fase. Tornando-se conhecida como Lei de Ohm da Acústica, a conjectura anterior preludiou as contribuições do cientista alemão Hermann Helmholtz (1821-1894), que analisou o significado dos sons parciais, trabalhando ainda com fases, padrões de ondas sonoras, bem como consonância e dissonância, além de sistemas de temperamento.

Nesse ponto, cabe ressaltar que para analisar a freqüência fundamental de um tom, fazia-se necessário uma determinação precisa, sem a qual a análise de freqüência das distintas componentes tornar-se-ia impossível. Após o experimento construído por Galileu já mencionado, outros dispositivos mais aprimorados surgiram no decorrer da história. Em 1849, o físico experimental Guillaume Wertheim registrou com relativa precisão a vibração de uma onda sonora considerando a produção de um traço por uma pequena agulha, presa a uma haste vibrante num prato de vidro em movimento coberto com carbono. Os métodos mecânicos referidos com suas limitações de freqüência aprimoraram-se na segunda metade do século XIX.

Dentre os dispositivos de mesma natureza anteriores ao tubo e vácuo, cabe mencionar o Phonodeik inventado por Dayton C. Miller em 1908 que, embora ainda apresentasse limitações em freqüência, serviu à literatura e a experimentos em acústica até a metade do século XX, quando os tubos de raios catódicos e dispositivos decorrentes tornaram seus predecessores primitivos. Produzido quando objetos, tais como cordas, chapas, membranas, colunas de ar e tubos são colocados a vibrar, o som associa-se a movimento que se repete em intervalos de tempo, cuja natureza verifica-se de diversas formas. O Phonodeik (vide figura seguinte), dispositivo mecânico que registra fotograficamente formas sonoras, inventado pelo físico Dayton C. Miller (1866-1941) em 1908, possui relevante importância na comprovação da natureza periódica do som.

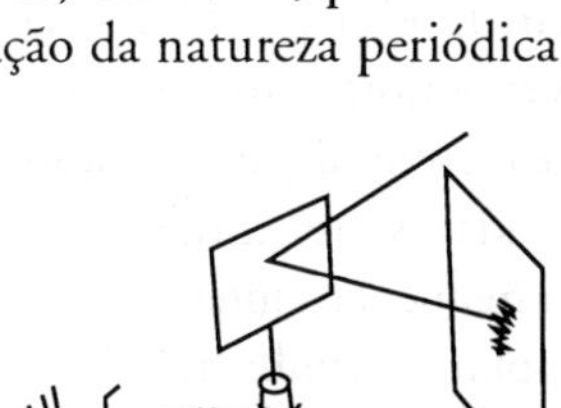

No mecanismo anteriormente apresentado, há uma membrana de espesssura ± 0.01cm conectada a uma mola com um carretel, solidária a um espelho que se move na vertical em tempos iguais à membrana. Incidindo-se um feixe de luz sobre esse espelho, o reflexo impressionará distintas posições de uma película sensível conforme seu movimento. Com todos os componentes ligados, emite-se som na membrana agora vibrante, e esta transfere seu movimento para a mola que, por sua vez, o transfere ao espelho. Este dirige o raio luminoso, proporcionado pela emissão sobre a membrana, construindo sobre o filme um "retrato" do som original, revelador de sua natureza vibratória, como ilustra a função apresentada a seguir.

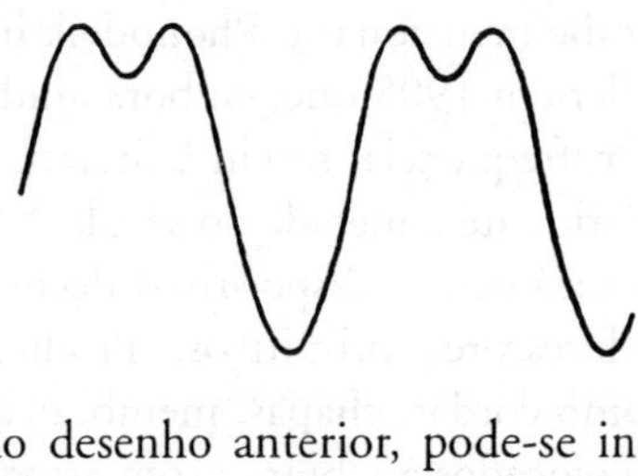

A partir do desenho anterior, pode-se interpretar suas propriedades matemáticas do ponto de vista musical. Por exemplo, a variação da altura emitida modifica a freqüência da função (quanto mais agudo, maior a freqüência), a mudança na intensidade do som altera a amplitude do sinal (quanto mais intenso, maior a amplitude), a variação do timbre do som modifica a forma da função (quanto mais harmônicos superiores possuir o som emitido, mais a forma distancia-se da senóide) e a duração do som é a duração da forma de onda. Neste sentido, altura - grave/agudo - relaciona-se com a freqüência, intensidade - forte/fraco - relaciona-se com a amplitude, timbre relaciona-se com a forma e a duração do som com a duração da função.

Atualmente, é possível verificar a natureza sonora por meio de recursos mais elaborados e precisos, como por exemplo através de um osciloscópio, instrumento eletrônico que, quando associado a um microfone, converte ondas sonoras em impulsos elétricos, apresentando-os numa tela de televisão, segundo a figura seguinte, onde ilustramos ainda, exemplos de formas de onda do saxofone e da clarineta, emitindo respectivamente notas sol # e dó.

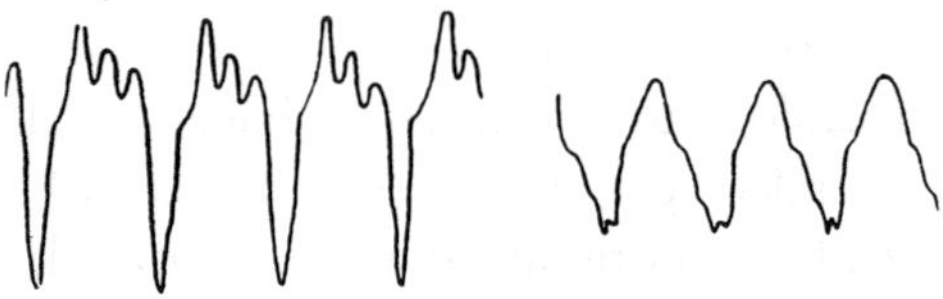

Como já mencionado, a partir de agora, aprofundaremos em aspectos relevantes posteriores ao Renascimento considerados mais significativos à compreensão dos conceitos de Série Harmônica e Temperamento.

1.7 A contribuição matemático-musical de Gioseffo Zarlino

Teórico e compositor italiano de Chioggia - proximidades de Veneza -, Zarlino (1517-1590) integrou teoria e prática, apoiando-se nos métodos de Adrian Willaert (1480 -1562) - mestre de capela na catedral de São Marcos de Veneza - como modelo para seus escritos sobre contraponto (Palisca, 1980). Preocupando-se com a razão das consonâncias perfeitas, Zarlino mostra-se pioneiro no reconhecimento da tríade em termos harmônicos enquanto falava-se apenas em intervalos; na elaboração de uma explicação racional da antiga regra que proibia a utilização de quintas e oitavas paralelas assim como no reconhecimento da antítese menor/maior (Castanha, s/d, p.1). O compositor italiano estabeleceu ainda métodos de divisão do braço de um instrumento em doze semitons iguais por meio de médias geométricas (Mersenne, 1957, p.234). No dizer do compositor e músico religioso Sébastien de Brossard (1660-1730), Zarlino poderia ser denominado o príncipe dos músicos modernos, assim como Aristoxeno era chamado o príncipe dos músicos gregos (Rameau, 1971, p.22).

Influenciando músicos italianos, franceses, alemães e ingleses do início do século XVII (Lester, 1994, p.8), Gioseffo Zarlino contribuiu para a elaboração de estudos sobre contraponto oferecidos por Johan Joseph Fux (1660-1741) e para as teorias sobrc harmonia de Jean Philippe Rameau (1681-1764). Suas idéias foram transmitidas basicamente através da obra Institutioni Armoniche de 1558, de traduções de manuscritos e de escritos de seus discípulos. Sustentando grande parte das inferências de seu Institutioni Armoniche por analogias, Zarlino concebe a música como imitação da natureza, esforçando-se para derivar suas teorias das leis naturais, bem como conectando teorias especulativas - baseadas em fontes antigas - à práticas modernas de composição (Sadie, 1988, p.1043). Zarlino afirmava que o compositor deveria imitar a ordem admirável do Universo de tal maneira que sua operação seria tanto melhor quanto maior sua semelhança a nossa grande mãe natureza.

Sucessor de seu mestre Willaert em São Marcos desde 1565 até sua morte em 1590, Zarlino possuía significativo conhecimento prático resultando em sua grande autoridade e influência. Acreditando que a música possuía a capacidade de provocar o bem e o mal, o compositor italiano concordava com Platão ao preocupar-se com uma utilização prudente dessa arte. Embora nem sempre ressonantes conceitualmente com a perspectiva teórica de Zarlino, as concepções pitagórico-platônicas e humanistas - mais particularmente a numerologia - forneceram subsídios para que o compositor italiano estabelecesse critérios de utilização de consonâncias e de procedimentos musicais próprios e impróprios em nível geral relacionando, por exemplo, intervalos consonantes com razões simples. Zarlino precisou melhor sua concepção de consonância ao afirmar que dois sons são mais agradáveis ao ouvido quanto mais harmônicos comuns tiverem. Concebendo a sensação como propriedade do corpo e não da alma - contrariamente ao que se acreditava na Idade Média -, Zarlino organizou criteriosamente conhecimentos práticos de sua época, procurando desvendar seus princípios subjacentes para fins de compreensão e reconhecimento de outras realidades.

Exercendo muitas vezes o papel de conector entre a música e a natureza, o pensamento analógico mostra-se fortemente presente nas argumentações utilizadas por Zarlino em sua obra. Por exemplo, o teórico italiano estabeleceu distintas analogias ao referir-se à importância da diversidade, à congruência do texto com a harmonia em uma música e à maneira de organização de consonâncias e dissonâncias em uma composição. Nesse sentido, o compositor italiano explica que a quarta perfeita - inversão da quinta perfeita - deveria ser consonante já que terças consonantes e segundas dissonantes invertidas resultam respectivamente em sextas consonantes e sétimas dissonantes[20]. Cabe ressaltar que a partir do Renascimento,

---

20 Observando a transformação da sexta e terça menores em respectivamente terça e sexta maiores, Franchino Gafori (1451-1522) também observou a invertibilidade de intervalos em relação a oitava.

considerava-se o intervalo de quarta como consonância somente quando interpretado como inversão da quinta (Drabkin, 1980, p.736).

As analogias subjazem ainda à obra de Zarlino em diferentes outros cenários. Por exemplo, ao discorrer sobre a importância de haver sujeito em uma composição, Zarlino compara música à arquitetura, afirmando que assim como o arquiteto em todos seus empreendimentos encaminha-se sempre para um objetivo, orientando seu trabalho por um assunto que chama de sujeito, o músico também possui um objetivo específico, procurando a matéria ou sujeito pelo qual ele desenvolve sua composição. Assim, ele elabora sua obra em conformidade com seu objetivo encontrado (Castanha, s/d, p.1). O compositor italiano relaciona ainda tal assunto à poesia ao dizer que o poeta escolhe como sujeito de sua poesia uma história ou fábula, descoberta por ele mesmo ou aproveitada de outros autores, que adorna e burila de distintas maneiras, como preferir, sem abandonar nada que possa ser importante para deleitar a imaginação dos leitores, fazendo uso do fantástico e do maravilhoso. Assim o músico, orientado pelo mesmo objetivo de alimentar e encantar os sentidos dos ouvintes com acentos harmônicos, toma um sujeito e o emprega em sua composição, adornando-o com várias modulações e harmonias, de forma a oferecer prazer a seus ouvintes (Castanha, s/d, p.2).

Verdadeiro representante do Renascimento, o compositor italiano interessa-se mais pela sistematização de princípios gerais do que pela determinação de leis regentes de casos particulares. Ao reconhecer as novidades produzidas em sua época, Zarlino revoluciona as concepções subjacentes a esta arte/ciência rejeitando fortemente o legado musical da Idade Média. Tal postura evidencia-se, por exemplo, no valor atribuído à diversidade em seu Instituzioni Armoniche, obra que representa um marco na história da teoria musical.

Segundo Zarlino, a perfeita harmonia consistia em diversidade, resultando de elementos distintos entre si, discordantes e contrários - não de coisas completamente semelhantes - possuindo em suas partes, proporções, movimentos e distâncias variadas em relação às regiões graves e agudas. A idéia de diversidade manifesta-se ainda no estabelecimento de normas e procedimentos para condução das vozes que deveriam conter distintas consonâncias com diferentes proporções, assim como na proibição do uso repetido de consonâncias, uma após a outra, em nome de poupar o ouvido da insistência dessa perfeição. Zarlino defende tal postura quando compara a música à natureza e afirma que a verdade e excelência dessa admirável e útil advertência é confirmada pelos fenômenos da natureza, pois gerando indivíduos de uma mesma espécie, ela os faz similares uns aos outros, mas diferentes em alguns aspectos particulares, uma diferença ou variedade que proporciona maior prazer aos nossos sentidos (Castanha, s/d, p.4).

Zarlino afirmava que a diversidade sobre distintos parâmetros - sons, consonâncias, movimentos, intervalos - produziria uma boa e perfeita harmonia. Comparando analogicamente a música com a pintura, o compositor italiano defende que, assim como a apreciação de uma pintura apresenta-se mais agradável aos olhos quando se utiliza várias cores do que quando pintada somente com uma única cor, o ouvido também considera mais agradável e encantador uma composição contendo variedade de consonâncias do que uma música simples e sem variedade (Castanha, s/d, p.5).

Argumentações analógicas em favor da diversidade manifestam-se ainda na obra de Zarlino, quando o pensador italiano afirma que existe tanta razão para proibir-se a utilização consecutiva de duas consonâncias perfeitas de mesma espécie quanto para a interdição do uso de consonâncias imperfeitas de mesma proporção uma após a outra. No dizer de Zarlino, assim como não pode ser verdadeiramente dito que um homem é mais homem que outro, também não se pode dizer que uma terça maior ou menor ou uma sexta colocada abaixo tem maior ou menor dimensão que uma colocada acima, ou vice-versa. Nesse sentido, se é tã proibido utilizar duas consonâncias perfeitas de mesma espécie uma após a outra, quanto utilizar duas consonâncias imperfeitas de mesma proporção, imaginando que sejam menos consonantes que as perfeitas (Castanha, s/d, p.5).

Do ponto de vista matemático, os números e proporções evidenciam a importância da diversidade quando Zarlino afirma que progressões tais como 1:1:1 ou 2:2:2 - resultando em dois uníssonos -, 1:2:4:8 - seqüência não harmônica, mas geométrica, resultando em três oitavas consecutivas -, assim como 4:6:9 - produzindo o efeito de duas quintas consecutivas - não deveriam ser utilizadas em hipótese alguma. Proporcionando certo peso desagradável, as proporções supra-referidas não se encontravam dentre os números harmônicos, nos quais residia, na concepção de Zarlino, a causa natural da consonância de maneira geral.

A idéia de diversidade reflete-se diretamente no estabelecimento de um novo sistema numérico subjacente às consonâncias. As concepções pitagóricas prevaleceram até meados do século XII, porém, com o advento da polifonia, as terças e sextas ganham a qualificação de consonância. Tal emancipação intima explicação, e portanto uma redefinição do problema. Observando que as proporções pitagóricas utilizam somente números inteiros até o 4 e procurando justificar matematicamente o caráter consonante dos intervalos mencionados, Zarlino pergunta:

> *Por que não utilizar até o número 6 = 1+2+3 = 1x2x3, já que esse apresenta-se como o primeiro dos números perfeitos definidos como aqueles equivalentes à soma de todos os seus fatores primos?*

Observando que os intervalos de terças e de sextas não se apresentavam consonantes quando produzidos pelas razões pitagóricas, Zarlino concebeu o Senário, conjunto dos primeiros seis números inteiros - "número sonoro" ou "número harmônico" -, que possuía o poder para gerar todas as consonâncias musicais, incluindo as imperfeitas, componentes essenciais dos escritos da época. Segundo a concepção pitagórica, as quatro primeiras divisões da corda produziam os intervalos consonantes. Zarlino estendeu o limite superior de tal procedimento para 6, o que permitiu a inclusão de sextas e terças no quadro de consonâncias - terça maior 3/5, terça menor 5/6, sexta maior 3/5. Cabe ressaltar que o teórico italiano instituiu o acorde perfeito maior e menor, sistema dualista baseado respectivamente nas divisões harmônica e aritmética do comprimento gerador do intervalo de quinta. À luz de Zarlino, as consonâncias eram obtidas pelas seis primeiras divisões da corda segundo o número sonoro.

Além disso, o compositor italiano enfatizou a perfeição desse número argumentando, entre outros aspectos, que Deus necessitou de seis dias para a criação do mundo, e que havia - segundo acreditava-se na época - apenas seis planetas: Lua, Mercúrio, Vênus, Marte, Júpiter e Saturno; que existiam seis características naturais: tamanho, cor, forma, intervalo, estado e gesto; que havia seis direções: para cima, para baixo, para esquerda, para direita, para frente, para trás; que o cubo possuía seis faces e simbolizava a perfeição e assim por diante (Cohen, 1984, p. 5-6).

O sistema de Zarlino acrescentou o número 5 como fator primo nas relações de freqüências pitagóricas. Assim, construía-se a escala de maneira que o intervalo de terça maior[21] - por exemplo, do mi - passava a possuir relação de freqüências 5/4 existente na *Série Harmônica*, a terça menor[22] - por exemplo, do mib -, relação 6/5, a sexta menor[23] - por exemplo, do lab - relação 8/5 = 1x2x4/5 e a sexta maior[24] - por exemplo do lá - 5/3 = 1x2x5/6. A partir desses pressupostos, Zarlino construiu a gama diatônica de acordo com as proporções de freqüências diretamente derivadas, conscientemente ou não, da Série Harmônica. Tomando-se a nota do como referência, a gama de Zarlino resulta, sem perda de generalidade, em:

dá	ré	mi	fá	sol	lá	si	dó
1	8/9	4/5	3/4	2/3	3/5	8/15	1/2

Entretanto, levantaram-se alguns pontos contrários ao sistema de Zarlino, tanto no âmbito da definição como capacidade explanatória. A primeira objeção ao Senário seria a de que a sexta menor, cuja relação de freqüência é 8/5, não se encaixaria no sistema defendido por Zarlino, que contrargumenta classificando esse intervalo como um caso especial, uma vez que a sexta menor é a composição

---

21 O intervalo de terça maior forma-se por dois tons.

22 O intervalo de terça menor forma-se por um tom e meio.

23 O intervalo de sexta menor forma-se por quatro tons.

24 O intervalo de sexta maior forma-se por quatro tons e meio.

da quarta com a terça pertencendo, portanto, potencialmente ao Senário. Então, por este raciocínio, a composição da quinta com a terça seria consonância, o que é absurdo,pois tal processo resultaria na sétima, que possui caráter bastante dissonante na estética musical da época. Outras objeções a esse sistema ganharam relevância após a Revolução Científica, tais como o fato do Senário não resolver a dúvida sobre a relação entre consonâncias, do ponto de vista matemático, como razões de pequenos números inteiros e a faculdade humana de percebê-las como tal, discussão principiada com Pitágoras por volta de 2000 anos antes da época em questão.

Apoiado na antiga doutrina de médias harmônicas e aritméticas, Zarlino revelou preferência pela terça maior frente a menor, uma vez que se obtinha essa última pela média aritmética dos comprimentos que produziam as notas componentes do intervalo de quinta, enquanto que à terça maior subjazia a fração obtida pela média harmônica dos comprimentos inerentes às notas componentes do mesmo intervalo. Sob a ótica de Zarlino, este último arranjo era portanto o mais perfeito e natural para consonâncias, pois nesse caso a terça maior dividia a quinta harmonicamente, enquanto que na configuração reversa - obtida pela média aritmética -, seus elementos não se encontravam nas posições naturais, não havendo assim perfeição harmônica.

Diferentemente de Pitágoras - que gerava intervalos por superposição de quintas - e assim como outros teóricos de sua geração, Zarlino obtinha intervalos dividindo-os, adicionando-os e subtraindo-os, mas nunca invertendo-os. Por exemplo, as divisões harmônicas e aritméticas do intervalo de oitava (1:2) produziam respectivamente a quinta perfeita (2:3) e a quarta perfeita (3:4), e as mesmas divisões do intervalo de quinta resultavam na terça maior (4:5) e na terça menor (5:6). Recursivamente, aplica-se às terças maior e menor tal procedimento, obtendo-se respectivamente os tons maior (8:9) e menor (9:10), bem como o tom maior (8:9) e o semitom diatônico (15:16). Entretanto, Zarlino explicou a propriedade consonante das sextas como superposição dos intervalos de quarta perfeita e terça e não como inversão das terças, o que só viria a ocorrer a partir do início do século XVII, quando teóricos passaram a utilizar explicitamente tal procedimento.

A idéia de diversidade manifesta-se ainda no compositor italiano quando este argumenta sobre a organização de consonâncias e dissonâncias em uma composição, definindo, por exemplo, contraponto[25] como a arte de fazer harmonia da diversidade. O compositor italiano e seus predecessores compreendiam dissonâncias como cortes momentâneos no processo consonante que, produzindo variedade, enfatizavam a perfeição das consonâncias. Nas palavras do mestre italiano, a dissonância motiva a consonância, que a segue com o intuito de produzir maior satisfação auditiva. Após a dissonância, o ouvido capta e aprecia a consonância com maior prazer, assim como a luz é mais encantadora à vista após a escuridão (Lester, 1994, p.20) e a doçura é melhor apreciada e palatável após o amargor (Castanha, s/d, p.3). Se uma dissonância ofende o ouvido por certo intervalo de tempo, a consonância que se segue torna-se mais doce e aceitável (Castanha, s/d, p.3)

Zarlino defende ainda que toda harmonia - composição e contraponto - deve constituir-se principalmente de consonâncias, utilizando-se dissonâncias apenas secundariamente e incidentalmente em nome da elegância e da bele-

---

25 Arte de combinar duas linhas musicais simultâneas. Quando se acrescenta uma voz a anterior, diz-se que esta faz contraponto com a primeira.

za. Segundo Zarlino, o ouvido não aceita as dissonâncias tomadas em si; entretanto estas tornam-se toleráveis e não ofensivas, sendo recebidas com grande encanto e prazer se arranjadas adequadamente segundo os preceitos que o compositor italiano apresenta. A condução das partes deveria ocorrer por intervalos corretos e legítimos derivados do Senário, de modo a haver congruência entre as palavras e a música - a assuntos tristes corresponderiam harmonias tristes e vice-versa. Por outro lado, ao admitir a dissonância como parte mais importante do contraponto e portanto com identidade própria, distintos teóricos contemporâneos contestaram a caracterização de dissonâncias como incidentes para as consonâncias.

O mestre italiano inicia o Inztitutioni Armoniche discorrendo sobre a razão das consonâncias perfeitas, prenunciando a teoria moderna derivada da Série Harmônica, fenômeno desconhecido na época (Castanha, s/d, p.1). Para esse compositor, o princípio teórico subjacente à idéia de consonância aparenta situar-se bastante distante daquele defendido pelos pitagóricos. Enquanto esses relacionavam consonância entre sons à razão de suas freqüências como pequenos números inteiros, construindo a escala a partir de notas obtidas por ciclos de quintas remanejadas para uma oitava básica, Zarlino coloca que dois sons eram "agradáveis" ao ouvido se possuíssem harmônicos comuns (Martin, 1948, p.495). O compositor italiano afirma ainda que a oitava é a mãe, a fonte e a origem de todos os intervalos, obtendo-se todos os acordes harmoniosos a partir da divisão de seus dois termos (Rameau, 1971, p.10).

À luz dessa concepção, as dissonâncias corresponderiam à coincidência de harmônicos "distantes", inexistindo o encontro de tais componentes para o caso de freqüências incomensuráveis[26]. Na prática, essa concepção resultará na construção de escalas apoiadas inconscientemente nas Séries de Fourier. Cabe relembrar aqui que, embora nessa ocasião ainda não se possuísse arcabouço teórico satisfatório para compreensão da matéria referida, as evidências levam-nos a afirmar que o fenômeno dos harmônicos mostrava-se presente na consciência dos teóricos musicais da época.

No que concerne à utilização de dissonâncias na estruturação harmônica de uma composição, Zarlino coloca que os intervalos de tritonus, semidiapente e semidiapason proporcionavam muito pouco prazer, não ocorrendo entre os números sonoros. Ao comparar analogicamente composição musical com composição de remédios, o teórico italiano elucidava a maneira como tais intervalos participavam da dinâmica de uma música, afirmando que assim como existiam ingredientes em remédios e outros produtos intragáveis e venenosos em si - mas sem dúvida curativos e mais palatáveis quando tais ingredientes eram combinados uns com os outros -, também muitas coisas que eram desagradáveis e prejudiciais tornavam-se boas e salutares quando combinadas entre si. Assim também ocorria com as relações em música. Havia ainda outros intervalos que em si, eram desagradáveis, mas quando combinados com outros, produziam efeitos maravilhosos (Castanha, s/d, p.9).

---

26 Do ponto de vista geométrico, dois segmentos são ditos incomensuráveis se não existir um segmento unidade em relação ao qual ambos os segmentos originais possam ser construídos com um número inteiro dos segmentos unidades referidos. Esse conceito pode ser estendido para números reais. Nesse caso, dois números são comensuráveis se a razão entre eles puder ser expressa como um número racional, ou seja, uma relação de dois números inteiros.

Ao generalizar a idéia de consonância para todos os sentidos, Zarlino explica tal conceito argumentando analogicamente que, quanto mais os objetos forem agradáveis e suaves a seus objetos particulares, mais adequados a eles o serão e vice-versa, se os olhos são agredidos quando miram o sol é pelo fato de que este objeto não é adequado a ele, o que os filósofos dizem é verdadeiro - que o excesso nos objetos sensíveis se não corrompem os sentidos, corrompem o instrumento (Castanha, s/d, p.14).

Um aspecto bastante relevante na obra de Zarlino concerne à congruência entre texto e música que se apresenta clara quando ele defende a proibição de se fazer uma composição soar sombria para um texto alegre, ou fazê-la alegre para um texto que trata de assuntos tristes. O compositor italiano argumenta sobre tal assunto afirmando que se ao poeta não é permitido a escrita de comédia em versos trágicos, ao músico também não será permitido a combinação injustificada dessas duas coisas nomeadas harmonias e palavras (Castanha, s/d, p.19). Nesse sentido, Zarlino considera inapropriado a utilização de harmonias sombrias e um ritmo grave em assuntos alegres, assim como harmonias alegres e ritmos ágeis e rápidos em assuntos fúnebres e lamentosos. Palavras que denotavam aspereza, dureza, crueldade, amargura e outras coisas dessa natureza deveriam vir acompanhadas em harmonias de natureza similares, assim como a palavras que expressavam aflição, tristeza, mágoa, clamor, choro e outras coisas dessa natureza, cabiam harmonias repletas de tristeza.

De maneira análoga, palavras alegres adequar-se-iam melhor a ritmos e movimentos ágeis e vigorosos, enquanto que palavras tristes deveriam inserir-se em movimentos lentos e hesitantes. Além disso, um compositor não deveria utilizar duas divisões aritméticas consecutivas - por exemplo, terça menor, quando calculada sobre a quinta. Tal repetição por muito tempo poderia produzir uma harmonia muito melancólica. A partir da afirmação de Platão na República de que a harmonia e o ritmo deveriam seguir as palavras (Lester, 1994, p.23) juntamente com a advertência do filósofo grego de que a música não poderia conter excessos, Zarlino busca uma adequação ideal do texto combinando todos os elementos musicais numa polifonia que valorizava as palavras ao mesmo tempo que desenvolvia certa variedade sustentada pelo equilíbrio entre consonâncias, dissonâncias, ritmo etc.

Nesse ponto, o compositor italiano estabeleceu um forte elo entre poetas, músicos e pintores que, adaptando ou pretendendo pintar histórias ou fábulas como melhor lhes apareciam, adequava as figuras, arranjando-as em sua composição. Portanto, ele não hesitava em colocar uma consonância num determinado lugar, assim que observava a ordem original da história ou fábula que tentava representar. Além disso, inúmeros pintores retrataram um simples assunto de muitas maneiras. Analogamente, o músico também deveria procurar variedade no seu contraponto sobre o sujeito, e se ele pudesse inventar muitas passagens, deveria escolher aquela que fosse melhor, mais adaptada a sua proposta e mais capaz de tornar seu contraponto sonoro e ordenado (Castanha, s/d, p. 12). Na concepção de Zarlino, um compositor não poderia arranjar as partes sem saltos ,especialmente se desejasse escrever muitos contrapontos sobre o mesmo sujeito. Entretanto, isto não deveria desencorajá-lo pois, no dizer do teórico italiano, se as raízes parecem um tanto amargas, ele depois saboreará as frutas que nascem delas e estas serão doces, agradáveis e palatáveis. Assim, a virtude - como a sabedoria confirma - nasce da dificuldade e não da facilidade (Castanha, s/d, p. p.13).

Talvez alguns argumentos da ciência renascentista nos pareçam relativamente arbitrários, como por exemplo os utilizados em defesa do Senário, bem como contra-argumentos a esse sistema relativos as coincidências envolvendo o número 7, fundamentados em comparações com o número de planetas contando a Terra, com as possíveis posições considerando aquela onde a pessoa,(referência) se encontra, com o número de dias em que Deus criou o mundo, considerando o dia de descanso etc. Enfraquecendo significativamente em períodos posteriores, tais argumentações mostravam-se congruentes com a própria concepção de racionalidade e ciência na época, indissociada da estrutura/dinâmica de pensamento científico/artístico, reconfigurada fortemente com a Revolução Científica que induzirá novas idéias no âmbito musical.

1.8 A ciência/música em Mersenne

Matemático, filósofo e músico teórico, Marin Mersenne (1588-1648) apresenta-se como um dos principais pensadores franceses do século XVII, cuja obra - a maior parte dedicada à ciência, teoria e prática de música - assume papel central no movimentos científicos e acadêmicos da época. Monge franciscano de um mosteiro em Paris perto da Place Royale, Mersenne desviou seus interesses da Teologia para a Filosofia durante sua maturidade, influenciando fortemente esta última na primeira metade do século XVII. Sintetizando as conquistas científicas do passado e avistando as dificuldades futuras geradas por questões emergentes em seu próprio tempo, Mersenne transitou na confluência entre o Renascimento e o Barroco na França (Cohen, 1980, p.190) como personagem, cuja obra assumiu importante papel nos desenvolvimentos futuros da matemática/música. Iniciando seus estudos em lógica, física, metafísica, matemática e teologia no colégio de jesuítas em La Flèche, onde ingressou em 1604, Mersenne acreditava que a ciência encontrava-se primeiramente a serviço da religião.

Ao estimular um constante intercâmbio de idéias e de descobertas, Mersenne estabeleceu informalmente um grupo internacional para discussões intelectuais através de correspondência privada, já que na época não havia grandes redes de comunicação propiciadoras de encontros e realizações de trabalhos coletivos. Funcionando como mediador no intercâmbio de idéias, Mersenne procurava conciliar os interesses particulares transmitindo cartas e manuscritos de um membro a outro do grupo mencionado. Ao estabelecer significativa correspondência com pensadores de ponta da época, tais como Huygens, Galileu, Descartes e Fermat, o monge francês desencadeou um fluxo de idéias tão intenso que contar-lhe acerca de uma descoberta interessante equivalia, na prática, a publicá-la em toda a Europa (Simmons, 1987, p.693), representando uma verdadeira caixa de ressonância dos saberes filosóficos, científicos e teológicos. Acreditando que a música era passível de análise e explicação racional, Mersenne atribuía importância a tal ciência - quando comparada a outras disciplinas - como área de pesquisa científica. Indubitavelmente o mais importante da época, o círculo de Mersenne abarcava intelectuais residentes em distintas regiões da Europa - Pascal, Roberval, Desargues, Gassendi e outros em Paris; Descartes, na época residindo na Holanda; Galileu, Torricelli e Cavaliere, na Itália; Fermat, em Toulouse; Hobbes, durante suas visitas a Paris - mostrando-se responsável por grande parte das atividades intelectuais daquele período (Simmons, 1987, p.693). Após a morte de Mersenne, grandes sábios da época, curiosos intelectuais e membros residentes em Paris, que vinham reunindo-se regularmente na cela de seu convento (Japiassú & Marcondes, 1996, p.179), prosseguiram tais encontros estabelecendo em 1666 a Academia Francesa de Ciências.

Sob uma ótica matemático-acústico-musical, Mersenne levantou questões cruciais, tais como a paradoxalidade aparente em uma nota vibrar em várias freqüências ao mesmo tempo, sugerindo estudos mais criteriosos concernentes aos harmônicos[27]. Concedendo ênfase especial à natureza e ao poder da música antiga, Mersenne tratava tal arte à luz do Humanismo. Embora o matemático francês não fosse compositor, intérprete ou artista, ele estabeleceu uma teoria baseada na prática, por exemplo, ao defender e fundamentar um temperamento igual na construção de instrumentos e ao explicar racionalmente as afinações. Concedendo à consonância o papel básico no processo de composição e atribuindo à dissonância apenas função ornamental, o trabalho de Mersenne - baseado na obra de Zarlino - favoreceu a descrição da prática composicional do século XVII, embora considerado muitas vezes teoria especulativa.

A partir de 1630, seus escritos adquirem novas formas e interesses, culminando com a elaboração da Harmonie Universelle em 1636, cuja abordagem teórico-prática abarca relatos de distintos experimentos engenhosos, estudos sobre o som e reflexões concernentes à relação matemática/música que o faz muitas vezes ser considerado o pai da acústica. Por exemplo, Mersenne apresenta nessa obra considerações gerais acerca das leis de vibração da corda esticada, determinando a maneira com que a freqüência diminui

---

27 Mersenne tornou-se o primeiro a discernir a natureza dos harmônicos em relação à nota fundamental.

em relação aos parâmetros físicos da corda. Ao tanger cordas de linho e de arame de mais de 30 m esticadas entre dois postes por meio de pesos, Mersenne determinou a freqüência de vibração de uma corda a partir de seu comprimento, densidade linear e tensão submetida.

Constatando a possibilidade de acompanhar visualmente os movimentos vibratórios de tais cordas, o matemático francês utilizava o próprio pulso com o intuito de marcar o tempo necessário para completar um determinado número de ciclos. Variando os comprimentos e tensões, Mersenne verificou empiricamente que, para freqüências visualizáveis, a vibração de um fio esticado era inversamente proporcional ao comprimento da corda se sua tensão fosse constante; diretamente proporcional à raiz quadrada da tensão, se o comprimento da corda fosse constante e inversamente proporcional à raiz quadrada da massa por unidade de comprimento, para fios diferentes de mesmo comprimento e sujeitos à mesma tensão.

Observando a continuidade na passagem de freqüências inaudíveis para aquelas produtoras de sons, o padre francês generalizou tais conclusões para freqüências audíveis culminando na expressão conhecida como Fórmula de Mersenne, descrita em seguida:

$$f = \frac{K\,n}{L}\sqrt{\frac{T}{P}}$$

onde f é a freqüência, L o comprimento da corda, K uma constante proporcional, n um número inteiro, T a tensão a que a corda encontra-se sujeita e r a densidade linear da corda. A partir de tal descoberta, a natureza das consonâncias e dissonâncias é retomada à luz das leis de corpos vibrantes.

A fórmula citada implica em reorganizações de Mersenne a respeito de médias harmônicas e aritméticas em música. Para o matemático francês, se considerarmos os números associados ao intervalo como proporcionais ao comprimento da corda, então o número que divide a oitava com uma quinta na parte inferior será a média harmônica dos dois números que representam a oitava - por exemplo, 6:4:3 -; por outro lado, se considerarmos os números associados ao intervalo como proporcionais aos movimentos da ar, o número que dividirá a oitava de modo a obter-se uma quinta na parte inferior do intervalo será a média aritmética dos dois números que representam a oitava - por exemplo, 2:3:4. Portanto, se considerarmos vibrações ao invés de comprimentos, a proporção necessária para dividir a oitava de modo a obter-se a quinta na parte inferior deve ser a aritmética e não a harmônica (Rameau, 1971, p.22).

Para Mersenne, a média aritmética possuía caráter superior à harmônica, pois tomando números proporcionais às vibrações - causas primeiras do som -, a quinta na posição inferior resultava da média aritmética dos números que caracterizam a oitava. No dizer do padre francês, nós já mostramos que a divisão aritmética das consonâncias - a quinta - é mais agradável que a divisão harmônica - a quarta -; conseqüentemente, se nós compreendemos por média harmônica a mais agradável, nós deveríamos chamar a média aritmética de harmônica (Rameau, 1971, p.24). Do ponto de vista acústico-musical, a Harmonie Universelle aborda outras aspectos tais como o movimento de cordas necessários para produzir sons específicos, a explicação do formato, peso e densidade de um sino encontrados por meio da água etc.

Além de ser pioneiro na determinação de leis regentes de cordas vibrantes baseado nos parâmetros supracitados, Mersenne descobriu, aplicando seus princípios, que a relação de freqüência entre uma nota e sua oitava era respectivamente de 1 para 2, explicando ainda as características de colunas vibrantes de ar, bem como os fenômenos do eco e da ressonância. Estabelecendo os fundamentos subjacentes ao comportamento do som e, de maneira mais ampla, os fundamentos da ciência acústica - central para suas contribuições no conhecimento de música -, Mersenne foi, ainda, o primeiro a determinar a freqüência de uma noa musical estabelecida, bem como a velocidade de propagação do som no ar.

Procurando dar ordem e explicação racional a tudo, Mersenne aborda em sua Harmonie Universelle pontos tais como teoria, execução e composição, assim como classificação de instrumentos musicais. Composta por 7 livros - 4 sobre instrumentos de corda, 1 sobre instrumentos de sopro, 1 sobre o órgão e 1 sobre instrumentos de percussão -, tal obra mostra-se como uma das mais valiosas fontes do pensamento musical do início do Barroco na França. A partir da diferença de opinião entre Zarlino e Vincenzo Galilei, Mersenne discute nessa obra o problema filosófico de serem ou não os instrumentos musicais feitos em imitação a voz e, num sentido mais amplo, se a arte tenta copiar a perfeita natureza.

Mersenne considerava o monocórdio como suporte fundamental à compreensão não somente dos instrumentos de corda, mas de toda ciência musical. Sob a ótica do pensador francês, alcançar-se-ia tal ciência explicando todas as maneiras de divisão do monocórdio, o que o levou à constatação de que diferentes frações poderiam corresponder a uma mesma consonância ou dissonância[28]. Mersenne procurou explicar, ainda, a diferença ou distância entre intervalos de distintas naturezas. Ao estabelecer um esquema geométrico para esse instrumento e seus intervalos, o matemático francês propôs um diagrama gráfico para repartição de qualquer segmento em um número de partes iguais. Defendendo a idéia de que a divisão do monocórdio objetivava a produção de consonâncias e dissonâncias, Mersenne procurava explicar as primeiras mostrando que o instrumento mencionado produzia todas elas quando dividido em oito partes iguais.

Considerando números harmônicos e médias proporcionais construídos de forma geométrica, a Harmonie Universelle abarca estudos sobre distintas afinações de uma oitava num teclado, exibindo em tabela suas relações numéricas correspondentes. Preocupado com a afinação utilizada por construtores de órgão, Mersenne explicou ainda de quantos modos podia-se construir a altura de um tubo no instrumento referido e como subir e descer sua afinação sem modificar seu comprimento ou largura. Ainda nesse âmbito, o pensador francês justificou as razões necessárias entre os comprimentos e larguras de tais tubos de modo a obter uma oitava precisa bem como todos os seus graus.

Mersenne revela certa preocupação com o Temperamento quando divide a oitava em 12 semitons desiguais e em 12 iguais, obtendo nesse último caso o monocórdio harmônico da igualdade composto por 11 números irracionais resultantes de médias proporcionais.

---

28 Embora Mersenne tenha constatado que se poder obter diferentes frações para um mesmo intervalo dependendo de outros parâmetros da corda, o sentido aqui aproxima-se mais da idéia de que havia intervalos matemáticos nas frações dentro dos quais não as diferenciava das notas correspondentes.

Nesse sentido, o matemático francês tratou de explicar o temperamento do alaúde, da viola e outros instrumentos, mostrando como as consonâncias e dissonâncias - derivadas dos intervalos justos do sistema perfeito - alteravam-se a partir do Temperamento. No livro IV, Mersenne examinou e mostrou a proposição e métodos de Zarlino de dividir o braço de um instrumento em 12 semitons iguais através de médias proporcionais.

Determinando, ainda, quantos tipos de sons musicais e instrumentos existiam, o matemático francês pesquisou materiais adequados para fazer cordas, estudando métodos para afinar e construir instrumentos de maneira geral. Mersenne estabeleceu ainda o formato, a afinação, o material, e a distribuição das partes de instrumentos tais como a espineta e o clavicórdio, bem como o comprimento e grossura de suas cordas de modo a obter uma perfeita harmonia. Ao explicar porque algumas cordas soavam melhor que outras, o pensador francês estabeleceu critérios para reconhecimento de cordas defeituosas, estudando ainda a forma, a construção e a afinação adequadas para distintos instrumentos de corda, tais como a viola e a trompa marinha, bem como métodos para tocá-los .

No livro V, Mersenne classificou distintos instrumentos de sopro tais como a flauta germânica, o oboé, o fagote, as trombetas e as cornetas, particularmente aquelas utilizadas em caçada. Estudando o formato, a afinação, o alcance, as partes, a construção e formas de utilização de tais instrumentos, Mersenne explicou porque a trombeta produzia a oitava, depois a quinta composta etc. Estudando o formato, as partes e a construção do órgão, o teórico francês desvenda a ciência subjacente ao teclado de tal instrumento, estabelecendo ainda quantas teclas ele deveria possuir para abarcar os gêneros diatônico, cromático e enarmônico.

Classificando os instrumentos de percussão no livro VII, Mersenne estudou o melhor material para obter-se um determinado timbre, explicando ainda o porquê do som produzido pelo maior ser mais grave que aquele emitido pelo menor. Nesse ponto, ele pesquisou sobre proporções entre as partes do sino - por exemplo, entre seu formato interno e o externo - , de modo a tornar seus tons mais agradáveis. O matemático francês observou, ainda, a diferença de sons emitidos por sinos de mesmo tamanho, quando feitos de materiais diferentes, estabelecendo métodos de produção de diferentes sons com um mesmo sino, ou por um simples copo. Nesse último caso, um pessoa poderia reconhecer a quantidade de água, vinho ou outros líquidos contidos no recipiente ao escutar o som que ele emitia. Procurando elucidar as propriedades naturais e milagrosas de um sino, Mersenne determinou até qual distância o som de tal instrumento poderia ser escutado, explanando ainda porque um simples sino possuía a capacidade de emitir diferentes sons ao mesmo tempo. Mersenne pesquisou, ainda, sobre propriedades de outros instrumentos de percussão, explicando, por exemplo, o material, o formato e o uso adequados de castanholas e pratos.

A obra de Mersenne apresenta algumas digressões, tais como o método geométrico já mencionado de divisão de um segmento em partes iguais, bem como a comparação entre razões de consonâncias e propriedades das estrelas em relação à Terra, chamando atenção para o perigo envolvido na aceitação da teoria de Kepler da Harmonia das Esferas.

1.9 Kepler e a música dos planetas

Matemático, astrônomo e filósofo nascido em Weil, Johannes Kepler (1571-1630) apresentou, além de preciosos legados em física tais como a enunciação das leis dos movimentos planetários e contribuições silenciosas que irrigaram o progresso da ciência até a elaboração da mecânica quântica (Cartier, 1995, p.750), fortes subsídios para a ciência musical. Com o falecimento de Tycho Brahe em 1601, Kepler assumiu seu posto trabalhando na organização de calendários e na predição de eclipses como matemático e astrônomo da corte do imperador Rudolfo II em Praga até 1612, estabelecendo-se mais tarde em Linz, onde concluiu e publicou seu Harmonices Mundi em 1619. Principal contribuição do astrônomo alemão à teoria musical, essa obra compõe-se de 5 livros - os dois primeiros relacionam a origem das 7 harmonias com arquétipos inerentes à geometria e a Deus; o livro 3 apresenta um tratado sobre consonância e dissonância, intervalos, modos, melodia e notação; o livro 4 discorre sobre astrologia enquanto que o volume 5 aborda a Harmonia das Esferas.

Considerando insuficiente a atenção atribuída pelos pitagóricos ao discernimento do ouvido em favor de certo misticismo numerológico, Kepler julgou insatisfatória a experiência de Pitágoras com o monocórdio para o estabelecimento de intervalos consonantes. O astrônomo alemão acreditava que possivelmente tal postura teria levado os pitagóricos à desconsideração dos intervalos de terças e sextas como consonâncias, reproduzindo o experimento do monocórdio com um maior número de repartições da corda. Estabelecendo as mesmas consonâncias reconhecidas por Zarlino, Kepler dividiu a corda em até oito partes assim como Mersenne. O cientista alemão verificou empiricamente a existência de oito consonâncias: uníssono

(1/1), oitava (2/1), quinta (3/2), quarta (4/3), terça maior (5/4), terça menor (6/5), sexta maior (5/3) e sexta menor (8/5). Caberia, nesse ponto, levantar a pergunta: que propriedades diferenciavam tais consonâncias dos outros intervalos musicais?, cuja resposta, segundo Kepler, encontrava-se certamente no âmbito da matemática.

Dentre suas contribuições em música, Kepler defendia a existência, conhecida desde os antigos, de escalas musicais peculiares a cada planeta, que soavam como se estes cantassem simples melodias, relacionando para isso velocidades dos planetas às freqüências emitidas. Procurando na natureza e em suas leis uma demonstração da sublimidade de Deus e buscando ainda desvendar a harmonia subjacente aos fenômenos casuísticos, o astrônomo imperial considerava o movimento dos planetas uma música que traduzia a perfeição divina (Cartier, 1995, p.750). A fim de efetivar a correspondência mencionada, Kepler tomou a velocidade de cada planeta no periélio - posição mais próxima do Sol - e no afélio - ponto diametralmente oposto -, associando este "intervalo" espacial àquele musical produzido pela razão de tamanhos equivalente à relação entre as velocidades mencionadas (Kepler, 1952, p.1031). De acordo com a Segunda Lei de Kepler - Leis das Áreas - para movimentos dos planetas, esses varrem radialmente áreas iguais em tempos iguais, o que implica máxima velocidade no periélio e mínima no afélio.

A fim de respeitar a Segunda Lei, Kepler tentou explicar a variação de velocidade de um planeta por uma metáfora musical. Admitindo que movimentos rápidos e lentos associavam-se respectivamente à notas agudas e graves em sua construção imaginativa, o astrônomo alemão considerou que a razão das velocidades extremas determinaria um intervalo musical representante do planeta referido. Por exemplo, as velocidades no periélio e afélio de Saturno são respectivamente 135 e 106 arcos de segundo por dia, o que significa uma relação de 135/106. 135/108 = 5/4 correspondente ao intervalo de terça maior. A menos de diferenças desprezíveis do ponto de vista musical, desvelam-se os intervalos representantes de outros planetas (Kepler, 1977, p.319), obtendo-se:

Saturno	4/5 (terça maior)
Júpiter	5/6 (terça menor)
Marte	2/3 (quinta)
Terra	15/16 (semitom)
Vênus	24/25 (diese)
Mercúrio	5/12(3ª menor composta)

Entre o afélio e o periélio, os planetas assumem um número infinito de velocidades intermediárias, portanto o percurso de Saturno desde velocidade 108 até 135 não se converte representativamente num salto de terça, mas num *glissando*[29] que escoa ao longo deste intervalo. Considerado um geômetra ilustre, Kepler organizou as reflexões anteriores enunciando a seguinte lei: a altura de um som é proporcional à velocidade. O astrônomo alemão conhecia ainda as leis de harmonia concernentes à relação entre intervalos musicais e comprimentos de cordas, bem como a lei fundamental dos harmônicos. Considerada por Kepler, e conhecida há muito tempo, tal lei afirmava que além de emitir um som fundamental, uma corda oscilante fornecia harmônicos superiores, correspondentes aos sons fundamentais das cordas de duas vezes, três vezes, etc mais curtas que a corda inicial (Cartier, 1995, p.751).

---

29 Um glissando entre duas notas significa a condução de uma a outra passando por todas as notas intermediárias de maneira contínua.

Transcrevendo a lei das áreas com uma roupagem musical, tem-se que cada planeta correspondia assim a um tema musical bem definido transcrito por Kepler (Cartier, 1995, p.751). Compreendendo uma orquestra reunida para celebrar a glória de um Deus criador, cada planeta não apenas cantava isoladamente, mas possuía um significado relacional e orgânico dentro da coletividade cósmica, sendo portanto necessário, sob a ótica de Kepler, compreender melhor a estrutura dessa sinfonia. Nessa comparação, cabe ressaltar que órbitas mais excêntricas tais como a de Marte resultavam em escalas mais amplas, uma vez que o tal planeta deveria variar mais sua velocidade para respeitar a segunda lei, enquanto que a velocidade permaneceria praticamente constante em órbitas quase circulares tais como a da Terra, correspondente à escalas quase monotônicas. Kepler generaliza suas idéias afirmando que cada planeta, cada astro possuía uma alma que lhe comunicava o movimento, traduzido em um canto real, um hino à glória do Deus criador (Cartier, 1995, p.751).

A obra de Kepler não se concluía com as duas primeiras leis. Uma vez relacionadas as velocidades aos espaços percorridos pelos planetas em suas trajetórias elípticas, fazia-se necessário compreender porque as distâncias médias dos distintos planetas ao Sol encontravam-se da maneira que observamos. A Terceira Lei de Kepler responderá parcialmente a tais inquietações, na medida em que relaciona, para cada planeta, seu período com o comprimento do semi-eixo maior da elipse correspondente. Nesse âmbito, o pensador alemão conecta ainda a matemática com a música ao estabelecer correspondências entre as distâncias médias dos planetas ao Sol e as razões de freqüências numa escala musical diatônica em relação ao primeiro grau.

1.10 A música segundo Descartes

Nesse contexto, faz-se imprescindível a contribuição matemático-musical de Descartes. Matemático e filósofo francês nascido na pequena cidade de La Haye, René Descartes (1596-1650) desejava sistematizar todo o conhecimento segundo estruturas análogas àquelas subjacentes ao modelo axiomático da geometria euclidiana com o intuito de conquistar a certeza (Borowsky, Borwein,1989, p.153). Tentando resolver grandes problemas estruturais da metafísica e da epistemologia, o pensador francês criou uma teoria geral sobre a natureza e a origens do mundo físico, escreveu tratados em mecânica e fisiologia, investigou a natureza do homem e as relações entre a mente e o corpo, publicando ainda reflexões abrangentes em psicologia e em ética (Cottingham, 1995, p.11). Ao Ingressar no exército de Maurício de Nassau aos 22 anos, Descartes encontrou nesse ambiente bastante tempo para refletir e escrever. A influência mais importante desse período inicial foi a amizade com o holandês Isaac Beeckman (1588 -1637), que o estimulou a retomar seu interesse pela matemática, ciência precisa e certa, vista por Descartes como uma espécie de paradigma para todo o conhecimento humano.

Em dezembro de 1618, o filósofo francês concluiu sua primeira obra intitulada Compendium Musicae, oferecendo-o para Beeckman como presente de ano novo. Tentando explicar a base da harmonia e da dissonância musicais em termos matemáticos, esta obra apresenta um grande número de diagramas e tabelas matemáticas que ilustram as relações proporcionais envolvidas em vários intervalos musicais (Cottingham, 1995, p.39). Descartes manteve correspondência com Beeckman para discutir alguns dos pontos do compendium, pedindo-lhe que mantivesse a obra em segredo. Entretanto, uma cópia entrou em circulação, tornando-se conhecida por distintos matemáticos e cientistas entre os quais Mersenne, um dos melhores e mais antigos amigos de Descartes (Descartes, 1961, p.8). Entre 1629 e a publicação do Questions Harmoniques em 1634, Descartes escreveu diversas cartas para Mersenne explanando alguns pontos apresentados no compendium. Construindo alicerces para futuros trabalhos, o Compendium Musicae não foi publicado até um pouco depois da morte de Descartes em 1650.

Nitidamente influenciado pelo Institutioni Armonique (1558) de Gioseffe Zarlino (1517-1590), o legado musical de Descartes não se mostra apenas responsável por grande parte do material exposto por Mersenne em Questions Harmoniques (1634), De la Nature des Sons (1635), e na Harmonie Universelle (1636), mas representa a pedra angular para distintos trabalhos posteriores como o bem conhecido Tratado de Harmonia de Philippe Rameau (Descartes, 1961).

A fim de organizar sua vivência sensível, compatibilizando-a com seu conhecimento acústico-matemático-musical, Descartes estabeleceu no Compendium Musicae uma teoria generalizada para os sentidos, através de preliminares em forma axiomática, descritas a seguir:

I - Todos os sentidos são capazes de experimentar prazer

II - Para sentir este prazer, deve estar presente uma relação proporcional de algum tipo entre o objeto e o sentido em si mesmo. Por exemplo, o barulho de armas ou do trovão não é adequado à música, porque fere os ouvidos, assim como o clarão excessivo do sol machuca os olhos, se olhado diretamente.

III - O objeto deve ser tal que não impressione o sentido de maneira muito complicada ou confusa. Portanto um desenho muito complexo, mesmo que seja regular, não é tão prazeroso à vista como outro consistindo de linhas semelhantes. A razão para isto é que o sentido encontra mais satisfação no último que no primeiro, onde há muito que não pode ser percebido de maneira distinta.

IV - Os sentidos percebem um objeto mais facilmente quando a diferença das partes é menor.

V - Nós podemos dizer que as partes de um objeto todo são tanto menos diferentes quanto maior a proporção entre elas.

VI - Essa proporção deve ser aritmética e não geométrica, pois no primeiro, há menos a perceber, já que todas as diferenças são totalmente iguais. Assim, a tentativa de perceber tudo diferentemente não esforça tanto o sentido. Por exemplo, a proporção obtida entre:

```
 2 |-----------|-----------|
 3 |-----------|-----------|-----------|
 4 |-----------|-----------|-----------|-----------|
```

é mais fácil de se perceber visualmente do que entre:

```
 2 |-----------|-----------|
√8 |-------------------------------|
 4 |-----------|-----------|-----------|-----------|
                           A       B               C
```

pois, no primeiro caso, é necessário perceber apenas que a diferença entre quaisquer duas linhas consecutivas é a mesma, enquanto que no segundo exemplo, é necessário comparar partes que são incomensuráveis. Portanto, eles não podem, em quaisquer circunstâncias, ser percebidos completamente de imediato, mas somente em relação a uma proporção aritmética, percebendo que AB consiste de duas partes, enquanto BC consiste de três. É claro que neste caso, a mente está constantemente perplexa.

VII - Entre os objetos dos sentidos, o mais agradável à alma não é aquele percebido mais facilmente ou mais dificilmente pelos sentidos, mas sim o que não é tão fácil de perceber que o desejo natural que leva os sentidos aos objetos não seja inteiramente satisfeito, nem igualmente tão difícil que fatigue o sentido.

VIII - Finalmente, deve ser observado que em todas as coisas, a variedade é mais prazerosa.

(Descartes, 1961)

Observando tais axiomas, Descartes revela um lado humanista e num certo sentido pouco cartesiano, na acepção mais comum da palavra, o que sugere uma resignificação no conjunto de idéias e relações que nos vêm à mente quando pensamos no filósofo francês e que simbolizam portanto sua dinâmica/estrutura de pensamento.

A presença de analogias, da matemática e do pitagorismo no trabalho de Descartes, manifesta-se na formulação dos axiomas preliminares, bem como em argumentações esclarecedoras de processos harmônicos, contrapontísticos e de regras de composição em música. Por exemplo, a analogia entre comida e música estabelecida por Descartes na explicação do caráter consonante em intervalos de quinta apresenta-se como um indicador da dinâmica anterior. Nesse caso, o pensador francês justifica a permissão do uso de oitavas consecutivas e a proibição de tal procedimento com quintas argumentando que, por possuir seus harmônicos em maior concordância em relação ao intervalo de quinta - intervalos menos puros - , mantendo o ouvido mais ocupado, a oitava - intervalo mais neutro - assemelha-se a pão, enquanto que o intervalo de quinta compara-se a guloseimas. Nas palavras de Descartes, se comessemos somente doces ou guloseimas, perderíamos nosso apetite mais rapidamente do que comendo apenas pão, embora ninguém negue que pão é menos agradável ao paladar do que gulodices (Descartes, 1961, p.24). Mersenne contesta fortemente a justificativa apresentada, afirmando que o mais puro - e portanto a oitava - e o melhor são sinônimos (Descartes, 1961, p.24).

Descartes revela ainda os primeiros indícios de interesse pela relação entre fenômenos físicos e psicológicos ao matematizar as emoções humanas, comparando talvez de uma maneira inadequada, simpatia de sentimentos com simpatia na acepção acústica da palavra. Ele justifica que a voz humana apresenta-se mais agradável por estar em plena harmonia com nossos espíritos. Tal simpatia ou antipatia afetiva talvez explique ainda porque a voz de um amigo íntimo é mais agradável que a de um inimigo, assim como um som produzido por um tambor feito de pele de couro de ovelha logo vai emudecendo, abafado, se a seu lado começa a tocar um tambor de couro de lobo (Cottingham, 1995, p.39). Tal comparação não se apresenta muito eficaz, uma vez que acusticamente este fenômeno não ocorre, fazendo sentido talvez em outro plano, o que revelaria certo tempero místico cartesiano na elaboração do compendium.

Outro aspecto interessante dessa obra que caminha nesse sentido refere-se à proibição da quarta com o baixo, ponto de grande significância no Tratado de Harmonia de Rameau. Descartes justifica tal proibição pelo fato de que o intervalo de quarta poderia ser pensado como sombra do intervalo de quinta, cujo lugar natural[30] é abaixo do primeiro. Segundo o filósofo francês, a utilização da quarta acima do baixo, que possui um tom[31] uma oitava acima, fará com que o ouvido perceba este intervalo deslocado de sua posição própria para uma mais baixa. À luz de Descartes, tal inversão atinge o ouvido de maneira semelhante a alguém que encontra a sombra ao invés do corpo ou a reflexão ao invés do corpo real (Descartes, 1961, p.25).

No que concerne à idéia de Série Harmônica, Descartes defendia que nenhuma freqüência poderia ser ouvida sem que sua oitava superior, de alguma maneira, também o fosse. Tal resultado corroborou a importância do intervalo de oitava, ainda valorizado por ser produzido pela divisão da corda por 2 - primeira seção possível. Afirmando que a oitava apresentava-se como único intervalo simples produzido por um comprimento divisor da corda inteira, Descartes explicou que nenhuma freqüência consonante com uma nota daquele intervalo poderia ser dissonante com a outra. Para o pensador francês, assim como existia

---

30 Aqui apresenta-se inconsciente a noção de raiz harmônica, bem como um prenúncio da idéia de Série Harmônica, em que a quinta é o intervalo entre o segundo e o terceiro harmônicos enquanto que a quarta é o intervalo entre o terceiro e o quarto harmônicos. A raiz harmônica de dois sons é o som mais agudo que possui os dois sons iniciais como harmônicos.

31 A palavra tom corresponde ao que hoje conhecemos como harmônico.

apenas três números concordantes - 2, 3 e 5, sendo o 4 e o 6 composições destes -, havia também somente três consonâncias principais - a quinta, a terça maior e a terça menor, das quais a quarta e as duas sextas derivavam (Rameau, 1971, p.40).

Na linguagem do pensador francês, a nota mais grave era mais poderosa que a mais aguda, pois o comprimento da corda que gera a primeira contém todos aqueles pertinentes às menores[32], enquanto que o contrário não ocorre. O compêndio abarca, ainda, procedimentos referentes a estratégias de composição tais como a necessidade de tons ou passos[33] para fazer transições de uma consonância para outra tornando as melodias mais suaves, bem como à interdição do uso do intervalo de quarta com o baixo. Descartes estabeleceu ainda a proibição do aparecimento do trítono[34] no cenário harmônico musical, por corresponder à razão de números grandes e primos entre si, bem como por encontrar-se distante, no que concerne à sensibilidade auditiva humana, de qualquer das relações simples referentes às consonâncias.

No que tange à sensação provocada pelo som, Descartes estabeleceu que passos vagarosos provocavam em nós sentimentos mais aquietadores como languidez, tristeza, medo, orgulho etc, enquanto que passos mais rápidos provocavam emoções mais rápidas tais como alegria etc

32 Em linguagem de freqüência, cada freqüência contém um conjunto de freqüências maiores, obtidas a partir da divisão aritmética da corda. A presença do pitagorismo revela-se nesse ponto em relações proporcionais na obtenção de sons consonantes.

33 Esta nomenclatura corresponde ao que é hoje chamado graus conjuntos.

34 Intervalo dissonante formado por três tons.

1.11 A Ciência Música em Rameau

Compositor e teórico francês, Jean Philippe Rameau (1683-1764) iniciou seus estudos com seu pai que era organista profissional, freqüentando durante a infância uma escola de jesuítas e cumprindo mais tarde um pequeno período de estudos na Itália. Em 1702, tornou-se maître de musique da Catedral de Avignon, transferindo-se nesse mesmo ano para a Catedral de Clermont e tornando-se em 1706 organista do colégio jesuíta em Paris. Em 1722, supervisionou a publicação do seu Traité de l'Harmonie, obra em que o teórico francês apresenta uma nova teoria sobre a relação entre o baixo e a harmonia, baseada em suas concepções das propriedades físicas do som (Sadie, 1988, p.763).

O Traité de l'Harmonie compõe-se de 4 livros. O primeiro discorre sobre a relação entre relações harmônicas e proporções, o segundo trata da natureza e propriedades dos acordes e tudo que pode ser utilizado para se atingir uma música perfeita, o terceiro e o quarto livros estabelecem respectivamente princípios para composição e acompanhamento musicais. Dentre os livros mencionados, somente o primeiro possui uma abordagem da música à luz da ciência; os demais focalizam o discurso em regras para organização musical apoiadas em concepções estéticas.

Segundo Rameau, a música é a ciência dos sons, portanto o som é o principal matéria da música (Rameau, 1971, p.3). Dividindo esta arte/ciência em harmonia e melodia, o teórico francês subordinou esta última à primeira, admitindo que o conhecimento de harmonia é suficiente para a compreensão completa das propriedades da música. Estabelecendo uma relação biunívoca entre som e tamanho da corda, o teórico francês afirmou que som está para som assim como corda está para corda. Cada corda contém em si mesma todas as outras cordas menores que ela, mas não aquelas que são maiores; portanto, todos os sons agudos estão contidos em sons graves; porém, os sons graves contrariamente, não estão contidos nos agudos (Rameau, 1971, p.5).

Assim como Zarlino e Descartes, Rameau obteve os intervalos consonantes dividindo a corda em até seis partes, afirmando que às consonâncias, subjaziam números consecutivos e que a ordem de tais números determinava a ordem e perfeição das consonâncias. Segundo tal critério, a oitava - 1: 2 - possuía caráter mais consonante que a quinta - 2: 3 - que, por sua vez, apresentava-se mais consonante que a quarta - 3: 4 - e assim por diante. Esta afirmação de Rameau mostrava-se ineficaz, uma vez que a sexta maior - 3: 5 - além de não ser produzida por números consecutivos, não precedia a terça maior - 4:5 - nem a terça menor - 5:6.

Rameau denominou de termo fundamental o som produzido pela corda inteira, que, associado ao 1 - fonte de todos os números -, geraria também um som fundamental que seria a fonte dos sons produzidos pela divisão da corda em um número inteiro de partes (Rameau, 1971, p.7). Discorrendo sobre a oitava - 1:2 -, Rameau a defende como o intervalo mais consonante, pois ao caracterizar o 1 como a fonte dos números, o 2 tornava-se o primeiro número. O teórico francês dedica especial atenção à argumentação em favor da perfeição do intervalo de oitava. Ao considerar que vozes masculina e feminina cantavam naturalmente com diferença de oitava acreditando que emitiam sons em uníssono, Rameau afirmou que a nota superior de um intervalo de oitava é réplica da inferior e que na flauta, o surgimento de tal intervalo dependia apenas da força do sopro. O teórico francês introduziu em sua obra a idéia de equivalência de oitavas ao afirmar que qualquer número multiplicado geometricamente por alguma potência de 2 - na linguagem de Rameau - representava o mesmo som. Nesse sentido, os intervalos de oitava simples, dupla, tripla, etc, apresentavam-se basicamente como mesmos intervalos, assim como a quinta, a décima segunda etc.

Discussões envolvendo a oitava manifestam-se ainda em pontos do Traité dé l'Harmonie nos quais Rameau afirmou que os processos harmônicos que envolviam uma determinada nota não modificava substancialmente seus significados musicais quando se substituía a nota mencionada pela oitava acima. Por exemplo, se um som forma uma consonância - ou dissonância - com uma nota dada, este estabelecerá ainda um intervalo consonante - ou dissonante - com a oitava daquela mesma nota. De todas as afirmações supramencionadas, conclui-se que todo som implica em sua oitava, que no dizer de Rameau traduz-se no fato de que nós nunca escutamos nenhum som sem que sua oitava superior de alguma maneira também atinja o ouvido (Rameau, 1971, p.11). Rameau explicou o efeito dessa equivalência na oitava afirmando que a dificuldade de distinguir a oitava do uníssono levou-o a crer que, auditivamente, 2:4 deveria resultar no mesmo efeito que 2:2. Portanto, perceberíamos de maneira semelhante dois intervalos que diferissem somente em algum dos termos 2 ou 4, dando preferência entretanto àquele em que o som fundamental ocupasse seu lugar natural, pois tal intervalo resultaria diretamente desse som.

A equivalência subjacente à oitava manifesta-se ainda quando o pensador francês afirma que o som fundamental gerava os intervalos de oitava e quinta, mas não o de quarta, resultante da diferença entre a oitava e a quinta. Tais considerações levam-nos ao conceito de inversão que, possibilitada pela oitava e resignificada infinitamente no desvendar dos segredos da harmonia musical em sua diversidade, assume papel central na obra de Rameau. Afirmando que a oitava fundia-se inteiramente a sua fonte, o teórico francês estabeleceu tal intervalo como limite, no sentido de que os intervalos maiores eram equivalentes aqueles formados pela nota superior do intervalo original e pela oitava acima da nota mais grave. Tais idéias levaram Rameau a considerar que determinados intervalos apresentavam-se como fontes de suas inversões. Por exemplo, considerando a oitava 2:4, a quinta 2:3 era a fonte da quarta 3:4; tomando a oitava 4:8, a terça 4:5 era a fonte da sexta menor 5:8; ou mesmo ao considerar a oitava 5:10, a terça menor 5:6 era a fonte da sexta maior 6:10. Rameau ressaltou que a distinção entre a oitava e as outras consonâncias residia no fato de que nenhum som poderia harmonizar-se com uma das notas de uma oitava sem que o fizesse com a outra nota, o que não poderia ocorrer com as notas de uma das outras consonâncias.

Após distintas considerações concernentes à posição natural de determinados intervalos dentro dos acordes, bem como à equivalência de oitava e portanto de inversões, o compositor francês sintetizou sua obra musical afirmando que havia portanto somente três consonâncias primárias: a quinta, a terça maior e a terça menor, revelando aí mais uma vez a influência de Descartes. Rameau estabeleceu, ainda, um processo de obtenção da relação matemática subjacente a um determinado intervalo invertido a partir daquela correspondente ao intervalo original, multiplicando ou dividindo por 2 respectivamente o número inferior ou o superior associado ao intervalo em questão. Por exemplo, a partir da terça menor 5:6, poder-se-ia obter a sexta maior - sua inversão - duplicando-se o 5 ou reduzindo-se o 6 à metade. Na concepção de Rameau, tal processo corroborava a grande perfeição da oitava, uma vez que tal intervalo era obtido superior ou inferiormente ao multiplicar-se ou dividir-se por 2 cada termo do uníssono 2:2.

O pensador francês relativiza os conceitos de proporções harmônicas e aritméticas em música ao mencionar que Desermes afirma que os movimentos da atmosfera, que produzem consonâncias não seguem proporções harmônicas mas sim aritméticas, o que se observa, por exemplo, nos números 2, 3, 4 etc; portanto, o que se chama proporção harmônica pode ser chamado proporção aritmética (Rameau, 1971, p.22). Rameau complementou tais reflexões afirmando que, como ao crescimento da progressão harmônica corresponde o decrescimento da aritmética, a qual a música encontrava-se diretamente subordinada, apenas precisamos imaginar que um número que caracteriza a multiplicação da unidade quando lidamos de maneira aritmética, indica harmonicamente o número de divisões da unidade em partes iguais (Rameau, 1971, p.23). Considerando a progressão natural dos números e as operações aritméticas de procedimentos mais simples, o teórico francês assumiu o Senário com base para um estudo preciso das propriedades de harmonia e a unidade como fonte verdadeira e acurada de tudo. Interessado fortemente em sistematizar as idéias subjacentes ao conceito de inversão, Rameau insistiu em trabalhar a relação próxima entre números correspondentes à divisão da corda e aqueles associados à multiplicação.

Considerando a melodia somente como conseqüência da harmonia musical, o pensador francês discorreu sobre a origem das dissonâncias e suas relações. Rameau relacionou, ainda, a sensação musical de "somar" sons à operação matemática de multiplicar seus números correspondentes, calculando, por exemplo, a diferença musical entre a quinta e a quarta como 2/3: 3/4 =8/9. Discorrendo a respeito de diferentes relações associadas a um mesmo intervalo musical, Rameau estabeleceu as relações 8/9 e 9/10 para respectivamente os tons maior e menor. Ao classificar as diferentes consonâncias, o téorico francês estabeleceu um quadro com as razões subjacentes a distintos intervalos musicais e suas inversões. Segundo Rameau, todas as diferenças percebidas em harmonia decorriam dos distintos arranjos dos sons compostos pela quinta e pelas terças que não somente dividiam todos os acordes principais, mas os criavam.

O teórico francês apresenta-se como primeiro a definir acordes e suas inversões, estabelecendo relações numéricas subjacentes às distintas dissonâncias, e observando ainda como as consonâncias concebidas por Descartes eram distinguidas nos acordes. No capítulo XVIII do primeiro livro de seu tratado, Rameau introduziu a idéia de inversão de acordes tomando, por exemplo, o acorde correspondente à progressão 4:5:6 e subindo a nota mais grave de uma oitava, o que resulta no acorde produzido pela seqüência 5:6:8 - acorde denominado de sexta pois ouve-se a sexta entre os dois sons extremos.

Rameau complementou as observações anteriores afirmando que, se nesse novo acorde subirmos de uma oitava a nota correspondente ao número 5, obteremos a progressão 6:8:10, correspondente ao acorde sexta-quarta, já que se ouve os intervalos de sexta e a quarta entre as notas mais agudas e o baixo. Embora este dois acordes - derivados da perfeição - fossem consonantes, Rameau os chamou imperfeitos, não somente para distingui-los do acorde de origem, mas para indicar que suas propriedades diferiam daquelas de sua fonte, afirmando ainda que as diferenças entre tais acordes provinham dos distintos arranjos das mesmas três notas que os compunham.

Rameau entra ainda em considerações sobre diferentes relações atribuíveis a um mesmo acorde. No dizer do teórico francês, já que nós estabelecemos proporções para os acordes de acordo com a ordem de seus intervalos internos e já que um mesmo intervalo pode estar associado a distintas frações - por exemplo, uma quinta 3:2 ou 40:27 - , a maioria dos acordes mencionados pode indubitavelmente participar desta diferença (Rameau, 1971, p.53). O compositor francês finalizou o primeiro livro do Tratado de Harmonia explicando como relacionar frações associadas à divisões de vibrações com multiplicação de comprimentos. Exemplificando tal afirmação, Rameau observou que um tom resultante da diferença entre a quinta e a quarta associava-se às relações 8:9 e 9:8 quando se tratava respectivamente de divisões e multiplicações, e que tal raciocínio poderia ser aplicado de maneira semelhante para todos os tipos de intervalo.

1.12 A matemática na emergência do Temperamento

O Temperamento no sentido geral significa uma escala em que todos ou quase todos os intervalos apresentam-se ligeiramente imprecisos, porém não distorcidos (Sadie, 1988, p.938). O sentido de Temperamento aqui utilizado refere-se ao temperamento igual em que se divide o intervalo de oitava em 12 semitons associados a relações de freqüências exatamente iguais. Assim como os percursos de quintas apresentados não perfaziam os de oitavas, não é difícil observar que quaisquer ciclos de intervalos naturais - relações matemáticas simples - não se encaixam entre si, o que intima a necessidade de algum temperamento. Por exemplo, três terças maiores - relação de freqüência 5/4 - correspondem a multiplicar a freqüência por $(5/4)^3 < 2$ - freqüência multiplicada para se obter a oitava, quatro terças menores - relação de freqüência 6/5 - corresponde a multiplicar a freqüência por $(6/5)^4 > 2$ - freqüência multiplicada para se obter a oitava, etc. Ambos exemplos diferem da oitava por muito pouco, o que sugere nesses casos respectivamente o aumento e diminuição de algum ou alguns dos intervalos em questão, estabelecendo um tipo de temperamento. De maneira geral, os temperamentos acabam por valorizar determinados intervalos em detrimento de outros, no sentido de que aos primeiros correspondem mesmas relações de freqüência diferentemente dos restantes.

Como já observamos no início do capítulo, o temperamento pitagórico - em que se estabelece todas as quintas naturais e iguais a menos da quinta do lobo - apresenta-se como o temperamento mais antigo utilizado no Ocidente. No Renascimento e início do Barroco, prosperaram temperamentos desiguais em que se priorizavam as terças maiores naturais (Sadie, 1988, p.939). Surgiam ainda outros temperamentos nesse período que se mostravam superados à medida que a música estendia-se a todas as tonalidades, pois ao mudar de tonalidade, caía-se em regiões nas quais aos intervalos correspondentes da tonalidade original não subjaziam mesmas relações de freqüências. O Temperamento - temperamento igual - já mostrava-se postulado por teóricos do século XVI, tornando-se mais presente e recomendado por Rameau (1737) e C.P.E. Bach (1762) nos séculos XVIII e XIX. Poderíamos pensar os distintos temperamentos assumidos em música ao longo dos tempos em diferentes culturas convergindo para o temperamento igual como as diversas bases numéricas em matemática concebidas em distintos povos e épocas convergindo para a atual base dez. Utilizados ainda até o século XIX, os temperamentos desiguais mostram-se presentes particularmente na música mais antiga, em que especialistas empenham-se em utilizar temperamentos historicamente autênticos com o intuito de fazer a música soar como era ouvida na época e local onde foi composta (Sadie, 1988, p.939).

Nesse ponto, encontramo-nos em condições de entender a participação da matemática no Temperamento. No final da Idade Média e início do Renascimento, a música enveredou por caminhos que intimavam seu desprendimento de concepções melódicas rumo à conquista de um caráter principalmente harmônico. Nesse período, a dinâmica anteriormente descrita catalisava-se pela emergência da chamada "era polifônica" ou "idade de ouro da polifonia" (Sadie - ed.-, 1988, p.733), que por sua vez contribuiria fortemente para expansão do universo musical rumo à tonalidade não apenas exigida e desenvolvida por Bach, mas requerida ainda em formas musicais tais como a sonata, cujas estruturas estabelecem mudanças de tonalidade.

A trajetória trilhada pela música ocidental conduzia a música à liberdade de modulação[35] não apenas para tonalidades próximas, mas para distintos cenários tonais, ou seja,

35 Na música tonal, a modulação significa a o movimento que leva de uma tonalidade a outra num processo musical contínuo. Desempenhando papel importante na organização formal de uma obra, as modulações mais comuns e mais simples são para tonalidades estreitamente relacionadas com à tonalidade principal (Sadie, 1988, p.612).

as composições de então intimavam a liberdade de transposição de tonalidades. Com o intuito de concretizar tal serviço isento da reafinação do instrumento tocado a cada modificação tonal, fazia-se necessário uma certa simetria no sentido mencionado anteriormente, sem a qual a mudança de tom poderia resultar numa escala com intervalos demasiadamente impuros. Por exemplo, se ao ajustar um instrumento, mantivermos a afinação pura nas quintas *do-sol, sol-ré, ré-lá, lá-mi, mi-si, si-fá#*, bem como na quintas *do-fá, fá-sib, sib-mib, mib-láb, láb-réb* o intervalo *fá#-réb* - aquele chamado a quinta de lobo que resta para completar o percurso - certamente comprometerá a afinidade harmônica. Isso significa que, ocorrendo passagem musical, por exemplo, da tonalidade de do maior para láb maior, a música sofreria distorções e batimentos intoleráveis nesse último cenário. Uma possível solução para o problema seria a utilização de pianos com mais teclas, por exemplo, com notas do nos contextos de do maior, ré maior, sol menor etc, notas ré em contextos de do maior, ré maior, etc, e assim por diante. Tal tarefa seria quase que análoga a de estabelecer diferentes formas para cada palavra dependendo de seu significado em cada contexto. Em função da impossibilidade técnica para tal realização, a diversidade tonal confrontar-se-ia necessariamente com a manutenção da afinidade harmônica nas escalas.

Nesse ponto, a matemática entra em cena numa tentativa de solucionar essa discussão, representativa, sob uma ótica epistemológica, de uma polêmica entre a evolução cultural da música e a conservação até então de um caráter mais original e físico nessa arte. Os experimentos chineses, indianos e helênicos revelaram que distintas tentativas de encontrar uma distância comum nas escalas, dividindo a oitava de modo a respeitar a afinidade harmônica deixavam "restos"[36]. A impossibilidade de solucionar as dificuldades levantadas por tais ensaios sugeriu o temperamento de distâncias que significou, em sentido mais amplo, redução de alguns intervalos e aumento de outros, de modo a compensar a contradição dos distintos percursos de intervalos entre si (Weber, 1995, p.129-130).

O Temperamento não ocorreu como um processo repentino, desenvolvendo-se de diversas maneiras como no temperamento desigual, o de tom médio etc. No início do século XVI, como as tentativas de preencher intervalos naturais de maneira relativamente simétrica sempre defrontavam-se em algum momento com a *coma fatal*[37], obtendo-se perfeição harmônica apenas em intervalos restritos, dominava-se algum tipo de temperamento parcial especialmente nos instrumentos de tecla.

De maneira sintética, a dificuldade técnica de construção de pianos com um grande números de teclas[38] - já que o percurso do ciclo das quintas desencontrava-se indefinidamente de um número inteiro de intervalos naturais aproximando-se deste número na melhor hipótese pela coma fatal -, a necessidade de livre transposição desvinculada da reafinação de instrumentos; a liberdade de movimentação de acordes intimada pelo processo de modulação, assim como outros

---

36 O sentido de resto é de que a manutenção da pureza em alguns intervalos da escala implica na impureza em outros. Não é possível dividir a escala deixando todos os intervalos puros. Um exemplo de resto é a quinta de lobo comentada anteriormente.

37 Termo utilizado para referir-se ao pequeno resto que sempre ocorrerá quando se tenta ajustar intervalos puros em um número inteiro de oitavas. Por exemplo, o texto já apresentou a coma pitagórica como a diferença existente entre 12 quintas e 7 oitavas.

38 No caso do piano, aproximadamente 300 teclas em cada uma das oito oitavas considerando a sensibilidade auditiva humana, ou seja, por volta de 2400 sons num instrumento.

fatores, contribuíram fortemente para reflexões a respeito da construção de um sistema de afinação mais adequado.

As gamas de Pitágoras e Zarlino possibilitavam a construção de escalas ligeiramente assimétricas incapazes, na ocasião, de responder inteiramente às necessidades culturais do final do Renascimento e início do Barroco, que intimaria, do ponto de vista das dificuldades supra-referidas, o estabelecimento de um suporte libertador para a música denominado temperamento igual. Esse modelo, desenvolvido e sistematizado no final do século XVII e início do século XVIII, época de J.S.Bach, consistia na divisão da oitava em 12 intervalos iguais de semitom, permitindo portanto ao instrumentista de tecla a execução de uma peça em qualquer tonalidade diatônica.

Do ponto de vista matemático, o problema consistia em encontrar um fator f correspondente ao intervalo de semitom que após multiplicar 12 vezes uma freqüência fo correspondente a uma determinada nota - processo convertido musicalmente como uma ascensão cromática[39] da escala a partir da nota em questão - , atingisse a sua oitava referente a freqüência 2. Baseado na progressão geométrica - oitava = 2/1; semitom = $2^{1/12}$ -, Euler pesquisou um sistema de afinação que permitiu aos compositores modularem para e de quaisquer dos 12 centros tonais[40] sem distorções geradas por intervalos correspondentes que apresentavam-se, até então, assimétricos em diferentes escalas (O'Keefee, 1972, p.315). Do ponto de vista matemático, o problema representava-se pela seguinte equação:

---

39 Movimento musical por intervalos de semitons.

40 Os 12 centros tonais correspondem às 12 notas da escala temperada - do, do# = reb, re, re#=mib, fa, fa#= solb, sol, sol# = lab, la, la#=sib, si.

$$f_0.f.f.f.f\ ....f = f_0\ f^{12} = 2.f_0$$

Após algumas operações algébricas simples, não é difícil concluir que o fator f deve assumir valor $2^{1/12}$. Considerando a nota do com freqüência 1 como referência, obtemos para as outras notas da gama temperada *dó#* = *ré*$_b$ $=2^{1/12}$, *ré* $= 2^{2/12} = 2^{1/6}$, *ré*$^\#$ = *mi*$_b$ $= 2^{3/12} = 2^{1/4}$, *mi* $= 2^{4/12} = 2^{1/3}$, *fá* $= 2^{5/12}$, *fá*$^\#$ = *sol*$_b$ $= 2^{6/12} = 2^{1/2}$, *sol* $= 2^{7/12}$, *sol*$^\#$ = *lá*^{b} $= 2^{8/12} = 2^{2/3}$, *lá* $= 2^{9/12} = 2^{3/4}$, *lá*$^\#$ = *si*$_b$ $= 2^{10/12} = 2^{5/6}$, *si* $= 2^{11/12}$, *do* $= 2$.

Portanto, as notas desta escala possuem as seguintes relações de freqüência com a nota inicial:

dó	ré	mi	fá	sol	lá	si	dó
1	21/6	21/3	25/12	27/12	23/4	211/12	2

Nesse ponto, caberia ainda levantar a questão de porque escolher 12 notas entre os 300 sons diferentes dentro de uma oitava possíveis de discriminar pelo ouvido humano treinado (Martin, 1948, p.493). Provavelmente, a divisão procedeu-se dessa forma por respeito a uma certa continuidade à escala grega, cujo processo de construção - percurso de quintas - apresentava-se de tal maneira que o caminho aí delineado assumia, a menos de oitavas, máxima aproximação da nota inicial após 12 ciclos, referentes às 12 notas. Entretanto, utilizando-se o critério do temperamento igual efetuado matematicamente a partir do logaritmo, nada impede-nos pensar na construção de escalas com um número qualquer de sons como por exemplo 15 ou 23.

Musicalmente falando, o instrumentista iniciante nesse universo provavelmente passaria por um processo de adaptação, tornando-se capaz de expressar sua arte naquela linguagem, possivelmente de maneira análoga ao aprendizado de uma nova língua em que inicialmente a expressão exige raciocínio excessivo chegando até mesmo a ocorrer por meio da transposição de palavra por palavra, mas que a familiaridade com a sonoridade da língua, com suas estruturas de apoio, permite sua expressão fluir espontaneamente.

Do ponto de vista educacional, familiarizar-se com distintas escalas - por exemplo, escalas de 15 notas numa oitava, 17 notas em uma quinta, m notas em um intervalo genérico caracterizado pela relação de freqüência n etc -, propicia certa flexibilidade auditiva no sentido não apenas de desenvolver capacidade de modificar rapidamente o universo de expressão, mas também de munir-se, na aquisição de familiaridade com distintas escalas, de maior diversidade de campos e cenários musicais propiciadores portanto de uma expressão artística mais ampla. Cada uma das escalas registra e impregna sentimentos de características próprias que, em ordens diversas, transferem-se e integragem mulltiplamente, incorporando-se a identidade do ouvinte ativo. A familiaridade com diferentes escalas favorece maior agilidade de resgate ou busca daquela que melhor expressa o sentimento desejado, por exemplo, num exercício de composição. Do ponto de vista intrapessoal, tal atividade induz à catalização do desenvolvimento da capacidade de reconfiguração mental, fator relevante numa concepção de desenvolvimento pessoal mais abrangente.
Dentro da perspectiva anterior, se construíssemos uma escala desprovida, em seu alfabeto, das consonâncias apresentadas anteriormente - ainda que com afinação impura - , a assimilação auditiva poder-se-ia tornar de difícil apreensão, levando a discussões a respeito de estética musical. Por exemplo, os pitagóricos consideravam sua gama mais

"bonita" pois obedecia ao princípio grego da harmonia referente à utilização de relações simples (Martin, 1948, p.497). A perspectiva anterior convertida para a matemática significava que, se a relação de freqüências é simples, então, o som do intervalo correspondente é bonito, o que sugere naturalmente a dúvida a respeito da recíproca, bem como muitas outras discussões.

1.13 A Série Harmônica e as Séries de Fourier

Assim como a luz branca revela distintas cores "silenciosas" quando ultrapassa um prisma, um som também possui sons ocultos que percebemos à medida em que a proporção destes entes tácitos mostra-se mais significativa e que educamos nossos ouvidos para enxergá-los. Os harmônicos de uma nota musical são precisamente esses sons parciais que compõem sua sonoridade, e a Série Harmônica desta mesma nota caracteriza-se pela seqüência de tais sons ordenada do grave ao agudo. Uma vez que o peso relativo de tais harmônicos no som resultante determina a qualidade sonora ou timbre da nota musical ouvida, pode-se compreender que a sonoridade de um instrumento ou de uma voz humana apresenta-se tanto mais brilhante quanto maior sua riqueza em harmônicos superiores. Por exemplo, o oboé e o clarinete são instrumentos com muitos harmônicos agudos, enquanto que a flauta doce e a transversa apresentam um som fundamental mais forte, com harmônicos superiores fracos e em pouca quantidade (Sadie, 1988, 408).

Aquilo que nos faz atribuir adjetivos ao som produzido por determinados instrumentos associa-se diretamente à distribuição dos harmônicos daquele som. Por exemplo, o som 'oco' do clarinete é criado pela predominância de harmônicos ímpares. Com relação à produção e uso de harmônicos, os executantes de instrumentos de sopro podem obter o harmônico seguinte à fundamental (oitava) bem como o posterior a este (a quinta composta) soprando seus instrumentos com maior intensidade, assim como os instrumentistas de corda produzem harmônicos tocando uma corda levemente em pontos adequados, o que a faz vibrar em determinadas seções associadas ao harmônico que se deseja evidenciar.

Nesse ponto, pode-se entender o processo que levou à compreensão racional deste fenômeno à luz da matemática. A comprovação da característica periódica do som associada à contribuição indireta de Fourier (1768-1830) para a música colaboraram na solução do enigma proposto por Pitágoras à ciência há cerca de 2500 anos atrás:

Por que se caracterizam consonâncias pela relação de pequenos números inteiros?

Juntamente aos aspectos supracitados e pensando agora no receptor, a descoberta de que o ouvido analisava sons complexos examinando suas componentes senoidais, de acordo com as leis de ressonância em diversas regiões de seu interior, forneceu elementos que possibilitaram uma solução para o problema da consonância na concepção pitagórica. Fourier exerceu forte influência na física com sua teoria analítica do calor (1822), através da qual o pensador francês mostrou que a condução de tal energia em corpos sólidos podia ser analisada em termos de séries matemáticas infinitas agora chamadas de Séries de Fourier. Iniciando seu trabalho em 1807, em Grenoble terminando-o em Paris em 1822 e buscando responder ao desafio de encontrar a temperatura - por exemplo numa placa plana condutora - a partir de sua configuração inicial, Fourier chegou à seguinte equação diferencial:

$$\frac{\partial u}{\partial t} = k[\frac{\partial^2 u}{\partial x^2} \quad \frac{\partial^2 u}{\partial y^2}]$$

onde u é a temperatura em qualquer tempo t e em qualquer ponto (x, y) do plano da placa e k, uma constante chamada constante de difusão do material.

Para a solução de tal problema em uma dimensão, Fourier introduziu séries de senos e cosenos exemplificadas a seguir:

$$y = 1/2 + (a1\ cosx + b1senx) + (a2cos2x + b2sen2x) + \ldots$$

Além da aplicação à solução de equações diferenciais, utiliza-se a expansão por tais séries em distintas situações, podendo-se enunciar este princípio num âmbito mais amplo da seguinte maneira:

Qualquer forma periódica de vibração pode sempre ser obtida pela soma de vibrações simples com freqüências multiplicadas por 1(fundamental), 2, 3, 4... vezes a freqüência do movimento dado.

Do ponto de vista acústico-musical, o princípio acima pode ser reenunciado como:

Qualquer movimento vibratório de ar na entrada do ouvido correspondente a um tom musical pode ser sempre e de maneira única exibido como uma soma de um número infinito de movimentos vibratórios simples, correspondendo aos sons parciais deste tom musical.

Embora não explicados cientificamente, conhece-se o fenômeno de harmônicos desde a Antigüidade, assim como de outros fenômenos acústicos tais como a ressonância - cujo conceito evidencia-se por exemplo na caixa de ressonância das cítaras gregas ou nos conhecidos trechos do Antigo Testamento que discorrem sobre o muro de Jericó.

Explicando de maneira mais satisfatória diversas dúvidas acústico-musicais trabalhadas e interpretadas outrora à luz de fundamentações teóricas mais fracas, o Princípio de Fourier reuniu distintos conceitos matemático-musicais, organizando uma estrutura capaz de enxergar diferentes fenômenos com lentes mais fortes. Dentre os fenômenos e dúvidas referidos, encontram-se os harmônicos de um som, o porquê da relação entre razão de pequenos números inteiros e consonâncias, etc. Sob essa nova ótica, as primeiras componentes - as mais audíveis - na Série Harmônica correspondem às freqüências associadas aos primeiros termos da Série de Fourier que determinam portanto razões de pequenos números inteiros relacionadas às consonâncias pitagóricas, respondendo ao problema lançado por aquela escola há 2500 anos.

Graficamente, poder-se-ia representar o Teorema de Fourier no âmbito acústico-musical ao decompor a forma de onda correspondente ao saxofone emitindo um sol# da seguinte forma:

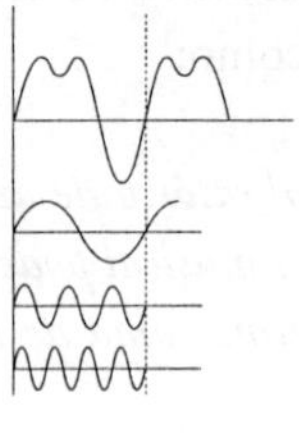

Aproveitando o exemplo anterior, se esta forma de onda corresponde a um dó-1, tem-se como primeiros harmônicos o *dó-2, sol-2, dó-3, mi-3, sol-3, sib-3, dó-4, ré-4, mi-4, (fa#-4), sol-4, (láb-4), (sib-4), si, dó-5* etc, tendo as notas entre parênteses afinação imprecisa. Os 16 primeiros harmônicos da nota dó são apresentados na pentagrama seguinte.

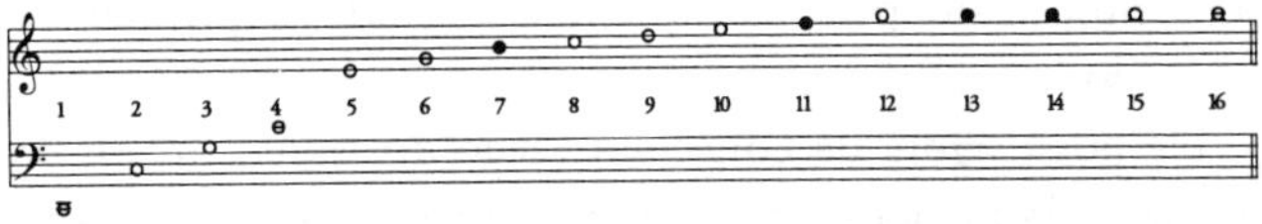

● as notas em negrito não são precisas na pauta

Com isso, tanto uma corda como colunas de ar em instrumentos de sopro possuem a característica de vibrar não apenas como um todo, mas ainda simultaneamente como duas metades, três terços, quatro quartos etc. Do ponto de vista matemático, observa-se que a força de cada harmônico contribuirá para a construção da forma da vibração periódica que, por sua vez, relaciona-se com o timbre do som. Portanto, a distribuição de amplitudes dos harmônicos vai caracterizar a fonte sonora - instrumentos, vozes etc. Por exemplo, explica-se agora o brilho da sonoridade do oboé e do violino pela riqueza em harmônicos superiores do som destes instrumentos - coeficientes significativos nos termos elevados das Séries de Fourier das funções representativas destes sons. Já o timbre da flauta doce caracteriza-se pela predominância do som fundamental possuindo uma forma de onda quase senoidal.

Nos instrumentos musicais, exploram-se e utilizam-se os harmônicos de diversas maneiras. Por exemplo, os instrumentistas de sopro obtêm harmônicos de um determinado som soprando-o com maior intensidade, enquanto que os executantes de instrumentos de corda podem fazer uma única corda vibrar em seções correspondentes a determinados harmônicos, tocando levemente em pontos de máximo que inibem harmônicos inferiores. Por exemplo, ao encostar o dedo de maneira leve num ponto situado a 1/3 do comprimento da corda em relação a extremidades do braço do violão, enfatiza-se o terceiro harmônico do som produzido pela corda solta, inibindo o primeiro e segundo harmônicos.

De posse agora da conscientização dos sons parciais de um tom da maneira apresentada acima, torna-se um exercício espontâneo construir intervalos a partir de harmônicos da mesma nota, obtendo-se na razão de freqüências consecutivas do desenvolvimento de Fourier 2, 3/2, 4/3, 5/4, 6/5, ou seja seqüências de frações do tipo $f = (n+1)/n$ que correspondem, respectivamente, à oitava, quinta perfeita, quarta perfeita, terça maior, terça menor, etc. Além disso, podemos identificar o acorde perfeito maior no quarto, quinto e sexto harmônicos, o diminuto no quinto, sexto e sétimo e o acorde menor no sexto, sétimo e nono harmônicos.

O fenômeno da decomposição de uma nota em série de Fourier mostra-se responsável ainda pelo desvendar de vários mistérios da harmonia musical observados, estabelecidos e sistematizados em muitos casos, a partir da prática, como regras desprovidas de justificativas convincentes. Por exemplo, com base nas regras de Harmonia Tradicional para polifonia a quatro vozes, aconselham-se distâncias menores que a oitava entre quaisquer duas vozes consecutivas, a menos do tenor e baixo, que podem diferir por intervalos superiores. À luz do Teorema de Fourier, tal imposição mostra-se facilmente defensável pelo simples fato de que, harmonizando-se vozes desta forma, faz-se uma repetição aproximada das distâncias entre as componentes da decomposição de uma nota em senóides, onde se verifica que os harmônicos tornam-se mais próximos à medida que percorremos os termos da série.

Conclusões

A gama temperada serviu como um meio termo nas afinações de distintas tonalidades no sentido de abdicar de uma afinidade harmônica absoluta em algumas tonalidades em detrimento de uma qualidade bastante insatisfatória dessa propriedade em outras, para assumir uma certa "impureza harmônica" equivalentemente tolerável em todas as tonalidades.As gamas apresentadas mostram-se ainda incapazes de reproduzir alguns sons tais como o de um rouxinol ou mesmo dos pássaros em geral, o do farfalhar das folhas das árvores, sons de algumas melodias, como por exemplo, o da cultura africana, cuja transposição mostra-se apenas aproximada, de uma sirene, etc (Martin, 1948, p.497-498). Há 2500 anos ocorreu a primeira manifestação de interação da música com a matemática. Posteriormente, as relações entre essas áreas passam por momentos de tensão e repouso como uma música, dinamizando-se fortemente com o Temperamento (Martin, 1948, p. 498).

Assim como as gamas apresentadas não conseguem produzir os sons supra-referidos e talvez possamos construir novas gamas capazes de realizar tal exercício, as escalas construídas mostram-se, muitas vezes, incapazes de representar sentimentos ou cenários talvez passíveis de expressão em outros sistemas. Nesse sentido, o universo musical reserva ainda muitas possibilidades em seu processo de expansão com a construção de outras escalas bem como linguagens mais amplas, em que possivelmente distintas habilidades possam interagir com a música e a matemática vindo a contribuir não apenas com o exemplo apresentado de escalas temperadas com um número arbitrário de notas, mas através de diversos outros meios existentes ou que possam vir a existir.

A exposição deste capítulo teve o intuito de propiciar a comparação da leitura de determinados fatos a partir das concepções teóricas subjacentes. O capítulo III apresentará a interpretação destes mesmos fatos à luz de concepções de Conhecimento como Rede de Significados (Lévy e Machado), Inteligência Coletiva (Lévy) e Inteligência como Espectro de Múltiplas Competências (Gardner), temperadas pelo Pensamento Analógico. Nesse sentido, algumas relações aparentemente sem importância apresentadas no capítulo I adquirem significado arquetípico, quando observadas sob tal ótica. O pensamento analógico, apoiado nestas concepções, permite desvendar naturezas e fluxos coletivos não somente subjacentes aos terrenos em questão, mas à dinâmica de desenvolvimento científico.

2

Conhecimento, Inteligência e o Pensamento Analógico

O conhecimento limitado da natureza que existiu durante sucessivos períodos históricos foi visto por cientistas dessas épocas como uma imagem abrangente da realidade, incompleta somente em detalhes. Esta observação é tão notável que seria fácil para um historiador explicar o progresso da ciência como uma história de erros e idiossincrasias, e não como a acumulação de informações sistemáticas e aproximação gradual em direção gradual à verdade última.

Grof, 1987

Com o intuito de apresentar, discutir e sustentar dinâmicas de participação do Pensamento Analógico na (re)construção de significados, este capítulo entretece concepções de Conhecimento como Rede (Lévy, 1993; Machado, 1995), Inteligência como um Espectro de Múltiplas Competências (Gardner, 1994) e Inteligência Coletiva (Lévy, 1994) segundo uma organização teórica à ótica da qual a leitura do desenvolvimento/criação científico/artístico, bem como a construção de conhecimento/afeto no processo didático/ pedagógico assumem caráter mais integrado e sentido mais subjetivo.

2 Conhecimento, Inteligência e o Pensamento Analógico

Contextualizando as concepções mencionadas num breve histórico do conhecimento e da inteligência, o presente capítulo procura agora explanar uma maneira de compreender o enlace das concepções referidas dentro da arquitetura mencionada, explorando distintos papéis assumidos por analogias nas relações e dinâmicas locais e globais que povoam tal cenário. Cabe ressaltar que esse capítulo não se detém em diferenças específicas entre analogias e metáforas, uma vez que o interesse pelo pensamento analógico provém principalmente de sua natureza comparativa e voltada para a semelhança, o que concerne ainda à dinâmica metafórica num nível mais implícito. Atento para tal consideração, faz-se um breve histórico da metáfora, comparando suas concepções segundo a retórica clássica com idéias de pensadores tais como Max Black, Donald Davidson, George Lakoff, Mark Johnson e Paul Ricouer com o intuito de levantar-se questões relevantes concernentes a tal forma de comparação, estabelecendo-se uma concepção para metáforas e analogias.

Analogias assumem importância não apenas por participar explicitamente de processos relativos à estrutura epistemológica mencionada, mas principalmente por infiltrar-se silenciosamente em dinâmicas mais sutis de tal estrutura. Aprofundando tais reflexões, o presente capítulo observa a construção e apreensão de significados como transferência e interação de signos por canais de diferentes naturezas que conectam distintos cenários. De maneira mais ampla e para fins de ancorar a dinâmica de construção e enredamento de significados, organizam-se esquematicamente as concepções apresentadas, discutindo-se algumas movimentações locais e globais pertinentes a tal organização. Assumindo estrutura de rede, esta parte do capítulo apresenta algumas dinâmicas da organização geral concernentes à epistemologia e à didática, emprestando e emparelhando, em alguns momentos, modelos psicológicos de naturezas análogas. Com o intuito de tornar orgânica a estrutura/dinâmica geral do trabalho, dedica-se especial atenção às vias de natureza analógica, bem como aos cenários correspondentes às competências intelectuais concebidas por Gardner, dedicando desde já especial atenção às aptidões lógico-matemáticas e musicais, estudadas com mais afinco no próximo capítulo.

O final deste capítulo ressalta a importância atribuída ao afeto e ao sentimento - segundo a concepção de Ricouer - na catálise de dinâmicas didático/pedagógicas, bem como suas relações com a cognição e a inteligência. Discute-se então o papel de metáforas e analogias como figuras conectoras dos elementos mencionados, que contribuindo para sentir o conhecimento, incluem o sujeito e relevam a competência intrapessoal na dinâmica cognitiva

Cabe ressaltar ainda a utilização de metáforas e analogias no estabelecimento de processos metafóricos e analógicos, de arquétipos ao discorrer sobre arquétipos, de dinâmicas da própria concepção defendida na esquematização da organização geral do trabalho, o que significa que a concepção colocada apresenta-se na própria exposição do presente estudo, estabelecendo uma espécie de Strange Loop na concepção de Hofstadter (Hofstadter, 1979, p.13). O autor americano exemplifica tal idéia em obras do pintor Escher, tais como o Print Gallery, em que o quadro mostra uma galeria de quadros que contém o próprio quadro, ou o Waterfall, no qual há uma queda d'água cuja fonte reside na água caída, ou o Ascending and Descending em que monges descem e sobem escadas simultaneamente dependendo da ótica observada, criando um constante múltiplo sentido imagístico em suas obras, o que possui uma simpatia analógica silenciosa, a princípio lingüística, com cenários povoados por analogias e metáforas.

2.1 Da construção com tijolos à rede

Até este século, a epistemologia e a filosofia ocidentais apoiam-se na metáfora do conhecimento como construção com tijolos onde, o alicerce da edificação representa leis e princípios fundamentais de uma determinada ciência que conquistam, através de inferências principalmente lógico-formais, novos marcos representados pelos tijolos cada vez mais altos dependentes daqueles mais abaixo. A essa dinâmica, subjazem distintos elementos característicos da concepção de conhecimento cartesiana, tais como a idéia de raciocínio encadeado regido principalmente por inferências dedutivas, noções de pré-requisito, precisão absoluta em nível descritivo e demonstrativo, medida, e outros. Caracteriza, ainda, o paradigma cartesiano, a disjunção entre objeto e sujeito na descrição e interpretação de fenômenos físicos. Nesse sentido, a compreensão do processo do conhecimento não participa explicitamente da descrição de fenômenos naturais, ou seja, a epistemologia não se apresenta como parte integrante da teoria científica (Capra, 1992, p. xiii). Na concepção cartesiana, acreditava-se que a dinâmica total de qualquer sistema complexo poderia ser compreendida a partir das propriedades das partes, assim como pensava-se que havia estruturas fundamentais através das quais forças e mecanismos interagiam gerando processos. Toda essa dinâmica apoia-se, ainda, na crença de que o conhecimento científico almeja desvendar verdades finais e absolutas.

A contribuição de Lévy (1993) favorece a reflexão sobre a estrutura e a dinâmica de desenvolvimento da epistemologia. Partindo da constatação de que novas maneiras de pensar estão sendo elaboradas graças aos progressos das telecomunicações e da informática e de que, não apenas as relações interpessoais e o trabalho, mas a própria inteligência depende da metamorfose incessante dos dispositivos informacionais, Lévy reúne dados históricos e culturais a respeito da evolução da inteligência humana e realiza uma acurada descrição de três tempos do espírito: oralidade primária, caracterizada pela ausência da escrita; escrita (aí incluída a impressa) e, finalmente, informática. Desenvolvendo o conceito de ecologia cognitiva, o autor defende a idéia de um coletivo pensante homens-coisas, coletivo dinâmico povoado por singularidades atuantes e subjetividades mutantes. Defende a idéia de um inconsciente intelectual coletivo habitado por imensa quantidade de coisas e técnicas. Nessa inteligência grupal e na constituição das culturas, relevante papel é reservado às tecnologias da informação. Por exemplo, as conseqüências a longo prazo do uso dos instrumentos de comunicação audiovisual especialmente a partir do fim da Segunda Guerra Mundial e dos computadores a partir do fim dos anos setenta, ainda não suficientemente analisadas, permitem supor que vivemos um período de transformação radical da ordem de representações e de saberes. Pergunta Lévy: quem pensa? O sujeito individualmente situado frente ao objeto? Ou os grupos intersubjetivos? Ou as estruturas, as línguas, as epistemes ou o inconsciente social que pensam em cada um de nós?

Lévy criou a expressão ecologia cognitiva para designar a relação entre pensamento individual, instituições sociais e técnicas de comunicação que, articuladas, formam coletividades pensantes homens-coisas, transgredindo as fronteiras tradicionais das espécies e reinos. Segundo este modo de compreender, a inteligência está além do sujeito e do objeto. Não sou "eu" que sou inteligente, mas "eu" com o grupo humano do qual sou membro, com minha língua, com toda uma herança de métodos e tecnologias intelectuais - escrita, bibliotecas públicas, diálogos com amigos, recursos de informática e de telecomunicações. Fora da coletividade, desprovido de tecnologias intelectuais, "eu" não pensaria. Quem pensa? O pensamento ocorre numa rede onde homens e coisas interconectam-se transformando e traduzindo as representações.

Illya Prigogine e Isabelle Stengers (1986), citados por Lévy (1993), tentaram mostrar não haver ruptura absoluta entre o universo físico inerte e o colorido mundo dos seres vivos. Contrariamente ao ocorrido no período da ciência clássica - que excluía do universo físico a história e a significação -, as noções de singularidade, de evento, de interpretação e de história passaram a ocupar relevante status nos últimos desenvolvimentos das ciências físicas. Diversas correntes científicas contemporâneas redescobriram uma natureza na qual seres e coisas não se encontram mais separados.

Ao relacionar, por exemplo, analogias utilizadas na investigação científica com a ciência como um todo, a fim de aproveitar seus mecanismos como estratégias educacionais, é importante que as percebamos no âmbito do processo coletivo da cognição (Lévy, 1993) influente na estrutura de pensamento de determinada comunidade em certa época. Desta forma, na análise de analogias essenciais à catálise de processos cognitivos, mostram-se prioritárias aquelas que de algum modo influenciaram significativamente o conjunto de crenças, valores e técnicas compartilhadas pelos membros de certa comunidade científica em dado período.

Conforme referimos em trabalho anterior[41], ao afirmar que diversas correntes científicas contemporâneas redescobriram uma natureza na qual seres e coisas não se encontram mais separados, Lévy talvez esteja reportando-se ao fato de que nas sociedades tradicionais, onde se busca o sentido através das aparências, o ser para além do parecer; onde se supõe a existência de uma força vital animando todos e cada objeto, entende-se que tudo e todos interconectam-se numa grande rede de participação, obedecendo a uma hierarquia dinâmica do universo na qual tudo é solidário a tudo. Por exemplo, referindo-se às sociedades tradicionais negro-africanas, diz Erny (1968): de Deus a um grão de areia, o universo africano é sem costura. Ingressar nesse universo é adentrar um campo de correspondências, de analogias, de harmonias e de interações, dado que se considera que Homem e Cosmos constituem uma única rede de forças. Nessa concepção de universo, característica das sociedades tradicionais, a tecnologia intelectual restringe-se à oralidade e aos recursos mnemônicos a ela associados, e está sendo "redescoberta", "retomada", agora sobre as poderosas bases do grande avanço da escrita, das telecomunicações e da informática. A percepção da realidade como rede reorganiza significativamente o conceito de experimentação no sentido de percepção e descrição de fenômenos, agora observados num tecido interconectado desprovido de hierarquias e fundamentos estáticos e absolutos.

---

41 Analogia: ferramenta indispensável na resolução de problemas e na criação científica. Trabalho de Aproveitamento apresentado na disciplina de pós-graduação Filosofia da Ciência Contemporânea, de responsabilidade do Prof. Dr. Chiapin, no primeiro semestre de 1995.

Em nível epistemológico, tal concepção destitui a física do cargo de regente de ideal científico e de principal fonte de metáforas nesse âmbito. A noção de rede atira aos ventos a idéia de ciência exclusivamente objetiva integrando sujeito e objeto, através de uma ciência epistêmica (Capra,1992), onde o entendimento da estrutura e dinâmica do conhecimento participa na caracterização e representação de fenômenos. Os princípios dessa nova ótica relativizam a compreensão da realidade no sentido de abandonar a busca de uma correspondência exata entre descrição e fenômeno descrito em favor de navegar rumo ao reconhecimento de interpretações aproximadas e limitadas. À luz do conceito de rede, compreende-se propriedades locais a partir do todo e vice-versa. Agora, não há mais partes, mas sim padrões regidos, entre outros, por princípios de fractalidade numa inseparável teia de relações. O novo paradigma permite, ainda, compreender estruturas como manifestações indissociáveis de processos ocultos numa rede com natureza universal intrinsecamente dinâmica. Impossibilitada de fornecer uma compreensão completa e definitiva da realidade, a nova ciência apresenta limites e aproximações com agentes que não lidam mais com a verdade no sentido de uma correspondência exata entre descrição e fenômeno descrito, mas sim com conceitos, descobertas e teorias nômades em permanente mutação, onde a única certeza é a inconstância (Capra, 1992).

2.2 Algumas palavras a respeito de redes de significados

O conhecimento se organiza em redes de significados. Esta idéia, que se opõe à de construção linear ou vertical do conhecimento, vem conquistando importância crescente nos terrenos da epistemologia e da didática. No dizer de Capra (1992, p.133) agora nos estamos movendo em direção à metáfora do conhecimento como uma rede, um tecido onde todos os elementos encontram-se conectados. Se tomamos uma palavra qualquer e procuramos esquematizar sua rede de significados, seu campo associativo, constatamos a existência de uma rede de associações por semelhança ou contigüidade, semelhanças determinadas pela forma das palavras, por seu sentido, ou por ambos. Tal campo é por definição aberto, e algumas das associações estão condenadas a ser subjetivas, embora as mais centrais sejam em larga medida as mesmas para a maioria dos locutores. Muitas dessas associações fazem parte da linguagem figurada: metáforas, comparações, provérbios, idiotismos e outros. (Ullmann, 1982, p. 501, apud Machado, 1995, p.130). Luria (1987) refere-se a campos semânticos, redes de associações através dos quais o significado de uma palavra é construído, convertendo-se cada palavra em elo ou nó central de toda uma rede de imagens por ela evocadas e de palavras conotativamente ligadas a ela.

Machado (1995), discorrendo a respeito da construção de significados, lembra que compreender é apreender o significado; apreender o significado de um objeto ou de um acontecimento é vê-lo em suas relações com outros objetos ou acontecimentos; os significados constituem feixes de relações; as relações entretecem-se, articulam-se em teias, em redes, constituídas social e individualmente e em permanente estado de atualização; tanto em âmbito social como individual, a idéia de conhecer assemelha-se a de enredar. A rede de significados constitui um espaço de representações, uma teia de significações desprovida de hierarquia entre seus nós que desterritorializam-se num processo de reconfiguração contínua (Ribeiro & Abdounur,1995)

Lévy (1993), referindo-se ao universo de significações criou a metáfora de hipertexto, talvez uma metáfora válida para todas as esferas da realidade em que significações estejam em jogo. (Lévy, 1993, p.25) O hipertexto obedece a seis princípios conformadores: (1) Princípio da Metamorfose - a rede hipertextual está em constante construção e renegociação, portanto em constante transformação, como as configurações mentais de um jogador de xadrez a cada lance, podendo modificar completamente dependendo da peça movida. Ou como as reconfigurações de um caleidoscópio, no que concerne ao surgimento de novas imagens e não à aleatoriedade de tal dispositivo. (2) Princípio da Heterogeneidade - os nós e as conexões de uma rede hipertextual são heterogêneos, sendo os nós, principalmente constituídos de imagens, sons, palavras, diversas sensações, modelos, etc e as conexões principalmente lógicas, analógicas, afetivas, etc. (3) Princípio de multiplicidade e de encaixe das escalas - o hipertexto se organiza de modo fractal, ou seja, qualquer nó ou conexão, quando analisado, pode revelar-se como sendo, ele próprio, composto por toda uma rede. Ressalta Machado (1994: 30) que na dinâmica dos processos de interligação destaca-se o papel da metáfora como instrumento para sugerir, instaurar ou desenvolver significações. Este princípio é o que permite a possibilidade de adentrar a rede hipertextual e expandi-la, em regiões desconhecidas, a partir da observação de um princípio comum regente daquela particular organização. (4) Princípio de Exterioridade - a rede não possui unidade orgânica, nem motor interno. Seu crescimento ou diminuição, sua composição e recomposição contínuas dependem de um exterior indeterminado, de uma fonte externa de palavras e imagens. (5) Princípio de Topologia - A topologia é o âmbito da matemática que, entre outras coisas, generaliza a noção de distância. Nos hipertextos, tudo funciona por proximidade entre significações e, à luz desse princípio, poderíamos definir distâncias entre as diversas naturezas de objetos. Por exemplo, pode-se fazer referência à distância entre sentimentos, utilizando como suporte analógico a definição de distância entre objetos do mundo físico, embora cientes de tratar-se de universos distintos, com relações mais sutis ou mais densas. (6) Princípio de Mobilidade dos Centros - a rede possui diversos centros simultaneamente, centros móveis, cada um dos quais trazendo ao redor de si uma ramificação infinita de pequenas raízes, de rizomas, finas linhas brancas esboçando por um instante um mapa qualquer com detalhes delicados, e depois correndo para desenhar mais à frente outras paisagens de sentido (Lévy, 1993, p. 26). Reunindo, interagindo e estendendo um pouco os conceitos apresentados, pode-se pensar a cognição/afeto como um espaço hipertextual povoado por significações nômades conectadas multiformemente e tributário dos princípios aduzidos.

No dizer de Machado (1994:39), a metáfora e a família de tropos a que pertence processam a tessitura da rede de significados. Ao estabelecer uma conexão entre distintos contextos semânticos, a metáfora possibilita a transferência de relações de um feixe consolidado para outro em formação, instaurando ou desenvolvendo novos significados. Percepção ou constatação de relações analógicas é tão essencial que o filósofo Dreyfus, da Universidade de Berkeley afirmou que ser inteligente é ver as relações analógicas existentes entre situações novas e antigas nas quais já sabemos como agir. (apud Machado, 1994:39).

O pensar a respeito do conhecimento reporta-nos naturalmente ao interesse em concepções para a inteligência que trilha trajetórias sincrônicas àquelas percorridas pelo primeiro.

2.3 Dos testes de QI às múltiplas inteligências

A escala para a medida da inteligência proposta por Binet e Simons, em 1905, influenciou significativamente estudos a respeito da cognição, constituindo, até pouco tempo, a base para a construção de testes de inteligência. Transformações na ciência do século XX evidenciadas, por exemplo, pela Teoria da Relatividade, Princípio da Incerteza de Heisenberg e Teoria do Caos, revelam um corte epistemólogico que intima rearranjos na estrutura e dinâmica de pensamento sobre as quais se apoiam tacitamente percepções, teorizações e atitudes científico-educacionais. A reconfiguração constante da ecologia cognitiva de Lévy, evidenciada, nas últimas décadas, pelo advento da informática, juntamente com os fatores supracitados, contribuem de maneira relevante para a emergência de uma concepção de inteligência mais abrangente, sem a qual propostas educativas tornam-se estéreis.

Machado (1995), discorrendo a respeito de Gardner, resgata reflexões relativas a uma visão mais ampla de inteligência, através de suas múltiplas manifestações. A expressão inteligente assume significados distintos dependendo da concepção à luz da qual é interpretada. Uma possível concepção assume que ser inteligente é possuir grande capacidade e condição numa área extremamente específica. Desenvolvendo certa direcionalidade, uma pessoa em tal situação poderá comprometer sua capacidade de estabelecer analogias, tendendo a lidar com espectros estreitos. Por exemplo, pode-se desenvolver uma habilidade técnica fantástica na organização de muitos tipos de problemas de matemática, mas ser incapaz de organizar uma casa, talvez por realizar ambas atividades sem um princípio comum subjacente propiciador de analogias.

À luz das concepções de inteligência sugeridas por Gardner, essa faculdade humana manifesta-se num espectro de competências, classificadas como matemáticas, lingüísticas, corporal-cinestésicas, espaciais, intrapessoais, interpessoais, musicais etc. A inteligência lógico-matemática refere-se àquela em que a inferência dedutiva possui significativa participação em suas argumentações. Rotulada como "pensamento científico", a aptidão referida juntamente com a capacidade lingüística, constituem o principal alicerce para os testes de QI. Regularmente considerada por psicólogos e epistemólogos como Piaget, a competência lógico-matemática mostra-se, ainda, responsável pela construção mental de cadeias causais. A dimensão lingüística refere-se a arte de reunir palavras, organizar signos, utilizar uma linguagem com certa liberdade de modo a expressar honestamente e na íntegra sentimentos e impressões. Ela manifesta-se principalmente naqueles que lidam com a linguagem de maneira geral tais como oradores, escritores etc.

A competência espacial compõe-se de aptidões necessárias em atividades tais como navegação, percepção e uso do espaço em geral. A inteligência interpessoal fundamenta-se na capacidade de perceber estados de ânimo, humores, temperamentos, intenções, mostrando-se significativamente evidente em personalidades como líderes religiosos e políticos bem como profissionais que lidam com pessoas tais como psicólogos, professores. A dimensão intrapessoal refere-se à sabedoria sobre si próprio no sentido de perceber, reconhecer, descrever, caracterizar e administrar emoções e sentimentos interiores. A inteligência corporal-cinestésica evidencia-se em atletas, artistas que possuem o corpo como instrumento de trabalho. A dimensão musical manifesta-se tipicamente em instrumentistas que apresentam significativa facilidade para tocar, bem como compositores, regentes, etc.

O reconhecimento e desenvolvimento do espectro de competências da inteligência proporcionam maior diversidade de experiências ligadas a uma determinada situação, o que favorece a construção de significados por meio de canais heterogêneos, possibilitando, reciprocamente, suas transformações por distintos caminhos. Por exemplo, uma pessoa que tem dificuldade de enfrentar mudanças ou se sente mal em situações instáveis e que revela em parte esta tendência no âmbito musical ao ouvir música atonal, onde a efemeridade e instabilidade são contínuas, pode descobrir um canal para começar a vencer esta dificuldade, em campo corporal-cinestésico, exercitando mudanças rápidas e incertas, necessárias na prática de uma luta como por exemplo o Aikido. Para favorecer estas descobertas, considero de essencial relevância manter a prática constante e cotidiana de atividades que exijam utilização das diversas competências. Desta forma, o desenvolvimento da multi-inteligência aumenta o referencial de experiências que, acompanhado do pensamento analógico, pode ampliar significativamente a capacidade de levantar dúvidas e resolver problemas em diversas áreas.

Nesse ponto, vale lembrar que, contrariamente à concepção de Gardner, a inteligência era concebida como algo passível de medição, através de um QI, que possibilitava classificações e diferenciações, manifestada somente através de aptidões lógico-matemáticas e lingüísticas. As capacidades para as outras competências de Gardner caraterizavam-se como talento, habilidade, etc. Do ponto de vista da formação pessoal, a convicção de Gardner retumba de maneira significativa na construção da identidade de um indivíduo que agora abandona a busca unilateral e muitas vezes intransponível de um ideal cognitivo baseado apenas nas competências lógico-matemática e lingüística, rumo ao desvendar de sua originalidade cognitivo/afetiva, possibilitada pelo desbravamento de um leque de possibilidades intelectuais outrora adormecidas.

As múltiplas inteligências tornam-se visíveis no cenário exposto, principalmente como contribuintes da natureza heterogênea das ligações da rede. Cada aptidão possui estrutura e dinâmica peculiar que se poderia imaginar como uma personalidade cognitivo/afetivo, de maneira análoga ao caráter particular de cada modo musical, ressonador de climas e estados próprios no sentimento individual e coletivo. Tais personalidades transferem-se ao significado e interagindo entre si, constróem as identidades dos significados, aos quais canais com naturezas correspondentes àquelas aptidões se conectam, de maneira análoga às contribuições de cada competência ou mesmo das diversas personagens assumidas nas distintas esferas de existência de um indivíduo em sua identidade pessoal. Esta comparação de natureza fractal estende-se para outros pontos da rede de significações, possibilitando a conjectura de que cada indivíduo constrói inconscientemente os significados de sua rede afetivo/cognitiva por configurações locais semelhantes àquelas que estampam seu reconhecido perfil intelectual, ou seja, via canais com características mais próximas àquelas competências admitidas como promissoras.

2.4 Inteligência Coletiva e o espectro de múltiplas competências

Conceitos e reflexões desenvolvidos por Lévy (1993), tais como o de ecologia cognitiva, nos levam a considerar como inteligentes não mais os indivíduos tomados isoladamente, mas sistemas capazes de exibir determinadas competências. Partindo deste pressuposto, o que possibilita a inteligência se manifestar é a interligação de diversas naturezas com todos os seres pensantes, também de diversas naturezas, transcendendo as noções de sujeito e objeto, bem como as de indivíduo e sistema. Vejo alguma semelhança entre Lévy e Arbib (Arbib e Hesse, 1986) ao pensarmos a reflexão seguinte no âmbito coletivo:

A inteligência não é uma "coisa" simples, mas um "entrelaçamento" de propriedades que, tomadas isoladamente, não provocam grandes admirações, mas quando juntas, produzem um comportamento que nós rotulamos inteligente

Arbib, 1986

Logo, o que penso agora foi possibilitado pelo diálogo que tive com diversas pessoas, livros que li, músicas que ouvi, situações do cotidiano que me propiciaram insights, relações inter e intrapessoais, atritos de diversas naturezas e por muitos outros aspectos pertinentes às distintas competências do espectro da inteligência individual e coletiva, bem como pelo computador que me serviu na escrita desta reflexão, dotado de tecnologias capazes de fazer manifestar canais de inteligência encobertos até o advento da informática. Ampliando ainda mais esta visão, poderíamos conceber a existência de uma Inteligência Coletiva que permite e possibilita o pensamento individual se manifestar.

A diversidade de acessórios e tecnologias da atualidade favorece manifestar distintas formas de competências intelectuais, versos diversos da inteligência. Partindo deste pressuposto, as múltiplas faces da inteligência manifestam-se em cenários cada vez mais variados, propiciando portanto novas oportunidades, sem as quais determinados potenciais permaneceriam latentes até mesmo por uma vida inteira. Por exemplo, a habilidade de uma pessoa em jogar xadrez somente se revela encontrando terreno fértil para crescer e desenvolver, quando o indivíduo mencionado pratica tal atividade no tabuleiro. De maneira análoga, o uso de tecnologias, bem como de variadas aptidões intelectuais oferecem novos terrenos para germinação de novas aptidões outrora não manifestáveis. Neste sentido, parece-me que podemos comparar a inteligência a uma semente que precisa de um solo apropriado para poder germinar, como mencionado no artigo A Painting Prodigy da revista TIME de 27/06/94 (Machado, 1995, p.106), em que um jovem de 28 anos, com capacidade mental de uma criança e podendo contar apenas até cinco, mostrou grande maturidade pictórica inspirado pela música de seus pais. Movido pela expressão artística de seu pai e de sua mãe naquele momento, tal jovem deslanchou a pintar quadros extraordinários, o que nos arriscaria afirmar que, sob a ótica supra-referida, o solo revelador de sua inteligência pictórica talvez tenha sido a música, que gatilhando[42] processos cognitivo/afetivas tácitos, iluminou as profundezas mais originais - até então obscuras - da personalidade daquele jovem.

---

42 Utiliza-se a expressão gatilhamento neste trabalho com a acepção próxima aquela utilizada em circuitos eletrônicos envolvendo, por exemplo, diodos. Nesse caso, o gatilhamento corresponde ao ponto em que o diodo dispara, o que corresponderia a algo próximo a um desencadeamento no contexto do presente trabalho.

O desenvolvimento de competências promissoras pode significar um fator determinante no desenvolvimento de outras faces da inteligência. Por exemplo, um aluno que sente dificuldade em visualizar globalmente a geometria pode, por exemplo, confirmar que a realização de exercícios de coordenação motora em música, onde possui maior facilidade pode, por exemplo, favorecer a capacidade de visualização geométrica, coordenando a música geométrica. Neste sentido, a dinâmica de competências pode servir-se de pontos de apoio propiciadores de diversificação que fortalecem a inteligência agora possuidora de inúmeras faces. Atuando de maneira contrária, determinadas concepções e condutas educacionais estimulam somente o desenvolvimento da índole do aprendiz, propiciando a construção de identidades deficientes do ponto de vista cognitivo/afetivo. Tal processo revela-se através do Bestismo (Machado, 1995, p.94), preconceito apontado por Gardner que procura fazer o aluno destacar-se individualmente, ser melhor que todos os outros em algo considerado socialmente valioso, estimulando a unilateralidade, o virtuosismo e contribuindo, em nível mais amplo, para a construção de indivíduos socialmente despreparados para as adversidades que a vida oferece.

2.5 Alguns comentários concernentes ao Histórico do Pensamento Analógico

Provindo da preposição ana - segundo - com o substantivo logos - razão ou proporção -, que reunidos significam em grego "segundo proporção" ou "segundo relação", a palavra analogia estabelece em sua primeira acepção uma relação proporcional entre dois ou mais termos. Pelo menos em ênfase registrada, a primeira alusão ao termo analogia encontra-se num texto de Hiprócrates de Quios sobre o problema da duplicação do cubo (Fallas, 1992, p.296). Ainda que seja difícil assumir esta como única possibilidade, pode-se conjecturar que o termo decorre do pitagorismo, sendo utilizado inicialmente na matemática deste movimento. Sob um ponto de vista matemático, o pensamento analógico consiste, segundo uma concepção pitagórica, na identidade de relações ou proporções entre distintas coisas. Para tais pensadores, o estabelecimento de analogias proporcionalmente supõe certo rigor matemático e medida exata dos campos conectados, procedimento próprio do pitagorismo - os únicos que se preocuparam em fazer medidas proporcionais entre as coisas.

Dentre as distintas características do pensamento analógico sob uma ótica proporcionalista própria dos pensadores clássicos, trata-se de um tipo de raciocínio não dedutivo matematicamente impreciso que, busca similaridades entre objetos. Dentre os epicuristas, o pensamento analógico teve ainda, por outro lado, um significado de semelhança no sentido de probabilidade que, sendo mais utilizado pelos pensadores modernos, considera principalmente relações genéricas. Utilizando analogias categoricamente como um elemento chave em seu pensamento intelectual, os gregos apoiavam-se em forte respaldo filosófico-conceitual. Platão, por exemplo, revela, por exemplo, fortemente sua concepção analógica do cosmos na exposição apresentada em seu Timeu e ao aplicar analogias particularmente em ética e metafísica, Aristóteles desenvolve a "analogia do ser", exercendo forte influência sobre a escolástica (Fallas, 1992, p.296). Embora oculta e inconscientemente e de maneira muitas vezes confusa, analogias mostram-se presentes no pensamento intelectual grego desde o início.

Culminando nas obras homéricas, os gregos utilizam a idéia de analogia como semelhança por exemplo em grande parte das descrições apresentadas na Ilíada e na Odisséia.

No dizer de Ramirez,

As semelhanças, comparações, metáforas, fábulas, parábolas, alegorias, quando consideradas em um mesmo povo, partem dos literatos mais cultos, que recorrem a elas e as colocam em seus livros literários como analogias descritivas da vida humana

Ramirez apud Fallas, 1992

Depois da Épica, devemos ainda considerar as contribuições de Píndaro, comparando e utilizando metáforas com grande agilidade; Ésquilo, ainda mais forte e ousado em suas metáforas; Sófocles e Eurípedes, reconhecidos pela utilização de tais recursos na literatura; bem como o grande comediante Aristófanes. (Fallas, 1992, p.298). A Antigüidade encontra-se repleta de lendas e mitos que procuravam explicar o inexplicável por meio de semelhanças e metáforas. Mostrando-se não apenas descritivas e populares como nos literatos puros, as analogias explícitas surgem na filosofia.

Embora nada tenha legado, Thales de Mileto utilizava analogias em seus estudos de geometria e de astronomia de uma maneira científico-prática como, por exemplo, em uma de suas estórias nas quais se calculava a altura de uma pirâmide através de sua sombra por analogia com o corpo humano em uma hora em que a sombra deste último apresentava-se igual ao objeto: assim como a sombra do corpo é ao corpo, a sombra da pirâmide também o é. Tal filósofo estende, por analogia, a proporcionalidade mencionada ao considerar o elemento água como fundamento essencial na existência, explicando, por exemplo, a necessidade de água nos distintos seres da natureza por comparação proporcional àquela dos animais e plantas, o que revela um uso proporcionalista da analogia, sem ainda possuir sentido matemático tão forte como ocorreria posteriormente com os pitagóricos.

Outros pensadores pre-socráticos tais como Anaximandro, Anaxímenes, Heráclito, Parmênides, Empédocles e Demócrito fizeram uso significativo de analogias. Anaximandro considerava, por exemplo, que assim como ocorre uma metamorfose em rãs e mariposas, proporcionalmente, os outros animais e mesmo o homem deveriam sofrer algum tipo de metamorfose em seu processo evolutivo (Fallas, 1992, p.298). Transferindo atributos do indivíduo para o Universo na tentativa de explicar o inexplicável, Parmênides estabelece uma concepção do Universo por analogia ao ser. Considerado por alguns um dos principais introdutores do método analógico na filosofia e na ciência, Empédocles apresenta, como centro de seu pensamento, os quatro elementos - água, terra, fogo e ar - movidos pelas forças do amor e do ódio que se relacionam por analogias proporcionalistas. Tal pensador utiliza ainda analogias no sentido de semelhança, afirmando que não há, nestas últimas, equivalência absoluta, pois apresentam desigualdades.

Considerando o pensamento analógico como caminho epistemológico fundamental para a descrição de todos os fenômenos da natureza, os hipocráticos estabeleceram que:

> *O que é oculto e interno nas coisas, deve aprender-se pelo manifesto; o obscuro deve-se investigar pelo claro e patente*
>
> *Fallas, 1992, p.300*

Procurando explicar distintos fenômenos naturais por analogia ao corpo humano, tais pensadores afirmavam que se devia entender o corpo como proporcional às coisas exteriores. Posteriormente, apresentando seu atomismo através de algumas descrições analógicas, Demócrito considerava o homem um microcosmo por analogia ao grande macrocosmo que era o universo. Tais comentários revelam a importância da analogia como elemento angular no processo de interpretação científica, filosófica e literária dos pensadores pré-socráticos.

Concedendo um caráter matemático ao pensamento analógico, os pitagóricos contribuíram fortemente para o desenvolvimento categorial desta forma de comparação, que permitiu-lhes aplicar e transferir a matemática para as demais ciências pré-socráticas. Com o desenvolvimento do pitagorismo no século V a .C., surgem pensadores tais como Filolaus e Alcmeon que utilizam analogias ao apresentar sua concepção divina da alma humana por meio da comparação de seus atributos com aqueles pertinentes aos imortais. No dizer de Alcmeon,

> *A alma humana é imortal devido a sua semelhança com outros imortais, possuindo esta qualidade por estar sempre em movimento, já que tudo que é divino, a Lua, o Sol, as estrelas e todos os astros encontram-se em constante movimento*
>
> *Fallas, 1992, p.301*

Ainda com respeito à alma, Filolaus afirma:

Nossa alma é a harmonia das partes, membros e funções do nosso corpo, como a melodia é a proporção dos sons que saem das cordas la lira.

Fallas, 1992, p.302

Como mencionado no capítulo I, um dos fundamentos do pitagorismo considera o número como princípio angular de todas as coisas. Segundo a escola crotoniana, o número é a representação da expressão da racionalidade pitagórica em todas as coisas, sendo portanto um princípio analógico por excelência. Discorrendo a respeito do número na concepção pitagórica, Garcia Junceda afirma que:

Os pitagóricos procuraram ou, pelo menos, encontraram um princípio analógico e expressivo da realidade, já que as razões que os fizeram escolher o número como fundamento foram as múltiplas semelhanças encontradas entre os números e os seres, bem como o fato de que os números expressavam as propriedades, as relações e os seres.

Junceda apud Fallas, 1992, p.303

Considerando o conceito de analogia proporcionalista como base para todo o movimento pitagórico, encontramos ainda outros pitagóricos tais como Arquitas e Aristoxeno, mencionados no capítulo I. Sendo um dos primeiros a estudar diretamente as analogias e pertencendo a segunda geração do pitagorismo, Arquitas retomou a analogia pitagórica levando-a às últimas conseqüências e proporcionando seu significativo desenvolvimento na filosofia principalmente porque apresenta-se como o primeiro a fornecer aspectos primordiais na fundamentação do pensamento analógico. Sendo o maior analogista da Antigüidade, o pensador tarentino encontra-se como sistematizador do pensamento analógico, aplicando esta forma de comparação em distintos ramos do conhecimento, legando para o pensamento humano seu valor fundamental. Arquitas exerceu em Aristóteles e Platão forte influência concernente ao pensamento analógico

Aristóteles utilizou analogias em quase todas as disciplinas, principalmente na doutrina do ser, o que ressoa em toda a história filosófica que viria a culminar com São Tomás de Aquino. Convertendo-se portanto em uma das categorias centrais do pensamento da Antigüidade e Idade Média, o pensamento analógico ganha aplicação em disciplinas aparentemente distantes como a metafísica, a ética, a antropologia e a lógica.

Preparadas e transformadas ao longo da Idade Média, as resignificações sobre as acepções analógicas de proporção e semelhança mencionadas culminam nos séculos XIV, XV e XVI, cujos pensadores realizaram modificações conceituais significativas nas concepções acerca desta maneira de pensar defendendo a idéia analógica epicurista. No que concerne à matemática/música, podemos observar, como mencionado no capítulo I, a utilização da argumentação analógica ainda nas obras de Zarlino, Descartes e um pouco em Saveur. A Revolução Científica contribui e ressoa simultaneamente com a estrutura/dinâmica de pensamento coletivo da época, contribuindo também, por suas próprias características, com uma supervalorização do pensamento lógico-formal em detrimento do analógico.

Cabe ressaltar agora algumas analogias importantes utilizadas na descoberta, desenvolvimento e avaliação de teorias científicas a partir desse período até os nossos dias. As dinâmicas cognitivas utilizadas no pensamento analógico vão muito além daquelas modeladas em teorias computacionais, particularmente no que concerne à sua construção e aplicação. De modo geral, historiadores e filósofos da ciência registram muitas situações onde o pensamento analógico faz-se presente, porém sem uma análise geral do uso da analogia na ciência e os processos cognitivos que os acompanham. As várias contribuições da analogia na descoberta, desenvolvimento e avaliação de teorias científicas envolvem distintas formas e processos de representação, construção e uso de analogias.

A fim de relacionar as analogias utilizadas na investigação científica com a ciência como um todo, precisamos percebê-las na âmbito do processo cognitivo coletivo (Lévy, 1993), influente na estrutura e dinâmica de pensamento de uma determinada comunidade em determinada época. Desta maneira, priorizaremos as analogias que de alguma forma influenciaram significativamente o conjunto de crenças, valores e técnicas compartilhadas pelos membros de uma determinada comunidade científica, ou seja, aquelas que contribuíram para algum estágio vital do pensamento do cientista e da ciência.

A fim de exibir um panorama geral da presença do pensamento analógico a partir do período em questão, apresentaremos em seguida algumas circunstâncias importantes da ciência envolvendo tal forma de comparação. Galileu publicou, em 1630, o Dialogue Concerning the Two Chief World Systems, contendo duas analogias que contribuíram fortemente para sua afirmação de que a Terra se move. Primeiramente, o cientista italiano corroborou o movimento orbital terrestre ao comparar este planeta com a Lua, que também sendo esférica, escura, opaca, densa e sólida com períodos similares de luz e sombra e extensões de terra e mar, movia-se em órbita. Com o intuito de combater o argumento de que a Terra não se movia, justificado pelo fato de que, se abandonamos uma pedra de uma torre, ela aterrissa em sua base sugerindo que a torre e portanto a Terra encontram-se paradas, Galileu comparou tal situação à queda de uma pedra do alto do mastro de um navio em movimento. Assim como uma pedra abandonada no alto do mastro cairá em sua base com o navio em movimento, uma pedra abandonada de uma torre poderá cair em sua base com a Terra em movimento (Thagard, 1993, p.15).

Christian Huygens utilizou, em seu Treatise on Light de 1678, uma analogia entre luz e som para sustentar sua teoria ondulatória da luz que, sendo desprezada por mais de um século pela teoria corpuscular de Newton, foi retomada no século XIX por Thomas Young e Augustin Fresnel, que ainda exploraram a analogia de Huygens. Com o intuito de ajustar o movimento dos planetas a sua teoria de gravitação, Newton utilizou uma analogia quando se encontrava em fase de finalização de seu Principia em 1687. Comparando o planeta com pedras atiradas da Terra a velocidades cada vez maiores, o cientista inglês conjecturou indutiva e analogicamente o movimento orbital, apresentando um diagrama que mostrava como a trajetória do projétil aproximava-se daquela de um objeto em órbita ao redor da Terra, à medida que a velocidade de lançamento aumentava.

Desenvolvendo a teoria do oxigênio para a combustão em 1770, Lavoisier concebeu simultaneamente sua teoria do papel de tal substância na respiração animal, a partir da analogia respiração/combustão que envolvia em ambas situações a transformação de oxigênio em gás carbônico e fornecimento de calor. Em 1824, Sadi Carnot estabeleceu uma discussão sobre a força motriz do calor, trabalhando significativamente na analogia calor/quedas d'água. Agindo o calor nas substâncias, assim como a água nas quedas d'água, a potência depende no primeiro caso da quantidade de calor e no segundo da queda d'água. Outra participação do pensamento analógico na criação científica resulta num dos grandes descobrimentos da história da bioquímica com Kekulé em 1865. Sonhando com uma cobra mordendo a própria cauda, o bioquímico alemão foi levado à hipótese de que os átomos de carbono no benzeno configuravam-se de forma circular (Thagard, 1993, p.15)

Além dos exemplos citados, poderíamos considerar outras analogias como a da mente/computador, molécula de gás/bolas de bilhar, átomo/sistema solar, bem como aquelas carregadas de simbolismo como, por exemplo, a analogia concebida por Kepler que a partir da imagem de Deus criador - imagem central e solar por excelência - , endossou a teoria heliocêntrica do mundo. Em alguns dos casos supracitados, estabelece-se a analogia a partir da verificação de alguns atributos em comum, que ressoa com a concepção de analogia por semelhança citada anteriormente, bem como para o desenvolvimento e avaliação de um argumento, como no caso de Galileu quando contrargumenta a afirmação de que a Terra não se movia.

Do ponto de vista científico, a analogia não prova a veracidade de uma conjectura, mas pode refutá-la. Analogias possibilitam portanto a descoberta e determinam o falseamento, propiciando redução e ampliação como no caso da luz vista como onda ou corpo, que resultou na natureza dual ondulatória/corpuscular, contracenando na ciência/arte das maneiras mais diversas possíveis, inseminando palavras e imagens como no caso do sonho de Kekulé. Os exemplos de analogias posteriores ao século

XVII aproximam-se da idéia de semelhança mencionada anteriormente. Ainda que no século XX o uso da acepção proporcionalista apresente relativa significância no campo científico, não há uma concepção que se enquadre em uma das acepções mencionadas. Para os interesses do presente trabalho, as idéias de proporção, bem como semelhança no pensamento analógico, assumem relevante papel.

Existindo distintos outros papéis para o pensamento analógico na dinâmica de criação científica, poderíamos afirmar que a participação de tal forma de associação de idéias contribui para um enredamento de conhecimento na ciência/arte, inconsistente com concepções cumulativas e estáticas para a dinâmica de desenvolvimento e evolução científica e social.

O conhecimento limitado da natureza que existiu durante sucessivos períodos históricos foi visto por cientistas dessas épocas como uma imagem abrangente da realidade, incompleta somente em detalhes. Esta observação é tão notável que seria fácil para um historiador explicar o progresso da ciência como uma história de erros e idiossincrasias, não como a acumulação de informações sistemáticas e aproximação gradual em direção gradual a verdade última.

Grof, 1987

2.6 Da retórica clássica às concepções de Black, Davidson, Lakoff e Ricouer: mais algumas palavras sobre analogias e metáforas

Com o intuito de organizar e ancorar melhor as idéias acerca da participação de analogias e metáforas na dinâmica de enredamento de significados, apresenta-se primeiramente uma contextualização histórica bem como aspectos gerais concernentes à metáfora, selecionando e comparando, em seguida, pontos relevantes pertinentes a algumas concepções defendidas por pensadores tais como Paul Ricouer, Max Black, George Lakoff, Donald Davidson etc.

Dentre os aspectos mencionados, cabe ressaltar a capacidade da metáfora de fornecer informação intraduzível - não parafraseável ou comunicável por outros meios -, de estabelecer semelhanças, bem como seu poder de, criando tensão, propiciar insights da realidade (Ricouer, 1992, p.145), permitindo ao interlocutor maior aproximação do objeto de conhecimento, agora impregnado de afeto. Ricouer ressalta ainda a esterilidade de qualquer teoria sobre a metáfora que não considere a imaginação e o sentimento, bem como outros fatores paralelos e extrínsecos ao âmbito informativo.

Os antigos retóricos consideravam a utilização de uma figura objetivava preencher uma lacuna semântica no código lexical ou ornamentar o discurso com a finalidade de adequá-lo ao interlocutor. À luz da retórica clássica, esse último caso significa que a metáfora desempenha o papel de uma figura em que a semelhança permite substituir uma palavra literal por outra figurada. Segundo a definição de Aristóteles, a metáfora é uma palavra usada com o sentido alterado (Japiassú & Marcondes, 1996, p.181) e para ser bom na invenção de metáforas, era necessário ter olho para as semelhanças.

O pensador estagirita releva ainda a importância da metáfora na Poética ao dizer que, fazer uso da forma poética é certamente grandioso, ... porém o mais incrível é ser um mestre da metáfora (Lakoff & Johnson, 1986, p.233)... uma metáfora é a aplicação a uma coisa de um nome que pertence a outra e a transferência tem lugar do gênero para a espécie para o gênero, de espécie para espécie, ou proporcionalmente (Ricouer, 1976, p.59)...., bem como na obra Retórica, em que Aristóteles afirma que as palavras da linguagem corrente comunicam somente as coisas que já sabemos; somente por meio das metáforas podemos obter algo novo (Lakoff & Johnson, 1986, p.233)....acrescentando ainda que as imagens comparativas caracterizam-se como uma forma especial de metáfora proporcional em que a comparação é explicitamente assinalada por um termo "é como..."(Ricouer, 1976, p.59)... Nesse ponto, cabe ressaltar que, ainda que as teorias sobre a metáfora de Aristóteles insiram-se dentro da visão clássica, seu elogio à capacidade desta figura poética proporcionar algo novo e visões intuitivas não se transferiu para a estrutura e dinâmica de pensamento filosófico moderno, legando mais fortemente a idéia de desvio apresentada a seguir.

Iniciada pelos sofistas gregos e continuada por Aristóteles, Cícero e Quintiliano, a retórica percorreu longa trajetória no decorrer da história até o século XIX. As concepções vigentes em todo este período representam e compreendem a metáfora como extensão do sentido literal de uma palavra por meio de um desvio, causado pela semelhança, cuja função é fundamentar o uso do sentido figurado em vez do literal, utilizável no mesmo lugar. Tal desvio consiste em atribuir a uma coisa uma palavra emprestada - na terminologia de Aristóteles, uma palavra estranha -, em vez de designá-la pela sua denominação usual.

Segundo a concepção clássica, a substituição realizada no processo metafórico não representa nenhuma inovação semântica, o que nos leva a pensar na tradução de uma metáfora, desfazendo-se a troca referida e repondo-se o sentido literal próprio. À luz de tal concepção, a metáfora não fornece novas informações sobre a realidade, assumindo função exclusivamente emotiva (Ricoeur, 1976, p.60). Com o desenvolvimento da ciência empírica como modelo para a verdade, a metáfora, bem como as figuras poéticas em geral, transformaram-se em objetos de desprezo (Lakoff & Johnson, 1986, p.233).

Um moderno tratamento semântico da metáfora, que encontra forte expressão nos trabalhos de I.A. Richards, Max Black, Monroe Berdsley, Donald Davidson, Colin Turbayne, George Lakoff e Philip Wheelwright, questiona os pressupostos da retórica clássica supra-referidos, levando a mutações essenciais na maneira de conceber tal forma de comparação. Contrariamente à idéia clássica de substituição, Black defende a teoria da interação que transcende à mera substituição de uma palavra por outra, permitindo a emergência da interação entre um sujeito e um predicado lógicos, o que desloca o foco do sentido metafórico da semântica da palavra para a semântica da sentença como um todo. De acordo com a teoria mencionada, uma metáfora nos induz a atribuir a seu sujeito um sistema de lugares-comuns, relacionados à palavra metafórica. Por exemplo, em o homem é um lobo, tende-se a transferir características ordinárias do animal referido para o homem.

Nesse sentido, a metáfora seleciona, enfatiza, suprime e organiza aspectos pertinentes ao sujeito principal, enredando representações a seu respeito que se aplicariam ao sujeito secundário (Davidson, 1992, p.48). Independente da qualidade do conteúdo cognitivo de uma metáfora, o fracasso na tentativa de reproduzi-la por meio de uma paráfrase, segundo Black, resulta da impotência desta última de informar e elucidar como o original. À luz da teoria da interação, o enunciado metafórico possui um sujeito principal e outro secundário, considerados não como coisas, mas como sistemas de coisas. Segundo Black, a metáfora propicia deslocamentos nos significados de certas palavras pertencentes a mesma família ou sistema da expressão metafórica, não havendo nenhuma razão simples, geral e abrangente que, explicando tais deslocamentos, determine o sucesso ou fracasso da metáfora.

Sobrepondo os pontos do senso comum dos conceitos subjacentes às concepções defendidas para a metáfora, Donald Davidson afirma que o produtor de uma metáfora não diz nada além do que literalmente diz a sentença utilizada, que possui, dentro do contexto, apenas seu significado literal. Nesse ponto, cabe ressaltar que as idéias de sentido literal e metafórico apresentam certa instabilidade inerente. Assumindo que muitas palavras possuem significados imprecisos fixados pelo contexto em que se inserem, Verbrugge e McCarrell, por exemplo, defendem a inexistência de uma demarcação clara entre as utilizações literal e metafórica das palavras. Para Davidson, o autor de uma metáfora não intenciona transmitir nenhum conteúdo cognitivo ou, num sentido mais amplo, nenhuma mensagem que precisa ser entendida pelo interlocutor para que a metáfora seja compreendida. No dizer do filósofo norte-americano, o conceito de metáfora, como, primariamente, um veículo para transmitir idéias, mesmo se inusitadas, parece-me tão errado quanto a idéia matriz de que a metáfora tenha um significado especial (Davidson, 1992, p.36). Alojar esse significado na metáfora é como explicar porque uma pílula faz uma pessoa dormir dizendo que ela possui poder soporífero (Davidson, 1992, p.37).

Possuindo capacidade de produzir significados ilimitadamente, metáforas e analogias exigiriam paráfrases infinitas, o que dissoa com domiciliar um significado em tais formas de comparação nômades. Ressaltando a inexistência de um procedimento padrão para a criação de metáforas, Davidson aponta não somente para a dificuldade ou mesmo impossibilidade de parafrasear a metáfora, mas para a inexistência de um conteúdo cognitivo por detrás de tal forma de comparação que, portanto, não apresenta nada a ser parafraseado. Mesmo que evitemos a prolixidade e explicitação quase sempre inerentes às paráfrases literais, o seu fracasso persiste quando atentamos para a perda do insight que a metáfora original fornecia, limitando-nos à interpretações fixas e preestabelecidas.

Afirmar que metáforas e analogias possuem poder de inspirar insights, contrariamente à linguagem comum em seu uso ordinário ainda classifica tais formas lingüísticas dentro de uma mesma categoria, no sentido de ambas transmitirem ou descreverem verdades e falsidades a respeito do mundo. À luz da concepção clássica de metáfora, desencadeia-se a busca de um sentido metafórico ou uma implicação tácita em uma sentença quando lhe atribuímos primeiramente, sob uma ótica lógico-formal, valor falso. Tais reflexões revelam a presença hereditária da hierarquia da competência lógico-formal na leitura e explicação de fenômenos pertinentes à distintas áreas do saber.

Essas idéias ainda subjazem às tentativas de explicar o funcionamento das palavras na metáfora com o intuito de postular significados metafóricos ou figurativos ou mesmo tipos especiais de verdade poética ou metafórica. Tais idéias não explicam a metáfora, a metáfora as explica (Davidson, 1992, p.36). Segundo Davidson, não é possível apresentar uma teoria de significado ou verdade metafórica que explique o funcionamento da metáfora. Acreditar na hipótese de que a metáfora transporta uma mensagem codificável equivaleria a crer que uma piada ou um sonho podem ser reproduzidos em prosa. Povoando sua dinâmica com outros intermediários, uma metáfora assim como uma piada ou um sonho leva-nos a considerar aspectos não codificáveis simplesmente como representação ou expressão de algum fato explícito. O esforço criativo intimado pela compreensão de uma metáfora corrobora a impossibilidade de estabelecer regras ou instruções para a criação e avaliação dessa maneira de associação de idéias, bem como para a "determinação" do seu "significado".

Do ponto de vista epistemológico, as concepções subjacentes a essas tentativas de ler a metáfora com lentes quase que exclusivamente lógico-formais não se encontram muito distantes daquelas que apoiam as idéias de desvio concernentes à retórica clássica. Equivalendo a introduzir um novo termo em nosso vocabulário, a atribuição de funções e significados fixos às palavras que compõem uma metáfora, resulta em seu assassinato (Davidson, 1992, p.38). A instabilidade na interpretação apresenta-se como característica essencial desta forma de comparação. Contribuindo para que vacilemos na leitura de uma metáfora, a oscilação entre um significado original e outros novos que algumas de suas partes apresenta, mostra-se fortemente responsável pela natureza viva da metáfora, bem como por seu poder seminal. Defendendo que a força da metáfora reside exatamente em nossa incerteza ao balançarmos entre seus possíveis significados, Davidson afirma, por exemplo, que a emergência do efeito metafórico em Cristo é um cronômetro e ocorre quando lemos a palavra cronômetro simultaneamente em seu sentido ordinário e em algum outro sentido.

Cabe ressaltar que o caráter vivo de metáforas e analogias não depende somente das figuras em si, mas fortemente da capacidade de associação do interlocutor. Dependendo de sua competência analógica inata, adquirida ou aprimorada, tal personagem pode gerar um complexo rizoma a partir de uma simples comparação, como reciprocamente, não conseguir entretecer muitos terrenos diante de uma metáfora inerentemente rica. A questão do aprimoramento da competência analógica referido dependerá justamente de um meio regido por critérios que valorizem tal forma de comparação, por exemplo, em escolas que funcionem apoiadas em concepções educacionais com significativos valores analógicos. Gerando dúvidas e conflitos, enunciações analógicas e metafóricas intimam o interlocutor, na tentativa de dar-lhes sentido, a utilizar outros recursos diferentes do lógico-formal, revelando o poder de movimentação de tais figuras.

Atentando para o erro fundamental, segundo o autor, de que uma metáfora possui, além do seu significado literal, um outro sentido ou significado, Davidson reveste as críticas supracitadas apontando principalmente para o poder que esta forma de comparação possui de chamar atenção para a semelhança entre duas ou mais coisas (Black, 1992, p.187), o que ressoa fortemente com as qualidades das metáforas e das analogias ressaltadas pelo presente trabalho. A aceitação de algo como metáfora conduz-nos e convida-nos respectivamente a buscar características comuns - relações ou transformações -, bem como a estabelecer comparações, o que ressalta portanto a qualidade estrutural nas metáforas. Por exemplo, nas metáforas o carro é como um animal ou troncos de árvores são canudinhos para folhas, e ramos sedentos chamam atenção respectivamente para sistemas de relações comuns tais como consumo de energia, respiração, movimento auto-induzido e transformações como a sucção de um fluido através de um tubo cilíndrico orientado verticalmente de uma fonte de um líquido para um determinado destino (Davison, 1992, p.47).

Metáforas e analogias assumem uma nova dimensão quando analisadas à luz do objetivismo e do subjetivismo. Em linhas gerais, associa-se ao objetivismo a ciência, a verdade, a racionalidade, a precisão, a justiça, a imparcialidade; enquanto que o subjetivismo posiciona-se próximo à emoção, à intuição, à imaginação, à humanidade, à arte e à verdade mais elevada (Lakoff & Johnson, 1986, p.232). O objetivismo assumiu um papel significativamente mais importante na cultura ocidental, impregnando-se nos âmbitos científico, jurídico, político, econômico, comercial etc. Hobbes, por exemplo, considera absurdo a utilização de metáforas e outras figuras retóricas em vez das palavras próprias, pois suas características emocionais levam a erros irreparáveis.

À luz do objetivista, não se pode levar a sério o mito e a metáfora, pois não são objetivamente verdadeiros. Ainda sob essa ótica, considerando que os significados subjacentes às metáforas não se apresentam claros e precisos, tais formas poéticas de comparação devem ser evitadas e substituídas por fala ou escrita objetiva que se ajustem à realidade de maneira mais óbvia. Segundo Lakoff e Johnson, o medo da metáfora traduz-se em um medo do subjetivismo, um medo da emoção e da imaginação. Enquanto o objetivismo despreza a natureza metafórica dos sistemas conceituais humanos que, utilizando a imaginação, lêem e compreendem algumas coisas em termos de outras; o subjetivismo esquece-se do fato de que a compreensão metafórica também supõe implicações metafóricas que não deixam de ser uma forma imaginativa da racionalidade (Lakoff & Johnson, 1986, p.237).

O entretecimento das tendências supramencionadas propiciado pelas tentativas de excluir a metáfora dos processos objetivistas, categorizando-as como exclusivamente subjetivista revela a impossibilidade de dissociar completamente tais tendências. Abarcando o objetivismo e o subjetivismo, Lakoff e Johnson propõem uma terceira alternativa denominada síntese experimentalista que, negando a exclusividade de qualquer das tendências referidas, atribui à metáfora um papel integrador. Apresentando-se como um dos instrumentos mais importantes na compreensão parcial daquilo que não se pode entender globalmente, a metáfora une razão e imaginação. Sob a nova ótica racionalmente imaginativa, a metáfora re-une razão e emoção, ciência e arte, precisão e incerteza, razão e intuição, racionalidade e humanidade, materialidade e espiritualidade, razão e imaginação, e outros pares distintos outrora significados separadamente como pertinentes exclusivamente ao objetivismo ou ao subjetivismo. A racionalidade é imaginativa por natureza.

Nesse ponto, vale introduzir algumas idéias referentes à concepção de metáfora defendida por Paul Ricouer, que releva a imaginação e sentimento em tal dinâmica lingüística não como substitutos de seu conteúdo informativo, mas como complementares na intenção cognitiva metafórica. Afirmando que a teoria do desvio falha na tentativa de estabelecer uma razão para a nova congruência, o filósofo francês considera que a metáfora procura principalmente articular qualidades do que denominar. Defendendo as idéias de impossibilidade de tradução de metáforas genuínas e de que uma metáfora não é um ornamento de discurso concernentes à retórica clássica, Ricouer afirma que uma metáfora diz-nos algo novo acerca da realidade.

Propiciando inovações semânticas numa sentença metafórica, uma nova pertinência estabelece congruência de tal maneira que o enunciado faça um novo sentido como um todo. Segundo o filósofo francês, a arte de criação de metáforas apresenta-se como uma atividade artesanal no campo lingüístico na qual um enunciado inconsistente, sob uma ótica literal, assume caráter significativo segundo uma nova interpretação denominada metafórica. O colapso do sentido literal ou choque semântico resulta na transcendência dos valores lexicais usuais ou comuns de nossas palavras gerando o significado metafórico. No dizer de Ricouer, a metáfora não é um enigma, mas a solução do enigma (Ricouer, 1992, p.148).

Ricouer transcende à concepção de Black de tensão metafórica entre um sujeito e um predicado ao afirmar que a assimilação predicativa - aspecto produtivo do insight na metáfora - associa-se a uma tensão interpretativa criada, na verdade, entre congruência e incongruência semânticas, estreitamente relacionada à produção de insight da semelhança na percepção do conflito entre incompatibilidade anterior e a nova incompatibilidade, propiciando ainda uma tensão entre a visão usual e aquela que ela sugere. O enigma inerente à metáfora refere-se à maneira como, a partir da tensão referida, a representação ocorre na assimilação predicativa, surgindo repentinamente algo que nos faz perceber a nova conexão. Sustentando a vida de uma metáfora, tal tensão ocorre entre duas ou mais interpretações do enunciado em questão que, traduzindo-se ainda na interação de semelhança e dissemelhança, expressa a discórdia entre categorizações anteriores da realidade e outras emergentes de nascer. No dizer de Ricouer, a metáfora é um idílio com um novo parceiro que resiste ao mesmo tempo que se entrega (Ricouer, 1976, p.68). Discorrendo a respeito de linguagem poética, Jakobson afirmou que a poesia não apaga a referência, mas torna-a ambígua, alternando profundamente a dinâmica com que tais ambigüidades funcionam.

Referindo-se à realidade por meio de uma estratégia complexa envolvendo suspensão da referência comumente associada à linguagem descritiva, a linguagem poética não diz menos a respeito da realidade do que qualquer outra utilização da linguagem, possibilitando contrariamente a abertura para um maior leque de interpretações. A metáfora não existe em si, mas numa e por uma interpretação (Ricouer, 1976, p.62). Na dinâmica com que os significados dançam numa enunciação poética, a reconfiguração de ambigüidades proveniente de novas metáforas, provoca novas incompatibilidades semânticas e das ruínas do sentidos literais associados surgem uma nova congruência ou pertinência semântica. Da mesma maneira que se renuncia ao sentido literal para fins de permitir a emergência do sentido figurado, o abandono da referência literal mostra-se imprescindível na redescrição da realidade pela função heurística.

Segundo Ricouer, essa dinâmica de autodestruição e de transformação resultante, dentre outros aspectos, de uma interpretação metafórica à letra impõe uma espécie de torção às palavras que, dando significado à enunciação, permite desvendar distintos sentidos metafóricos, nos quais uma interpretação literal tornar-se-ia absurda. Tal capacidade de geração de novas conexões na rede de significados mostra-se representativa da natureza viva inerente à metáfora. Uma metáfora intima a criação de outra, estabelecendo metáforas vivas com poder para evocar toda a rede, propiciando infinitas mensagens dependendo da competência metafórica do interconector. Na concepção de Ricouer, metáforas mortas, tais como pé da cadeira, pé da montanha etc, não são mais metáforas, pois, não possuindo o caráter inventivo, deixam de propiciar discordâncias geradoras de sentidos mais amplos

Propiciando a fusão de sentido e som, bem como um fluir de imagens expostas pelo sentido, a linguagem poética funde sentido e sentidos, gerando uma espécie de reverberação, no dizer de Bachelard, na qual o sentido verbal gera imagens que rejuvenescem e restabelecem os traços da experiência sensorial (Ricouer, 1992, p.152). Tais reflexões revelam-nos a capacidade da metáfora de explorar os limites entre o verbal e o não verbal. Segundo Ricouer, as imagens provocadas e controladas pela esquematização resultante de uma metáfora, bem como a própria esquematização nascem exatamente nessa fronteira entre uma semântica de enunciados metafóricos e uma psicologia da imaginação (Ricouer, 1992, p.152).

Na dinâmica metafórica, a imaginação participa fortemente no estágio no qual a busca implícita de parentesco entre os termos em questão não alcançou ainda uma certa estabilidade, um nível de paz e trégua conceitual, mas permanece presa à luta entre distância e proximidade, entre distanciamento e vizinhança. A metáfora permite uma visualização do procedimento genérico através do qual produzimos conceitos. A produção de imagens possibilita a esquematização da assimilação predicativa, no sentido de que no desencadeamento de imagens o discurso propicia modificações na distância lógica, gerando novas proximidades e afastamentos. Expondo relações de uma maneira figurativa, a criação ou formação de imagens ou a imaginação estabelece um ambiente no qual, ou por meio do qual as similaridades mostram-se mais claras (Ricouer, 1992, p.151).

Um aspecto relevante nas idéias de Ricouer refere-se à comparação entre a linguagem descritiva e a linguagem poética. Posicionando tais linguagens em pólos opostos, o filósofo francês ressalta as idéias de Jakobson que situa a primeira em um contexto exterior e a linguagem poética dirigida para si mesmo. O discurso metafórico traz o interlocutor para o sujeito, o que ressoa com as palavras de Roland Barthes quando afirma que a linguagem pode ser dita para cerebrar mais a si próprio do que cerebrar o mundo (Ricouer, 1992, p.154). Conduzindo-nos a um plano intrapessoal, as metáforas tornam-se instrumentos para transmutar o conhecimento objetivo em autoconhecimento.

Ricouer afirma que a metáfora - invenção livre da linguagem - possui o poder de trazer à luz alguns aspectos concernentes aos símbolos - vinculados ao cosmos - que possuem afinidade com a linguagem. Representando seu poder de integrar distintas categorias tais como razão e emoção, cognição e afeto etc, a capacidade das metáforas e analogias de conectar a linguagem com os símbolos concede a tais figuras o poder de revelar no universo sagrado a lei das correspondências que nos permitem associar a união entre o homem e a mulher ao macrocosmo e o microcosmo; o solo arável ao órgão feminino; a fecundidade da terra ao ventre materno; o sol aos nossos olhos, o sêmen à semente, o nascimento ao retorno da primavera, etc (Ricouer, 1976, p.74).

Por meio de metáforas e analogias, o princípio das correspondências revela a tríplice aliança entre o corpo, as casas e o cosmos, através de uma simpatia recíproca entre as pilastras de um templo e nossas colunas vertebrais, ainda presente na comparação entre um telhado e um crânio, entre a respiração e o vento etc. Tais reflexões ressoam com Jorge Luís Borges, quando se refere à metáfora como uma simpatia secreta entre conceitos (Machado, 1995).

Metáforas e analogias apresentam-se portanto como instrumentos que permitem revelar parte do sagrado, dizendo aquilo que nos símbolos pede para vir à linguagem, responsável pela apreensão da espuma na superfície da vida (Ricouer, 1976, p.75). A metáfora possui o poder de traduzir para a linguagem a semântica implícita do símbolo em uma tensão inerente ao enunciado metafórico, dentro do qual se deposita, reciprocamente, o pode simbólico.

Nesse ponto, cabe atentar a participação da cognição e afeto no processo metafórico. Segundo o positivismo lógico, a concepção de sentido explícito e implícito traduzia-se, respectivamente, nas idéias de linguagem cognitiva e emotiva, por sua vez transposta para denotação e conotação. Assim como analogias e metáforas possuem o poder de trazer o símbolo à linguagem, tais figuras podem reunir domínios separados por relações cognitivas e emocionais. Segundo Ricouer, a apreensão instantânea da nova congruência no processo metafórico é sentida como ainda é vista, o que significa que estamos incluídos no processo como sujeitos conscientes (Ricouer, 1992, p.157). No dizer do filósofo francês:

Sentir, no sentido emocional da palavra, é tornar nosso o que foi colocado à distância pelo pensamento em sua fase de objetivação

Ricouer, 1992

Tais reflexões corroboram a relevância da participação da competência intrapessoal nesse processo, bem como o fato da enunciação metafórica apontar principalmente para o interior. Concebendo a existência de uma analogia estrutural entre os componentes cognitivos, imaginativos e emocionais em uma dinâmica metafórica completa, os estudos de Ricouer sugerem que a solidez e totalidade dessa metáfora associa-se diretamente à qualidade estrutural da analogia mencionada.

O presente trabalho atenta especialmente para o papel da semelhança na dinâmica de utilização de metáforas e analogias. Para fins de enredamento de significados, vale endossar o poder das analogias e metáforas de estabelecerem semelhanças, aproximando significados outrora distantes. No dizer de Aristóteles, o dom de elaborar boas metáforas depende da capacidade de ponderar sobre semelhanças, de ter insights para similaridades. Se essa dinâmica possuir caráter causal, talvez caberia nesse ponto levantar a pergunta: de que depende tais aptidões? Dentre distintas características, Ricoeur considera que a busca de semelhanças na dinâmica metafórica requer o momento pictórico ou icônico (Ricouer, 1992, p.146). Indissociado dos aspectos supra-referidos, acrescentaria ainda nesse ponto a relevância do sentimento.

Discorrendo a respeito do papel da semelhança na expressão metafórica, Ricouer ressalta nesse caso o surgimento de um parentesco não perceptível pela visão ordinária, que se aproxima do que Gilbert Ryle chamou erro de categoria (Ricouer, 1976, p.63). Tal "erro", proveniente do aparente mal-entendido resultante de coisas que a princípio não se ajustam, propicia o surgimento de novas relações de sentido entre termos que sistemas de classificação anteriores ignoravam. Ricouer exemplifica essa idéia ao falar da metáfora de Shakespeare do tempo como um pedinte, em que, associando tempo e pedinte, conjugam-se repentinamente duas classes anteriormente distantes resolvendo o enigma inicial.

Como já mencionado, dependendo de uma semântica da sentença, a produção de sentido numa enunciação metafórica decorre do enunciado como um todo. Nesse ponto, as atenções voltam-se para a compreensão de como a semelhança atua nessa produção de significados, o que requer a consideração do momento pictórico ou icônico na dinâmica metafórica como catalisadores na similaridade. A semelhança consiste precisamente numa transição de uma incongruência literal para uma congruência metafórica entre dois ou mais terrenos distintos, como se uma mudança de distância entre significados ocorresse na rede ou como se desvendássemos um atalho que unisse significados outrora distantes no espaço do saber.

A nova pertinência ou congruência referente a um enunciado metafórico significativo decorre de uma espécie de aproximação semântica conquistada repentinamente entre termos distantes, sob uma ótica literal. Segundo Ricouer, a similaridade consiste nessa aproximação que revela um parentesco entre idéias heterogêneas estreitamente relacionada ao que Aristóteles chamou epiphora da metáfora, ou seja, a transferência de significado corresponde a essa mudança ou alteração da distância lógica, aproximando conceitos interpretados como distantes (Ricouer, 1992, p.148). Nesse sentido, assimilar consiste em tornar semelhantes ou aproximar significados que o enunciado metafórico reúne e evoca - assimilação predicativa -, o que Ricoeur atribui responsabilidade à imaginação.

Segundo o filósofo francês, a compreensão da construção metafórica exige uma aptidão intelectual, que W.Bedell Standford chama metaforicamente de visão estereoscópica, ou seja, a capacidade de enredar dois pontos de vista diferentes ao mesmo tempo (Ricouer, 1992, p.155). A maioria de autoridades em metáforas e analogias considera que o desenvolvimento da aptidão para compreender metáforas resulta num processo longo, que exige diversas habilidades, emergindo bem mais tarde que a compreensão da linguagem literal. No dizer de Davidson, a metáfora não afirma explicitamente uma semelhança, mas se a aceitamos como metáfora, somos levados a buscar características comuns (Davidson, 1992, p.43).

Pode-se observar que ao percorrermos um pouco da trajetória do pensamento metafórico e analógico no decorrer da história desde a retórica clássica até idéias de pensadores tais como Black, Davidson, Lakoff e Ricouer, podemos observar como as concepções subjacentes a tais idéias acompanham relativamente a estrutura/dinâmica de pensamento concernentes às diferentes culturas e épocas analisadas. A passagem desde a idéia dos retóricos gregos de desvio nas palavras à concepção interativa de Black que, tomando uma semântica da sentença, ressalta tensões entre sujeito e predicado, passando para uma concepção mais ampla em Ricouer, que enfatiza uma tensão gerada pelo conflito agora de interpretações, em Davidson, combatendo uma leitura descritiva das metáforas olhadas como veículos para transmitir idéias, bem como em Lakoff & Johnson, que valorizam a importância da metáfora na integração e transcendência do objetivismo com o subjetivismo, propiciou um breve panorama de algumas idéias a respeito das dinâmicas epistemológicas subjacentes ao pensamento analógico e metafórico, abordados neste trabalho principalmente por envolverem fortemente semelhanças e similaridades.

As metáforas e analogias como unificadoras de razão e imaginação aparecem fortemente nas idéias de Lakoff & Johnson e Ricouer. Impassíveis de interpretações à luz da lógica-formal, tais figuras desequilibram ainda a polaridade afetivo/cognitivo, ressoando com a síntese experimentalista proposta por Lakoff e Johnson. Tais reflexões corroboram a importância dessas formas de comparação no resgate do equilíbrio dinâmico entre o lógico e analógico, entre o cognitivo e o afetivo ressaltando a importância de sentir o conhecimento, uma das metas pretendidas por este trabalho.

Talvez sob forte influência do objetivismo que caminha paralelamente com uma supervalorização às competências intelectuais lógico-matemática e lingüística enfatizadas anteriormente, o interesse de psicólogos do desenvolvimento do passado focalizou-se principalmente no desenvolvimento da capacidade do chamado raciocínio científico e dentro do estudo da linguagem, nos aspectos mais convencionais da sintaxe e da semântica, o que concedia à metáfora e à analogia um caráter de adorno, marginal a um tratamento da mente humana (Gardner & Winner, 1992, p.132).

Distintos estudiosos das competências metafórica e analógica tais como Samuel Gluckberg, George Miller, Paul Thagard, Andrew Ortony, Robert Verbrugge, etc, procuram construir modelos que representem os processos envolvidos nas dinâmicas analógica e metafórica, identificando passos tomados, trajetórias possíveis, qualidades envolvidas com o intuito de estabelecer um modelo de fluxo de informação do que ocorre no cérebro ou na mente de uma pessoa que faz uma metáfora (Gardner & Winner, 1992, p.130). Sem deixar de relevar o grande valor que tais estudos significam para a melhor compreensão de analogias e metáforas, suas abordagens trazem consigo uma herança e condicionamento lógico-formais congruentes com o objetivismo supramencionado.

Comparada à complexa dinâmica com que metáforas e analogias ocorrem em nossas mentes como pincelamos anteriormente, tais modelos mostram-se demasiadamente simplificados, servindo apenas como referência, uma vez que isolar espaço-temporalmente as etapas mostra-se muito aquém dos mecanismos mentais utilizados pelos pensamento analógico e metafórico, em que muitas dessas etapas bem como outros processos ocorrem simultaneamente, possuindo alguns características de outros e vice-versa, sem obedecer a uma ordem temporal. A complexidade do trabalho da memória transcende a qualquer dos modelos que acabam por buscar organizações lineares, logicisando aquilo que não é lógico por natureza.

2.7 Analógico não é lógico

Discorrendo a respeito da impossibilidade de descrever uma metáfora ou ver uma transmissão nessa figura, Davidson afirma ainda que a tentativa de atribuir algum significado para tal figura cria uma espécie de nó na rede de significados, que a meu ver aproxima-se dos "nós mentais" gerados pelas tentativas de interpretar as obras de Escher à luz da lógica-dedutiva. Procurando descrever os processos metacognitivos envolvidos nas figuras em questão, os modelos para representação de metáforas e analogias descritos há pouco limitam fortemente o significado de tais figuras pois mostram-se impotentes para simular as diferentes e mais peculiares dinâmicas não lógico-formais subjacentes às metáforas e analogias.

Analogias, metáforas e alegorias favorecem a compreensão de conceitos, não porque os expliquem descritiva, como defende Davidson, e detalhadamente através de raciocínios encadeados, mas por, muitas vezes, oferecerem respostas convincentes que sugerem soluções imprecisas para o problema inicial. Em tais ocasiões, analogias funcionam como coans, propiciando argumentações e negociando circunstâncias, a princípio, de difícil compreensão, respondendo por meio de sinais ou símbolos, que não apenas deixam de descrever precisamente as situações referidas, como de fato não possuem tal meta como função.

Analogias objetivam, entre diferentes aspectos, sugerir cenários, imagens, outros tipos de linguagem não necessariamente verbais que pretendem conduzir o interlocutor a um maior estado de compreensão. Talvez, essa forma de argumentação apresente-se relativamente subvalorizada, principalmente em áreas ditas exatas, por não se enquadrar e não se mostrar possível de compreensão em óticas, onde a lógica-dedutiva mostra-se como única inferência permitida. Esse tema expressa-se silenciosamente com estilo especial na canção Metáfora, do compositor Gilberto Gil, cuja letra apresenta-se a seguir:

Metáfora
Uma lata existe para ser conter algo
mas quando o poeta diz : Lata.
pode estar querendo dizer o incontível
uma meta existe para ser um alvo
mas quando o poeta diz: Meta
pode estar querendo dizer o inatingível
por isso não se meta a exigir do poeta
que determine o conteúdo em sua lata
na lata do poeta tudo nada cabe
pois ao poeta cabe fazer
com que na lata venha a caber
o incabível
deixe a meta do poeta, não discuta
deixe a sua meta fora da disputa
meta dentro e fora
lata absoluta
seja simplesmente: Metáfora

Gilberto Gil

Podemos observar a ênfase do compositor em caracterizar a metáfora, utilizando-se da metametáfora: "por isso não se meta a exigir do poeta, que determine o conteúdo em sua lata," para sugerir que não devemos tentar explicar ou entender logicamente tal figura de linguagem. Contrariamente, a metáfora possui tom de possibilidade, o que se relaciona intimamente com os coans mencionados e de maneira mais ampla, com o pensamento oriental, mostrando-se portanto incongruente com qualquer tentativa mais precisa de descrição.

2.8 Pensamento analógico: Chave-mestra no acesso e (re)construção de significados

Neste ponto, encontramo-nos em condições de esquematizar a dinâmica com que analogias participam na (re)construção e enredamento de significados dentro da rede. Analogias desempenham relevantes papéis enquanto agentes reveladores de relações ocultas na rede de significados, determinando em muitos casos, modificações em nível cognitivo, afetivo e volitivo. Considerando que analogias e metáforas supõem distintos domínios, cada qual com seus elementos - nós - e relações - conexões, deve-se relevar, nessa dinâmica, a transferência de apenas parte dos nós e das conexões, o que nos chama a atenção, sob uma ótica cognitivista, para a observação cuidadosa das regiões envolvidas em um dado processo analógico, a fim de evitar transferências impertinentes e/ou reducionismos.

A compreensão e utilização de analogias de maneira mais efetiva deve levar em consideração apenas sua região útil, ou seja, os objetos, atributos e relações potencialmente aplicáveis a conclusões no domínio alvo, ignorando-se terrenos não transferíveis. Nesse sentido, experiência e sensibilidade aliadas a uma certa imunidade - espírito crítico - são indispensáveis para o estabelecimento de conexões no âmbito das regiões de fato válidas para o propósito em questão, dependendo, ainda, da repetição constante, da freqüência de associações por contiguidade e/ou semelhança. A imunidade mostra-se necessária porque, uma vez desenvolvida, evita a influência indiferenciada e generalizada de associações possíveis e muitas das quais inconvenientes. Tal imunidade ou espírito crítico desenvolve-se de modo mais efetivo no espaço criado pelos relacionamentos interpessoais; através da integração de diversos tipos de associação que constróem o significado de dado elemento, incluindo-se vivências que estimulam a busca de um ideal possível de ser realizado.

Sabemos que muitas associações constróem-se através de ação motora. Um exemplo interessante disso é encontrado na prática de exercícios físicos, como a aikido que recondiciona o significado da palavra queda por sua prática, vivida nesse contexto não como derrota ou fracasso e sim como possibilidade de ascensão, alterando pois, a representação que se faz de queda. A realização de trabalhos que exigem organização, como a prática culinária criteriosa; a arrumação de um quarto ou de um armário; a coordenação de um grupo coral, considerado como organismo; a tentativa de resolução de problemas de matemática, induz à organização em outras áreas que, por sua vez, organizam outras, possibilitando conexões entre terrenos aparentemente estanques.

Diz Erny (1968), referindo-se à concepção negro-africana de universo que, de Deus a um grão de areia, o universo africano é sem costura, sugerindo com isso que tudo está conectado a tudo numa imensa rede de relações, como imensa teia de aranha que, tocada em qualquer ponto, vibra integralmente. Atividades de âmbitos distintos olhadas à luz deste critério - da existência de um princípio comum a tudo e de uma íntima conexão entre partes - mostram-se relacionadas de tal modo que o trabalho sobre um aspecto particular induz, na rede, diversos outros, através de processo analógico, possibilitando recondicionamento, estruturação e expansão do pensamento, sentimento e ação volitiva relacionados à multianalogia procedente dos diversos campos que compõe o referido aspecto. Usar analogias na (re)estruturação da rede de significados e, através disso, atuar no âmbito psicológico dos mecanismos de auto-imagem, auto-conceito, auto-estima, identidade pessoal e coletiva constitui, pois, um trabalho de restruturação do pensamento, sentimento e vontade.

As reflexões anteriores fornecem-nos condições de apresentar de modo mais objetivo a maneira concebida a dinâmica de participação do pensamento analógico no enredamento e (re)construção de significados. Para isso, torna-se interessante reportarmo-nos à famosa história dos seis cegos solicitados a descrever um elefante a partir da experiência tátil, na qual cada um descreveu-o baseado na parte em que tocou: o que pegou a perna comparou-a uma árvore, o que segurou a cauda comparou-o a uma corda e assim por diante. Nesse sentido, o significado de elefante deveria ser construído, na verdade, pela reunião de todas essas associações analógicas - multianalogia - dado que na redução uma das analogias é supervalorizada.

Quando diante de um conceito, poderíamos imaginar a (re)construção e enredamento de significados de maneira análoga, encontrando-nos perceptíveis a alguns de seus atributos e cegos para outros. A (re)construção e enredamento multidirecional de um dado significado consistiria em sua revisualização a partir de diferentes pontos, em seu entretecimento com outros significados, desvendando suas associações táticas e desterritorializando-o de suas regiões mais denotativas. Podemos, agora, inserir a concepção de múltiplas inteligências na dinâmica anterior, imaginando que, no processo de (re)construção referido, os condutos re-significadores associam-se às competências intelectuais de Gardner, apresentando portanto caráter lógico-matemáticos, lingüísticos, espaciais, musicais, corporal-cinestésicos, intrapessoais, interpessoais etc. Para fins de elucidar a maneira como os cenários mencionados, bem como o pensamento analógico propiciam re-representações e re-significações de significados na rede cognitiva/afetiva, torna-se interessante apresentar as ilustrações seguintes:

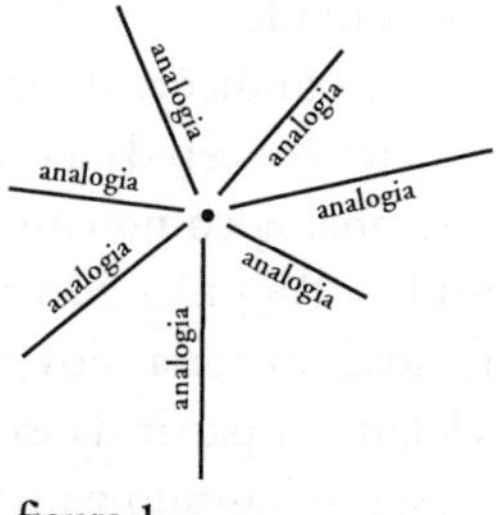

figura 1

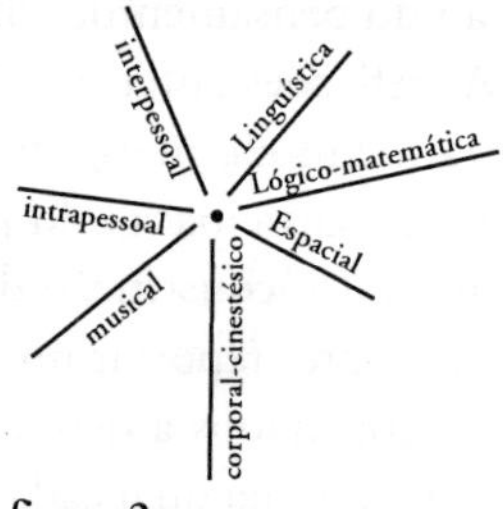

figura 2

figura 3

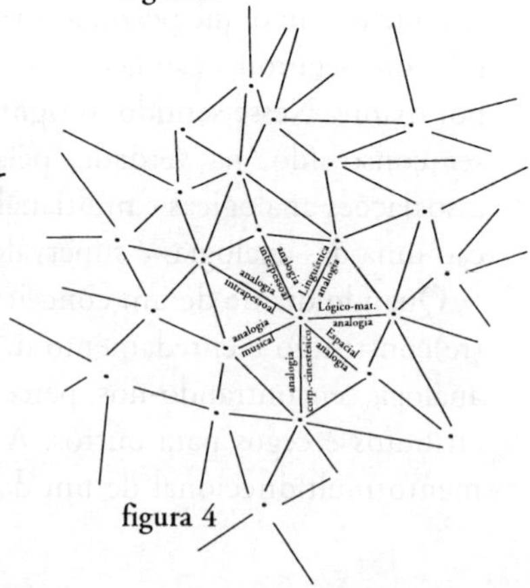

figura 4

Na figura 1, apresenta-se um nó, representativo de um significado, com aqueles condutos de seu feixe que possuem natureza analógica, enquanto que na figura 2, observa-se este mesmo nó com suas conexões lógico-matemáticas, lingüísticas, espaciais, corporal-cinestésicas, musicais, intrapessoais, interpessoais etc. Na figura 3, configura-se as situações anteriores simultaneamente, enquanto que a figura 4 insere e situa a última circunstância no contexto da rede de significados. Tal seqüência contribui com a representação da dinâmica analógica na (re)construção e enredamento de significados. A partir de tais observações, pode-se detectar essencialmente três dimensões na organização geral apresentada: a conexão, o feixe e a rede.

Cabe ressaltar que o enfoque anterior coloca, a princípio, as aptidões intelectuais a serviço da (re)construção e enredamento de significados; porém, a recíproca deste processo - a (re)construção e enredamento de significados contribuindo para o desenvolvimento do espectro de competências - ocorre naturalmente, uma vez que a utilização das capacidades intelectuais certamente intima seus desenvolvimentos. Na dinâmica de aprendizagem, torna-se relevante objetivar principalmente o conceito a ser construído ou as aptidões emergentes de aprimoramento, ou mesmo propiciar ressonância respondendo aos dois aspectos simultaneamente. Agora, encontramo-nos em condições de apresentar e ressaltar algumas dinâmicas locais e globais referentes à organização apresentada.

2.9 Analogias: via bidirecional na construção de significados

Analogias possibilitam expansão cognitivo/afetiva, uma vez que participam de sua dinâmica, conceitos ou situações familiares, em que se possui maior maturidade nas manipulações de objetos e relações, bem como domínios desconhecidos, onde se podem conjecturar relações entre elementos, conscientemente ou não, a partir de conexões conhecidas entre seus análogos em terrenos mais familiares. Nesse sentido, exploram-se territórios, outrora desconhecidos que, reciprocamente, podem retornar conjecturas em domínios, a princípio, mais familiares, assim como a terra propicia usufruto após o sacrifício da semeadura, ou o filho, que auxilia os pais, depois do empenho em sua criação. Tal lei de retorno mútuo fortalece a carga cognitivo/afetiva de ambas as áreas envolvidas, propiciando a conquista de novos territórios cognitivo/afetivos que, alcançados a princípio por meio de transferências, se organizam gradativamente segundo suas características peculiares, à medida que vão adquirindo vida própria.

Na construção de novos conceitos em ambiente de ensino/aprendizagem, apoiamo-nos, muitas vezes, em idéias mais familiares, a partir das quais, estabelecem-se distintas relações nas áreas em criação por meio de conexões já emancipadas[43] nos terrenos correspondentes aos conceitos, a princípio, mais familiares. Da mesma forma que no exemplo anterior, a exploração do novo território propicia esclarecimentos na região tida, inicialmente, como mais familiar. Tal processo de construção de significados ocorre como se criássemos novos campos regidos por novas linguagens, através das quais expressões emergem. Para isso, faz-se necessário traduzir-se, criteriosamente, no sentido de levarmo-nos em conta as peculiaridades da estrutura e dinâmica vigentes no terreno criado, o conhecimento e afeto existentes na região

43 Utiliza-se a expressão emancipar nesse contexto no sentido de que o significado em questão já adquiriu certa carga afetiva.

mais familiar para o novo campo. Tal vivência propicia o fortalecimento recíproco do terreno inicial.

Essa construção cognitivo/afetiva assemelha-se, ainda, ao encadeamento harmônico de acordes, quando dois consecutivos possuem proximidade musical, em termos dos harmônicos mencionados no capítulo I. Nesse caso, os acordes comportam-se como palavras que possuem semelhança semântica, de acordo com os sentimentos e pensamentos que expressam, estreitamente relacionados à organicidade harmônica das notas que os compõem. Significados comparam-se a países com línguas e culturas próprias, palavras semanticamente peculiares, acordes providos de características afetivas próprias e a diferentes outras situações unificadas silenciosa e organicamente por princípios comuns que permitem manifestações com distintas roupagens por meio de analogias atuantes mutuamente na transferência entre domínios familiares e desconhecidos, constituindo portanto vias bidirecionais.

Para compreender engrenagens "silenciosas" das analogias em dinâmicas de criação científica, de ensino/aprendizagem, em processos de avaliação e contrargumentação, pode-se perceber que fontes analógicas envolvem esboços bastante complexos e construções que vão muito além dos mecanismos apresentados em modelos computacionais para o pensamento analógico. Ao mesmo tempo, toda essa complexidade não invalida a utilização de analogias bastante elaboradas sem consciência de toda a estrutura cognitiva que as suportam, assim como encontram-se excelentes musicistas que desconhecem a dinâmica teórica musical ou mesmo matemática que há por traz das músicas em geral.

Tal observação levar-me-ia a corroborar a forte atuação da sensibilidade e afetividade no uso de analogias, implicitamente relacionadas a este tipo de comparação, como defendido mais adiante. As metáforas e analogias nos ajudam a visualizar idéias abstratas (Davidson, 1976; Miller, 1979 apud Duit, 1991), servindo para unir pensamento a sentimento (Gowin, 1983 apud Duit, 1991). Tais formas de comparação assumem portanto papéis indispensáveis no preenchimento da lacuna existente entre os domínios afetivo e cognitivo, especialmente em cenários educativos.

Esse processo aplica-se, ainda, na utilização de conhecimentos relacionados a determinadas aptidões para desvendar e desenvolver novos conhecimentos associados a outras capacidades. Nessa dinâmica, muitas transferências a princípio auxiliam significativamente a migração de um cenário para outro, porém torna-se posteriormente emergente e imprescindível desprender-se criteriosamente de certas estruturas intimamente relacionadas ou peculiares às competências-fonte que se modificam dinamicamente - para mergulhar inteiramente nos universos-alvo.

Poder-se-ia afirmar agora que analogias mostram-se como facas de dois gumes. A impossibilidade de transferência total de elementos e relações entre domínios numa dinâmica analógica resulta em certa incerteza concernente à existência de esquemas de mesma natureza subjacentes a situações físicas povoadas por propriedades semelhantes. Uma determinada relação no domínio análogo não possui necessariamente correspondente na fonte, levando-nos a reflexões estruturais quando da recorrência à analogias no âmbito didático/pedagógico.

Na tentativa de resolução de problemas, pode-se temporariamente utilizar-se comparações mais simples, ciente de que estas podem carregar distintos conceitos não-válidos para o domínio em questão. Por outro lado, tal analogia simplificada pode servir de germe para o entendimento do problema considerado, como, por exemplo, a tentativa de entender a luz como tendo natureza ondulatória ou corpuscular. Nesse caso, ambos os conceitos não se apresentavam inteiramente corretos, porém contribuíram fortemente para discussões que levariam à transcendência das conjecturas reduzidas rumo à dualidade onda-corpúsculo.

O perigo concernente às analogias e metáforas ocorre quando interpretamos, por exemplo, segundo estruturas lógico-formais, situações de natureza imprecisa envolvendo cenários que não se transferem completamente e miscigenam-se de maneira não esquematizável com dinâmicas sutis e subjetivas. Ciente disso, analogias tornam-se, para pesquisadores e estudantes, ferramentas de extremo poder que não se traduzem na determinação de soluções gerais e absolutas e não perdem, no entanto, para outros mecanismos mentais de criação e resolução de problemas. Assumindo sua identidade, o pensamento analógico ganha valor diante de outros raciocínios considerados mais precisos e reconhecidos como superiores em ciência, bem como em processos de desenvolvimento cognitivo/afetivo e educacionais que manifestam exponencialmente cada vez mais características predominantemente incertas. Sob essa ótica, o raciocínio comparativo e impreciso defendido opera como agente construtor de pontes que conduzem a compreensões mais amplas de determinados fenômenos e problemas.

No dizer de Grof,

A realidade é extremamente complexa e lidar com ela na sua totalidade é absolutamente impossível. A ciência não observa e não pode observar e levar em consideração todas as variáveis envolvidas num fenômeno específico, conduzir todas as experiências possíveis e realizar todas as manipulações laboratoriais ou clínicas

Grof, 1987

Abrindo novas perspectivas, analogias podem favorecer o entendimento de conceitos abstratos por meio da similaridade com o mundo real, como por exemplo na compreensão de ondas sonoras através de ondas de água por Chrysippus por volta do século II A.C mencionada no capítulo I. Possibilitando a visualização do abstrato e gerando maior motivação, bem como interesse em pesquisadores, cientistas, estudantes e educadores, analogias propiciam apegos e desapegos incessantes, que ganham temporariamente apoios espacialmente restritos e posteriormente esquecidos em situações mais familiares, para atingir suas metas e então diversificar. Sob essa ótica, desenvolver o uso de analogias na conquista do saber compara-se a *trilhar um caminho sobre pedras pouco submersas na travessia de um rio que, não deixando um rastro muito claro, nos permite atingir metas a princípio inalcansáveis.*

2.10 A perseverança no desvendar analógico

Muitas vezes, um aluno ou um pesquisador dedica-se a certos problemas intensamente por muito tempo, resolvendo-os através de uma dica analógica ou diante de um sinal ocorrido em uma circunstância superficialmente diversa daquela onde se encontrava a questão inicial. O comentário acima ressoa com a cérebre frase de Einstein:

Penso 99 vezes e nada vejo, paro e tudo descubro.

Einstein

Parece-me que Einstein utiliza a expressão "parar" no sentido de mudar de ambiente, cessando a insistência naquele fato específico. A avidez de resolução do problema causada pelas diversas tentativas de busca de solução possibilita a magnetização gerada pela área dentro da qual este se encontra, atraindo e convidando qualquer aceno a ser observado à luz de princípios, objetos e relações pertencentes a seu universo. Assim, em tais circunstâncias, qualquer sinal proveniente de terrenos possível e aparentemente mais distantes torna-se agora suficiente para desencadear a resolução do problema inicial, de forma semelhante ao aluno que, procurando resolver insistentemente uma questão, torna-se muito mais suscetível a qualquer sinal que a favoreça ou a encaminhe.

Simultaneamente, esta dinâmica de transferências propicia o nascimento e morte de distintas questões pertinentes aos diversos âmbitos enlaçados no decorrer das trajetórias trilhadas pela rede. Tais âmbitos podem vir a buscar outros sinais e acenarem ao mesmo tempo para novos e antigos problemas, favorecendo assim o amadurecimento multidirecional da inteligência e sentimento.

Esse processo mostra-se análogo a um transmissor que envia sinais em todas as direções captando-os, somente, aqueles receptores sintonizados com a onda inicial, assim como um sonho pode fornecer sinais passíveis de interpretação em muitos campos, mas rapidamente captado por aquele bem sintonizado. Outra analogia que me parece colaborar no convencimento do acima exposto refere-se ao corpo, que melhora sua capacidade e sensibilidade para a assimilação de alimentos na medida em que se sujeita a maior intensidade de exercícios físicos ou mesmo após permanecer em jejum durante um tempo considerável.

Partindo desses pressupostos, arriscar-me-ia a afirmar que os sinais estão aí e o que precisamos desenvolver é a sensibilidade para captar seus significados, utilizando-os no desenvolvimento, expansão e evolução multidirecional de nossas personalidades. Essa dinâmica sugere que, a íntima convicção em exercícios e tentativas insistentes de resolução de questões em um determinado âmbito por diversos caminhos e formas, incluindo distintos recursos da ecologia cognitiva/afetiva de Lévy, favorece a sensibilidade e apreensão de sinais provenientes de áreas aparentemente mais diversas.

2.11 Analogias, arquétipos e sincronicidade: inconsciente e inteligência coletivos

O funcionamento das metáforas em um nível que as aproxima dos símbolos faz-nos conceber o que Philip Wheelwright chamou constituição hierárquica original , apresentada em suas obras sobre metáforas. Tal constituição apresentaria diferentes esferas de inserção de metáforas, tais como frases isoladas ou subjacentes a um dado poema, frases dominantes de um poeta, comunidades lingüísticas particulares, comunidades científicas, determinadas culturas, etc, estendendo-se a vastas dimensões culturais tais como o cristianismo, etc (Ricouer, 1976, p.76). Segundo essa ótica, o grau de profundidade de uma metáfora determina seu alcance e força em termos de ressonância propiciada na rede de significados e imaginário individual e coletivo[44]. Wheelwright chamou de arquétipos certas

44 A expressão Imaginário Coletivo é utilizada no contexto da tese como uma extensão da idéia de Inteligência Coletiva, de Lévy, no âmbito da imaginação.

metáforas que impregnam a ponto de assombrar o discurso humano, possuindo certa semelhança com a idéia de arquétipos de Black (Black, 1968, p.236).

Os arquétipos aproximam-se de princípios representativos de ordens primitivas metafóricas ocultas reanimadas por simbolismos originários extraídos de experiências humanas fundamentais que, possuindo caráter cósmico, parecem situar-se nos níveis mais imutáveis da existência humana. Tal concepção de caráter epistemológico apresenta simpatia secreta com a idéia de arquétipo desenvolvida pela teoria psicanalítica de Jung (Jung, 1964, p.67). O psicólogo suíço define os arquétipos como princípios ancestrais e simbólicos que, manifestando-se por meio de imagens nos mitos e lendas pertencentes ao fundo comum da humanidade, constituem, em cada indivíduo, ao lado de seu inconsciente, o Inconsciente Coletivo manifestado em sonhos, delírios e em algumas expressões artísticas (Japiassú & Marcondes, 1996, p.17). Aproximando-se arquetipicamente da idéia de Inconsciente Coletivo da Psicologia Profunda de Jung, a concepção de Inteligência Coletiva de Lévy torna-se agora palco para que os arquétipos epistemológicos de Wheelwright manifestem-se em distintos cenários de fundo comum da inteligência humana.

Vejamos agora como as idéias de arquétipos, analogias e Inteligência Coletiva entretecem-se. Os raciocínios utilizados na dinâmica de ensino/aprendizagem e desenvolvimento da ciência vão muito além da analogia. Existem distintos processos subjacentes à resolução de problemas, às descobertas científicas, ao desenvolvimento, avaliação e exposição de teorias, bem como diversos esquemas cognitivo/afetivos em vários períodos do desenvolvimento humano. Não saberia dizer se existe uma teoria para criação ou para a lógica da criação. Poderia, sim, apostar na relevância do papel do pensamento analógico no processo cognitivo/afetivo da coletividade.

O que faz dois cientistas desconhecidos descobrirem um mesmo fenômeno em diferentes lugares? Ou mesmo ciências diferentes passarem por situações semelhantes em períodos análogos? Uma mudança de estrutura no pensamento científico polariza sincronicamente a ciência, arte e filosofia plasmando-as de acordo com aquela nova dinâmica de pensamento. É justamente nesse processo que analogias cumprem papéis extremamente importantes, pois as mudanças em determinadas áreas propiciam ocultamente pontes analógicas que possibilitam novos caminhos, conjecturas, ações em terrenos aparentemente distintos, numa dinâmica de rede. Assim como Wheelwright classificou as metáforas em níveis de profundidade, poderíamos pensar em distintas gradações para a sincronicidade. De natureza essencialmente analógica e acausal, tal fenômeno manifestar-se-ia desde formas bastante concretas tais como a descoberta simultânea do avião ou a invenção do cálculo por Newton e Leibnitz até paralelos mais ocultos tais como a manifestação musical do logaritmo na idéia de Temperamento[45], mais desenvolvida no capítulo III.

Portanto, o pensamento analógico mostra-se precioso na conexão da rede cognitivo/afetiva solidária, favorecendo a recuperação de um princípio relativamente comum a todas as manifestações da natureza. O que, no passado, era a queda da maçã ou mesmo interações locais que inspiravam descobertas científicas, agora são os meios anteriores mais uma série de recursos propiciados pela informática e distintos

---

45 Vamos assumir nessa leitura a nomenclatura Temperamento com letra maiúscula equivalente a temperamento igual.

outros adventos contemporâneos habitantes da atual ecologia cognitivo/afetiva, no sentido de Lévy estendido. Modernos periféricos cognitivos possibilitam a emergência de esquemas mentais outrora inimagináveis, assim como novos instrumentos, pertencendo à Inteligência Coletiva da música, reconfiguram, num certo sentido, a ecologia cognitivo/afetiva do compositor. Tais modificações propiciam a manifestação, em níveis mais básicos, de elos, invisíveis, por exemplo, sem o advento da informática, por meio dos quais pensamos de maneira mais complexa.

Por exemplo, o software CABRI para geometria permite-nos pensar alguns problemas nesta área da matemática outrora inoperacionalizáveis sem um bagagem considerável neste campo, e sem os pré-requisitos tradicionais para sua resolução. Tal recurso mostra-se representativo da idéia de rede, pois agora, podemos começar a construção da casa pelo teto, transcendendo à concepção de conhecimento como construção por tijolos mencionada anteriormente. Sob este ponto de vista, as tecnologias da inteligência vêm revelar e acelerar o que já era efetivamente o processo de desenvolvimento da ciência, na medida em que neste tempo de espírito da informática (Lévy, 1993), as descobertas, processos e tendências simultâneas, outrora ocultas, já possuem mais recursos de conexão, fortalecendo a raiz comum de todas as manifestações da natureza e gerando, portanto, mais possibilidades de evolução que se dá, agora, cada vez mais de forma claramente solidária.

Esse discurso, juntamente com a reflexão de Einstein apresentada anteriormente, corroboram a teoria de Jung a respeito dos sonhos, porém não somente dos sonhos, mas dos símbolos em geral, atuantes em dinâmicas sincrônicas que sinalizam e sugerem respostas para nossos conflitos conectando, servindo de fator integrante entre o inconsciente e o consciente, entre objetos significativos e a psique humana (Jung, 1964). Jung considera, inclusive, que muitas das grandes descobertas científicas e composições musicais, e de maneira geral, manifestações científicas e artísticas tidas como genialidade, nada mais são que a emergência personificada de esquemas do inconsciente coletivo. Tais reflexões possuem estreita relação com analogias que emergem a partir de paralelos entre estímulos objetivos e criações psíquicas apoiados sobre esquemas comuns.

2.12 Configuração de Gestalts na rede

O recurso analógico é utilizado freqüentemente no processo heurístico e a afetividade mostra-se um fator relevante no sucesso da analogia, mais especificamente na busca de um análogo, uma vez que o sentimento encontra-se intimamente relacionado com a experiência passada e sensibilidade. Utilizando a metáfora da aprendizagem como crescimento de uma árvore, pode-se pensar o uso de analogias no ensino como um processo em que se vai colocando estacas na planta e retirando-as à medida em que a árvore firma-se no chão, ou seja, à medida em que o conceito vai se formando.

Num processo que envolve o pensamento analógico, o trabalho mental não se limita a recuperar um análogo como um todo já preparado para ser utilizado no outro. A memória pode ser chamada para compilar um complexo de informações que não estavam conectados a priori, sendo uma quantidade de informação recuperada não somente de um análogo, mas de vários que se integram para aplicarem-se ao problema em questão e também a outros.

Muitas vezes transferem-se aspectos aparentemente não relacionados, que depois conectam-se constituindo a analogia. Gauss, a propósito de teorema que não conseguia resolver durante vários anos, escreveu:

Finalmente, há dois anos, consegui resolvê-lo, por obra dos meus esforços dolorosos e pela graça de Deus. Como uma centelha súbita de iluminação, o enigma resolveu-se. Eu mesmo não sei dizer qual foi o fio condutor que conectou o que eu sabia precedentemente com o que tornou o meu êxito possível

Gauss apud Mecacci 1987

Mecacci explica tal acontecimento da seguinte forma:

Colocam-se, diante do pensamento, inúmeros fragmentos aparentemente sem conexão entre si, como eram para Gauss, os elementos de seu Teorema. Depois, vê-se repentinamente a solução, os elementos se ligam entre si, recompõem-se numa unidade, numa estrutura organizada que, precedentemente, era literalmente invisível.

Mecacci, 1987

Tal processo pode ser simulado analogicamente e contraído no tempo ao experimentar a observação do negativo de uma foto. A princípio, a figura referida pode parecer apenas pontos pretos tornando-se repentinamente um todo, o que possui estreita similaridade com o conceito de multianalogia apresentado por Duit (Duit,1991), quando se associam os pontos pretos a informações provenientes de analogias. Nesse processo, ocorrem transferências de partes de vários análogos para um determinado alvo que, organizadas muitas vezes através de um insight, possibilitam maior compreensão da situação em foco. Aqui, as transferências podem ser comparadas aos pontos do desenho, organização ou insight no momento em que o observador deixa de ver apenas um agrupamento de pontos, para enxergar um grupo de pontos compondo um todo de forma semelhante ao instante em que percebemos uma figura quando observamos, por exemplo, o olho mágico.

Para fins de elucidar tal explanação, pode-se verificar as dinâmicas referidas observando a figura abaixo. Em tal experiência análoga, observa-se a fotografia de James utilizada por Meccaci (Meccaci,1987), em que pontos aparentemente não articulados subitamente organizam-se de modo a constituir uma gestalt. Representando transferências analógicas associadas a experiências específicas, os pontos pretos da figura abaixo compõem uma gestalt e adquirem um sentido organizado quando se percebe na figura global um cachorro.

Quando Newton, por exemplo, observou a queda da maçã, assistiu a um fato que já fora assistido um sem número de vezes. O que para muitos observadores não passara de um conjunto de dados, diante de seus olhos articulou-se como informação mais significativa, favorecendo um conhecimento e dinamizando uma proposta de leitura da realidade, uma tecnologia da inteligência que atravessaria séculos.

Na rede de significados, tal dinâmica poderia ainda comparar-se a construções de significados em que se utilizam metáforas e analogias propiciadoras da transferência de elementos para aquele significado, de forma análoga à foto. A partir dessa simples metáfora, podemos reconhecer o influente papel de analogias na (re)construção de significados no sentido de integrar e inseminar vida em conceitos. Tais comentários sugerem preocupações principalmente estruturais concernentes à atuação direta e subliminar de analogias no âmbito didático/pedagógico, estreitamente associada a esquemas comuns em distintos conceitos.

Trazendo a dinâmica anterior para o âmbito heurístico, pode-se afirmar que analogias "gatilham" - na acepção apresentada anteriormente - o despertar e afloramento da criação. Do ponto de vista didático/pedagógico, o problema torna-se: como despertar, no âmbito escolar, esse cenário oculto e sinalizador? Tal ambiente silencioso conecta-se, nesse processo, ao consciente através de estímulos analógicos gerados por impressões simbólicas assimiladas por distintos canais da percepção, desencadeando a emergência criativa. Retomemos, por exemplo, a analogia utilizada por Newton quando da finalização do Principia para ajustar o movimento dos planetas a sua teoria de gravitação. Ele comparou o planeta a pedras atiradas da Terra com velocidades cada vez maiores, apresentando um diagrama para mostrar como a trajetória do projétil aproximava-se daquela de um objeto em órbita ao redor da Terra, à medida que a velocidade de lançamento aumentava. Pode-se interpretar que a observação, pelo cientista inglês, do projétil, "gatilhou" o desvendar da criação de uma justificativa científica mais ampla para movimento de planetas, de maneira semelhante à conquista da teoria ondulatória-copuscular para a luz a partir de concepções mais reduzidas.

Como no Strange Loop (Hofstadter, 1979, p.13), utilizamo-nos até agora de analogias para corroborar o poderoso papel do pensamento analógico na construção multidirecional de significados. No âmbito didático/pedagógico, as próprias analogias citadas sugerem indiretamente a necessidade de exercício habitual e constante das diversas competências da inteligência. Tal prática torna-nos aptos a reconhecer e utilizar significados mais amplos nos infinitos elementos, relações, conceitos e esquemas em geral impregnados de sinais que transitam e subjazem à dinâmica de ensino/aprendizagem, atingindo-nos através dos mais diversos canais e colaborando conscientemente ou não para a (re)construção e enredamento de significados. Nessa dinâmica, faz-se importante agir de maneira a lançar elementos portadores de símbolos que propiciem o despertar e afloramento da criação cognitiva/afetiva. Uma palavra, uma imagem ou ação sugere, particularmente para cada pessoa, uma diversidade de novas palavras, imagens e ações, bem como outros aspectos que construirão o significado daquele elemento inicial influenciando subsilentio a conduta daquela pessoa no que concerne a conceitos cujo simbolismo, sob seu ponto de vista, possua similaridades, semelhanças, analogias com o primeiro elemento.

Nesse ponto, o docente assume papel essencial no que tange à dinâmica afetivo/cognitiva subjacente ao grupo. A fim de adquirir condições de propiciar a emergência de dúvidas e soluções coletivas, o professor pode agora estabelecer analogias perturbadoras de significados que ocultam esquemas pertinentes a tais problemas grupais. Partindo do pressuposto que a dinâmica de ensino/aprendizagem reconstrói, num certo sentido, o processo coletivo referido anteriormente, o professor conscientemente catalisa, porém com interação, o afloramento do inconsciente coletivo que agora nasce sincronicamente em diversos ramos de uma mesma raiz através de distintos alunos. Assim, tornam-se importantes estudos de até que ponto a construção da estrutura e dinâmica de pensamento, personalidade e a determinação da conduta de uma pessoa influenciam-se direta ou subliminarmente pela forma de negociação e argumentação didáticas e, mais amplamente, pela concepção regente na dinâmica de ensino/aprendizagem, o que lança luzes sobre questões educacionais concernentes ao âmbito epistemológico.

A leitura de Ricouer reflete a inseparabilidade entre cognição e afeto, recheados pela imaginação, pois no dizer do filósofo francês, é na busca da semelhança que o momento pictórico ou icônico está implicado (Ricouer, 1992, p.146). As estruturas/dinâmicas subjacentes ao desenvolvimento do conhecimento e à inteligência desenvolvem-se -, a meu ver, estreitamente próximas àquelas que sustentam o afeto e o sentimento. A construção de significados dá-se através das várias competências da inteligência. Cabe aqui ressaltar que o próprio conceito de conhecimento e inteligência aqui defendidos desprendem-se respectivamente da concepção cartesiana e de medida para incluir, em suas acepções, o afeto e o sentimento, segundo a concepção de Ricouer comentada anteriormente. A vivência educativa indica que o enredamento e a construção de conhecimento catalisa-se significativamente vinculada ao afeto subjacente à dinâmica de ensino/aprendizagem, bem como o sentimento envolvido na apreensão do significado em questão, fatores estes que interagem entre si e relacionam-se, ainda, bidirecionalmente com a capacidade analógica, na medida em que esta última favorece e é favorecida mutuamente pelos primeiros. A relação do pensamento analógico com o afeto ocorre na medida em que o primeiro associa-se a proporção, semelhança, sintonia, simpatia, empatia, a sentir a dor do outro, a colocar-se no lugar do outro, fatores estes de estreita relação com o afeto.

Tais reflexões corroboram a relevância de um processo educacional que aponte para o resgate e desenvolvimento da capacidade analógica. Sistemas profissionais e de educação excessivamente especializados com organizações departamentais e desprovidos de um princípio articulador, divisões escolares em disciplinas tratadas como terrenos estanques, a distância entre a educação familiar e escolar, costumes familiares em que a palavra perde seu valor e potência originais em favor do poder monetário impregnam o inconsciente individual e coletivo de simbolismos determinantes de organizações de cognição e afeto responsáveis tacitamente pelo hábito de pensar e agir quase que exclusivamente à luz de concepções separatistas e lógico-formais. Contribuem ainda para o fortalecimento da dinâmica anterior hábitos de pensamento que supervalorizam o raciocínio dedutivo, encadeado, linear e diretivo endossados provavelmente pela concepção cartesiana de busca do ideal, preciso, certo, absoluto e racional.

Tal postura compromete seriamente não somente aquelas competências intelectuais em que sensações possuem papéis mais relevantes, mas num âmbito mais amplo, a afetividade, fator imprescindível em processos de desenvolvimento cognitivo eficazes. De modo mais direto, os aspectos supracitados podem comprometer ou mesmo atrofiar a capacidade de enlaçar campos diversos, fator essencial ao resgate de cenários e estabelecimento de relações entre seus elementos na organização do pensamento analógico. O desenvolvimento desse raciocínio estabelece silenciosamente esquemas mentais que favorecem a observação gradativamente mais sincrônica de significados em distintos âmbitos a partir de um terreno particular, dinâmica essa que ressoa naturalmente em condutas mais amplas e de caráter mais simultâneo. Neste sentido, analogias tornamse agentes que, utilizando da busca de princípios comuns em formas e dinâmicas aparentemente distintas, ocultam e permeiam a construção e entretecimento dos diferentes e semelhantes significados que enredam nossa existência ,colaborando, numa dimensão mais abrangente, para a integridade da personalidade humana.

2.13 Analogia: unificação sem perda de identidade

Neste contexto, fazem-se necessários processos educativos que não somente promovam certa diversidade intelectual, estimulando originalmente as distintas competências providas de estrutura/dinâmica de pensamento e de sentimento subjacentes peculiares, mas um sistema educacional articulador destas capacidades. Digo originalmente no sentido de ter por meta a construção e desenvolvimento de cada aptidão apoiada em concepções próprias, evitando transferências indevidas e camuflagens. O processo para conquistar tal marco vale-se inevitavelmente de analogias que propiciam, por certo tempo, configurações distorcidas ou reduzidas da dinâmica subjacente a cada capacidade; porém, deve-se permitir que significados parcialmente conquistados manifestem vida própria, o que os ajusta espontaneamente ao campo dentro do qual se inserem.

Por exemplo, o estudo de modos musicais pela percepção auditiva do clima estabelecido por tais modos aproxima mais os conceitos referidos do terreno musical do que tal prática pelo conhecimento dos intervalos formadores dos modos. Estudar música à luz de configurações lógico-matemáticas não representa mudança de concepção no processo educativo, mas apenas modificação momentânea da roupagem vestida pelo ensino. No entanto, uma vez efetivada a estratégia anterior, a estratégia criticada não se apresenta completamente inválida, no caso, como uma primeira incursão no campo musical. Nesse exemplo, a partir do mergulho inicial na área referida, torna-se efetivo oferecer subsídios que permitam a caracterização dos conceitos apreendidos com roupagem própria. Ainda com relação à matemática e a música, bem como às distintas outras aptidões intelectuais, comprova-se uma tática menos determinativa ao apresentar-se os campos referidos, sem forçar construções de conceitos em uma área a partir da outra e vice-versa, o que possui caráter próximo da atmosfera subjacente aos coans já mencionados.

Tal procedimento torna-se menos descritivo e possibilita a descoberta de maior gama de correspondências entre os terrenos referidos, permitindo que elementos de natureza acausal, sincrônica, interfiram na leitura dos fatos. Essa idéia possui estreita relação com a imprecisão dos idiomas chinês e árabe antigos que não possuíam o verbo ser. Tal verbo possui caráter essencialmente descritivo, limitando, precisando e purificando excessivamente os significados e impedindo ainda a manifestação do acaso, ao determinar e fechar autoritariamente o alcance dos significados. Expressando-se com maior folga, as línguas referidas lançam possibilidades e permitem associações propiciadas pela simultaneidade de um estado psíquico com acontecimentos que aparecem como paralelos significativos, impossibilitados de percepção em línguas de caráter essencialmente determinístico. As respostas provenientes da ação da natureza através da linguagem de um interlocutor assumem espectros mais variados e maior plenitude na medida em que tal linguagem estabelece menos condições determinísticas.

Assumindo dimensões extraordinariamente superiores, a apreensão da totalidade ocorre com intensidade muito maior nas condições defendidas anteriormente. Comparando ainda características das línguas orientais mencionadas com a estrutura/dinâmica subjacente às concepções cientificas ocidentais, cabe ressaltar que estas últimas estabelecem questões bem definidas, considerando indesejável qualquer interferência perturbadora do sistema ou problema em questão. Sob tal ótica, os experimentos realizam-se em laboratórios, obrigando a natureza a fornecer respostas inequívocas (Jung, 1984, p.28).

Tais observações não impossibilitam o estabelecimento de posturas afetivo/cognitivas que permitam buscar estruturas comuns em distintas competências, o que seria, a princípio, incompatível com a de interligação entre as capacidades sustentada anteriormente e fortemente presente no substrato deste trabalho. Elas implicariam justamente no, também defendido, respeito à esfera até a qual, e de forma relativa, a articulação torna-se possível, preservando a identidade de cada competência sem perder de vista seus princípios e esquemas comuns subjacentes. Nesse sentido, a implementação didático/pedagógica desse quadro implicaria em uma série de preocupações, algumas das quais discutiremos mais tarde.

2.14 Analogia: a semelhança favorece a assimilação

Dadas as considerações anteriores, permitir aos olhos diversos espaços, no sentido de propiciar terrenos férteis às distintas competências do aluno, mostra-se necessário. Porém, se numa proposta de tal natureza, subestima-se o reconhecimento e aplicação de cada aptidão pela sua característica particular simultaneamente à subjacência de um princípio que as articula, a situação tornar-se ainda pior, podendo, por exemplo, causar uma espécie de "congestão mental", propiciada pelo excesso de informação de diversas áreas desprovido de semelhança. Neste caso, a etimologia comum das palavras assimilação e semelhança mostra-se bastante sugestiva.

Podemos, ainda, relacionar a assimilação cognitivo/afetiva à audição. Se, ouvimos, por exemplo, uma cantata de Bach, cada instrumento ressoa em diferentes espaços psicofísicos, dependendo, dentre diferentes aspectos, da organização das notas emitidas e do timbre. No caso, há diferentes instrumentos realizando melodias independentes que constróem simultaneamente um todo. Mesmo que não consigamos ouvir cada linha melódica separadamente, sentimos, muitas vezes, certa vitalidade e elevação de espírito, propiciada, sob uma ótica tonal, pela articulação orgânica entre as partes tributárias de regras apoiadas na série harmônica. Tal unidiversidade possui estreita relação com a maneira concebida para a atuação das distintas competências da inteligência na dinâmica de ensino/aprendizagem. Sem abrir mão de seus timbre e melodia próprios assim como os instrumentos, cada aptidão intelectual articula-se às demais pelo auxílio do pensamento analógico, responsável pela organização de uma sinfonia cognitivo/afetiva, que faz jus à uma das origens etimológicas da palavra inteligência.

Por outro lado, uma composição desprovida de algum tipo de organização pode causar insatisfação, assim como no processo alimentar certas combinações causam indigestão, ou mesmo, na construção cognitivo/afetiva, o excesso de informação pode levar ao desinteresse. Dependendo, porém, do grau de atividade auditiva, assimila-se, ainda com eficácia, músicas compostas em cima de modelos atonais, onde não há compromisso forte com a série harmônica. A analogia estabelecida estende-se para os campos da alimentação e cognição, em que dependendo da condição fisiológico/afetiva/mental, a diversidade não balanceada de alimentos torna-se ainda assimilável, assim como a variedade de informação torna-se também aproveitável, mesmo quando desarticulada. Nestes casos, compatibiliza-se aquilo que não se apresentava originalmente compatível. Partindo do pressuposto de que significados apresentam-se a nós das mais diversas formas possíveis, um processo educativo eficaz deve almejar alcançar tal "alquimia cognitivo/afetiva", bem como ensinar a desvendar sutilezas de significados, encobertas por representações baseadas em estrutura/dinâmica de pensamento limitadas. Assim, o reconhecimento de semelhanças na diversidade favorece consideravelmente o processo de apreensão, utilizando-se a memória com função principalmente estrutural no sentido de preocupar-se apenas com os esquemas, cada qual associado a diversos significados.

Outro fator, que sustenta preocupações com o desenvolvimento ou resgate do pensamento analógico e costume de busca de um princípio comum, refere-se ao desenvolvimento da capacidade de atuar como protagonista na conquista do conhecimento. Nesse sentido, adquirindo a capacidade de permitir espontaneamente o afloramento de esquemas analógicos na mente, uma pessoa torna-se capaz de re-conhecer aprendizados anteriores e semeá-los criteriosamente em outros terrenos.

Adquirindo maior habilidade de auto-geração de conflitos cognitivo/afetivos, tal pessoa permite agora transferências analógicas mais espontâneas, confrontando conceitos apreendidos anteriormente, bem como outras transferências resultantes das reconfigurações propiciadas pelas primeiras transferências na rede de significados. Tais confrontos exigem revisão de conceitos tidos por assimilados, bem como a consolidação de distintas vias, propiciando construções e enredamentos de significados mais amplos, e num sentido mais abrangente, de estruturas e dinâmicas de pensamento enriquecidas.

Vejo certa semelhança desta dinâmica com a letra da composição Aquele Abraço de Gilberto Gil, quando diz:

Meu caminho pelo mundo eu mesmo traço,
A Bahia já meu deu régua e compasso

Gilberto Gil, 1969

Traçando caminhos no mundo do saber, a régua e o compasso - no sentido geral de instrumentos e não de instrumentos limitados - podem representar o pensamento analógico na criação de conhecimento e afeto.

2.15 Analogias propiciando meta-analogias e reverberação na rede

A construção de significados ocorre explícita e implicitamente pelo bombardeio constante de signos através de múltiplos canais, simultânea e paralelamente. Além disso, a tentativa de conjecturar hipóteses em uma determinada área através do relacionamento de distintos terrenos, torna a analogia importante na medida em que muitas vezes, esse processo comparativo possibilita sugerir uma luz inicial no sentido de, localmente, prever, corroborar, esclarecer e sustentar hipóteses e teses em um campo a partir de outro e vice-versa, estabelecendo-se uma dinâmica bilateral.

No processo analógico, a assimilação de conceitos de uma determinada área reverbera naturalmente na apreensão e muitas vezes no esclarecimento e compreensão de problemas exaustivamente investigados em outros âmbitos e que, com a resolução daquelas questões aparentemente diversas, produz-se um elemento propiciador da peça que faltava no quebra-cabeça representativo do problema inicial. Hester refere-se à linguagem poética como algo que,fundindo sentido e sentidos, propicia o que Bachelard chamou reverberação, fenômeno associado à geração de imagens a partir do significado verbal que rejuvenescem e restabelecem os traços da experiência sensorial (Ricouer, 1992, p.152). Cabe aqui ressaltar ainda distintas dinâmicas referentes a um determinado significado que prenunciam a formação de diferentes significados a princípio distantes, mas que possuem a mesma natureza ou que se mostram como uma espécie de "limite" dos primeiros, estabelecendo "seqüências de significados" convergentes a um "significado limite".

A rede de significados reconfigura-se constantemente, propiciando renovações constantes dos feixes correspondentes a cada nó. Diante de novas leituras de conceitos estabelecidos, outrora, a partir de outros ângulos cognitivos, resignificam-se distintos nós causando redisposições gerais no espaço referido. Nessa dinâmica, a analogia participa fortemente perturbando feixes mais diretamente relacionados aos cenários envolvidos por ela. Tal perturbação se propaga ao longo da rede podendo ecoar em regiões aparentemente mais improváveis e distantes, dependendo, entre outras coisas, da semelhança estrutural e dinâmica de esquemas subjacentes aos significados que povoam as regiões envolvidas. Cabe, ainda, ressaltar que mudanças em conceitos aparentemente distantes no tempo e espaço não obedecem necessariamente relações causais, assim como os esquemas referidos resultam em parte da interpretação do observador. A resignificação de nós, reconfigurando-se sobre renovados esquemas, também ocorre como emergência sincrônica desencadeada a partir de momentos em que se permite enxergar ou se passa a observar tais esquemas, de modo semelhante ao insight na gestalt mencionada.

2.16 Analogias como atalhos e distância entre significados: a manutenção de novos significados

Pensar o conhecimento como rede permite-nos conceber algumas dinâmicas pertinentes ao processo de "enredamento" de significados. Um imagem que considero relevante para tal compreensão refere-se à metáfora do pintor que ao passar uma mão de tinta na parede, deixa buracos, alguns dos quais preenchidos na segunda mão e outros nas mãos seguintes. O processo de aprendizagem e assimilação de conceitos correspondente a configurações na rede de significados aproxima-se fortemente de tal imagem, apresentando algumas diferenças, por exemplo, na instabilidade dos buracos preenchidos, que poderiam "perder a tinta", enquanto não adquirissem certa carga afetiva. Tais reflexões sugerem uma espécie de manutenção na rede, associada ao caráter afetivo das novas significações atribuídas em tal espaço, o que nos convida a considerar alguns aspectos.

A diversificação excessiva pode causar perda significativa de terrenos na rede de significados. Uma imagem bastante elucidativa dessa dinâmica é aquela do entrelaçamento de uma rede, agora de pesca, em que se precisa atar nós que presos mutuamente a outros nós, sem os quais qualquer arrasto ou rompimento de algum de seus ligamentos pode desfazer grande parte da rede. Na rede de significados, também faz-se necessária a consolidação de nós cognitivo/afetivos, cuja falta pode comprometer a estrutura e dinâmica de regiões de tal espaço, muitas vezes, contribuintes de maior efetividade no aprendizado. Como já mencionado, os fatores cognitivos oferecem, agora, lugar aos aspectos afetivos e a reorganização das estruturas escola/família e intrafamiliar mostra-se fundamental. "Apertar os nós" da rede contribui à injeção de afetividade em regiões povoadas pelos significados correspondentes e por aqueles que apresentam secreta simpatia.

A resignificação de conceitos através de canais analógicos não quer dizer que todas as regiões da rede envolvidas mostrem-se isentas de retornar a suas estruturas/dinâmicas anteriores. Nesse sentido, faz-se necessário certa manutenção da nova significação dada, por exemplo, pela experimentação cotidiana, em distintos cenários, das roupagens assumidas por aquele significado, o que num âmbito mais amplo traduz-se numa reativação constante da rede de significados. Para elucidar essa situação, pode-se pensar o espaço do conhecimento como uma floresta em que analogias trilham atalhos conectores de significados outrora afastados ou mesmo estanques. Em tal metáfora, evita-se o fechamento da trilha tomada pelo crescimento da floresta, através da manutenção de certo fluxo de uso através da passagem freqüente de pessoas. Na floresta do conhecimento, a manutenção das novas ligações significa, de maneira mais abrangente, reativações na rede pelo uso de analogias que percorrem tais ligações.

As reflexões levantadas anteriormente fazem-nos pensar, agora, em distância entre significados, diretamente associada ao Princípio de Topologia (Lévy, 1993) apresentado no capítulo II. A partir desse conceito, poderíamos imaginar o caminho mínimo para navegar de um significado a outro, ambos imersos em uma rede de significações de topologia mais variada. Tal idéia reporta-me a painéis iluminados em algumas estações de metrô de Paris, que exibem toda a rede metropolitana da capital francesa. Apertando-se um botão correspondente a estação que se deseja chegar, a tela apresenta o melhor trajeto, com todas as conexões, a partir da estação onde se encontra o painel até o destino.

Sob essa ótica, dependendo da rede, agora cognitvo/afetiva do aluno, pode-se percorrer caminhos maiores ou menores na conquista de um determinado significado. No entanto, aqui, assim como na floresta, a sensibilidade do educador permite, ainda, abrir atalhos analógicos estratégicos, por exemplo, na dinâmica de resolução de problemas. Pode-se comparar tal situação ao questionamento para uma pessoa a respeito do caminho na cidade de São Paulo necessário para atingir um ponto desejado, associando respectivamente tal pessoa e o desvendar do caminho a respectivamente o professor e a descoberta da resolução do problema.

Na comparação apresentada, a pessoa começa a explicar, e quando reconhecemos um ponto da explicação a partir do qual já sabemos atingir a meta almejada - seja por reativar a memória, seja por criar um atalho que caia num ponto conhecido, porém esquecido como pertencente ao caminho, seja por criar associações a partir dele, ou outro processo mental que estimule a heurística do problema -, o problema torna-se resolvido. Estabelecendo estacas criteriosas em distâncias que não frustem o desvendar do aluno nem facilitem excessivamente ou tolham a sua capacidade criativa, o trabalho do professor consistiria em desatolar ou mesmo catalisar a reação heurística do aluno dando-lhe dicas reanimadoras de espaços estratégicos da rede na resolução do problema em questão e propiciadoras da criação de atalhos, rememorando pontos estratégicos iluminadores de espaços já percorridos porém ainda não afetivos, na acepção de Ricouer, por não se encontrarem incorporados.

Poderíamos utilizar de outras imagens metafóricas para elucidar o conceito de rede de conhecimento/afeto, como por exemplo a de um labirinto. Nessa representação, a conquista de um conceito traduz-se em desvelar o caminho a percorrer-se a partir de algum ponto do labirinto até um outro estabelecido, correspondente ao conceito almejado. Assim, o passeio pelo labirinto geraria rotas mais familiares, que comporiam equivalentemente as ligações mais consolidadas e portanto incorporadas na rede afetiva. Contrariamente, trajetos pouco "viajados" corresponderiam a elos ainda instáveis que necessitariam manutenção mais assídua, representada pelo passeio mais freqüente, com o intuito de ganhar prática por aqueles percursos. Para que a imagem supra-referida aproxime-se mais da idéia de rede de conhecimento/afeto, torna-se necessário imaginar um labirinto dinâmico que se reconfigura constantemente. Tais reflexões fazem-nos conceber as reconfigurações na rede propiciadas causal e acausalmente por movimentos internos e externos.

A mutabilidade do conceito de distância entre significados depende diretamente das conexões que unem os significados envolvidos. Nesse sentido, analogias assumem, em parte, o controle dessa inconstância, podendo diminuir ou aumentar a distância entre significados, em determinado momento. Quando se aproximam dois significados através de uma analogia, dependendo da intensidade afetiva subjacente ao cenário em que a relação se estabelece, a fragilidade das conexões pode propiciar um redistanciamento dos significados.

2.16.1 Afetividade e espectro de competências: sentindo o conhecimento a partir da "horta" do aluno

A essa altura dos acontecimentos, poder-se-ia arriscar estender explicitamente o conceito de rede cognitiva, observando que a teia de significações possui algumas regiões mais carregadas afetivamente e outras não. A fim de tornar o aprendizado impregnante, consiste estratégia educacional efetiva, a injeção de afeto em territórios cujas ligações mostram-se, ainda, pouco consolidadas, possibilitando, àqueles envolvidos na dinâmica de ensino/aprendizagem, sentir o conhecimento. Tais reflexões sugerem pensar, agora, em teias mais amplas, com regiões mais ou menos embebidas de sentimento, o que denominaremos redes cognitivo/afetivas.

Nesse sentido, a utilização contínua e qualitativa dessas ligações consolidam condutos e incorporam novos significados, cada vez mais carregados de afeto. Numa visão mais ampla, essa dinâmica figura-se como se houvesse significados na rede com distintos graus de impregnação de afeto. Esses últimos, ao conectarem-se mais solidamente aos primeiros através de pontes estabelecidas a partir de analogias, tornam-se mais familiares, povoando e agregando-se, agora, à rede afetiva. No âmbito de ensino/aprendizagem, o desenvolvimento de familiaridade, bem como a utilização de analogias envolvendo cenários afetivos, tornam a vivência em sala de aula mais marcante e as conexões da rede, desenvolvidas na apreensão de conceitos, mais firmes. Nesse contexto, consiste estratégia eficaz para a negociação didática, o estabelecimento de analogias entre idéias que se desejam construir e conceitos mais familiares, seja pelo uso cotidiano, seja por terem sidos aprendidos em circunstâncias afetivas ou por pertencerem a terrenos promissores do aluno.

De maneira análoga, podemos, agora, arriscar estender o conceito de inteligência como espectro de múltiplas competências. Por exemplo, dependendo da maneira como se concebe essa faculdade humana, considera-se uma pessoa promissora na área de música como talentosa e não como inteligente na aptidão musical. Tal nomeação parece-me fundamentar-se em bases estéreis, talvez por considerar a capacidade musical sustentada principalmente por fatores sensoriais, desvinculados de cognição. Alguns povos orientais e africanos têm o coração por sede da inteligência, o que possui estreita relação com a expressão saber de cor, que atribui a essa faculdade caráter bem mais amplo. Considerando que as competências intelectuais consideradas por Gardner apresentam, em suas naturezas, fatores cognitivos e afetivos, mostra-se emergente a integração de talento e inteligência, sugerindo-nos figurar não apenas a inteligência, mas o sentimento como um vasto leque de competências de naturezas peculiares.

Entre as táticas de ensino, considera-se fortemente a utilização das competências promissoras como apoio para o desenvolvimento de outras em que o aluno possui mais dificuldade, estabelecendo pontes conectoras de afeto e cognição. Com isso, as aptidões outrora pouco promissoras ou adormecidas ganham terreno para deslanchar no sentido de equilibrar o espectro de competências, passando a servir de suporte para aprendizagem de conceitos em novos cenários.

2.17 Radiografando e equilibrando o espaço afetivo/cognitivo

O conhecimento das tendências promissoras e dificuldades de um aluno torna-se elemento significativo no contexto presente. Faz-se portanto relevante preocupar-se constantemente na dinâmica de ensino com o que se poderia chamar radiografia cognitivo/afetiva do aluno, ou seja, com a maneira como distribuem-se ponderadamente suas capacidades, a fim de oferecer terrenos que possibilitem ao estudante desvendar sua originalidade bem como desenvolver aquelas competências consideradas mais deficientes.

As regras para conquistar tal marco nem sempre apresentam-se de maneira clara, devendo-se levar fortemente em consideração a percepção durante o processo educacional. Nesse sentido, uma estratégia de efetivação dessa dinâmica consiste em estabelecer, com certa sensibilidade, um chaveamento[46] concernente à utilização das capacidades, ou seja, uma varredura de terrenos cognitivo/afetivos

46 A palavra chaveamento nesse contexto possui acepção próxima daquela utilizada em circuitos eletrônicos. Nesse caso, para um determinado ponto do circuito, há distintas possibilidades de conexão e portanto diversas possibilidades de posicionamento da chave, o que induz naturalmente a expressão chaveamento com o sentido de percorrer os diferentes terminais possíveis que possibilitem em algum momento a germinação e afloramento das competências correspondentes. Com relação ao pensamento analógico, a estratégia anterior significa utilizar de analogias com distintos terrenos para, observar, a partir daí, aquelas que proporcionaram mais frutos, bem como as menos eficientes.

O desenrolar de aspectos referentes a uma determinada aptidão pode desencadear ou mesmo reativar o desenvolvimento de conceitos adormecidos em campos até então considerados afastados. Esse fenômeno pode ocorrer pelo fato do exercício de distintas aptidões proporcionam reconfigurações mentais que destravam aquelas em cima das quais se pretende trabalhar diretamente. Tal processo pode, ainda, dar-se pelo fato de o estímulo inicial provocar a ativação de esquemas dinâmicos comuns àqueles que subjazem aos conceitos ecoados em habilidades aparentemente distintas. A dificuldade de conexão de determinados significados não indica necessariamente, do ponto de vista didático, a exigência de estratégias de atuação direta sobre as ligações entre tais significados, mas, muitas vezes, a exigência de fortalecimento e consolidação de condutos que os ligam a outros significados. Essa dinâmica processa-se como obstáculos na construção de pontes analógicas entre duas competências intelectuais. Tal sintoma pode indicar sinais de indispensabilidade de atrelamento mais seguro de outras competências a essas primeiras aparentemente ininfluenciáveis.

Do ponto de vista pedagógico, a participação em tal processo exige despojamentos de certos ideais cognitivos, predisposição a desmoronar estruturas de aprendizagem pré-concebidas, bem como posturas que permitam os afloramentos referidos. Além disso, a instabilidade da rede cognitivo/afetiva pelas ligações entre significados ainda não consolidadas, reflete-se na variabilidade da radiografia cognitivo/afetiva do aluno, conduzindo o professor a assumir uma percepção e uma atuação flexíveis em ambiente escolar. O docente deve situar-se de maneira a reconhecer os valores do aluno tentando entender o significado atribuído a cada um de seus conceitos, principalmente dentro do espaço de significações do aluno, o que intima o uso criterioso das aptidões intra e interpessoais do professor. Nesse sentido, o docente aproveita, em cada momento, competências mais abertas e promissoras, mantendo outras em marcha lenta, ciente da efemeridade desse quadro em função das reconfigurações cognitivo/afetivas constantes em salas de aula.

A conduta em ambiente escolar deve, ainda, objetivar a capacidade, por parte do estudante, de navegar livremente e com flexibilidade sobre a rede cognitivo/afetiva, no sentido de consolidar os mais diversos caminhos nessa teia de significações. Além disso, a transação didática precisa levar em conta a preocupação de propiciar ao aluno a articulação de suas experiências com o desenvolvimento de seu ambiente intrapessoal, de modo a tornar possível, nesse cenário, a convivência das distintas personagens vivenciadas nos ensaios educacionais. Com isso, derruba-se o muro que aparta sujeito e objeto e ciência passa a servir à consciência, não apenas evitando a construção de personalidades esquizofrênicas, mas favorecendo a formação de identidades pessoais e coletivas mais íntegras. Desta forma, adquire-se visão mais ampla de cada experiência educativa, bem como maior capacidade de aproveitar as circunstâncias mais adversas como aprendizado.

2.18 Analogias silenciosas

No dizer de Lakoff, a metáfora é um dos nossos instrumentos mais importantes para tratar de entender parcialmente o que não se pode entender em sua totalidade (Lakoff,

Johson, 1986, p.236). Para explanar melhor a idéia que se deseja transmitir nesse momento, cabe reportarmo-nos, novamente, à história dos seis cegos que são solicitados a descrever um elefante. Aquele que tocou a pata, comparou-o com uma árvore, o que pegou na cauda disse que o elefante era como uma corda, o que agarrou a tromba, associou-o a uma serpente, e assim por diante. De maneira análoga, nossa percepção sobre significados apresenta-se parcial, aberta conscientemente para certos aspectos e cegas para outros, cujos signos ainda transferem-se, porém subliminarmente.

Uma imagem elucidativa para a situação mencionada encontra-se no clássico exemplo de organização perceptual figura/fundo, em que a percepção de uma dada figura sobre um fundo alterna-se de modo que o retrato passa a ser fundo e vice-versa. Na figura a seguir, observamos anjos brancos sobre um fundo negro alternando-se com negros morcegos sobre fundo branco.

As possibilidades de percepções distintas provindas de um mesmo estímulo podem ser exemplificadas pelo caso de uma pessoa que, ao utilizar lentes invertidas, adquire uma nova imagem que tem do mundo, não existindo portanto uma linguagem neutra de observação que tenha por base unicamente as impressões fixadas pela retina. Analogamente, diante de significados, precisa-se desenvolver "lentes mentais" capazes de perceber seus sentidos tácitos.

As transferências assumem natureza consciente ou não de pessoa para pessoa. Uma analogia silenciosa não consciente para uma pessoa pode mostrar-se consciente a outra e vice-versa. Ou mesmo, transferências outrora inconscientes passam a ser conscientes. Um cientista pode não relacionar suas experiências, ou objetos de trabalho em áreas administradas essencialmente por determinadas competências da inteligência, com outros terrenos regidos por distintas aptidões e, principalmente, com o relacionamento consigo e com o outro, áreas essencialmente ligadas às competências intrapessoal e interpessoal.

Quando um professor ministra aulas, certamente exercita as competências mais diretamente relacionadas a seu conteúdo. Por exemplo, uma aula de geometria exige principalmente a utilização de capacidades espaciais e lógico-matemáticas, enquanto que uma aula de dança requer, a princípio, o uso de aptidões corporais-cinestésicas. Nessas aulas, pode-se, ainda, fazer uso mais forte e consciente de recursos relacionados diretamente a outras capacidades intelectuais. Até determinado nível, os docentes mostram-se cientes de tais observações, o que nem sempre ocorre no que concerne à presença de aptidões intrapessoais e interpessoais. Mais relacionadas com o sujeito, tais competências revelam-se, resignificam-se e recondicionam-se em cada atividade que experienciamos inclusive na prática docente. Nesse âmbito, a estrutura e dinâmica de tais competências (re)constróem, tacitamente, significados determinantes da (trans)formação não somente da identidade das distintas personagens que contracenam na dinâmica de ensino/aprendizagem, mas da identidade coletiva da turma como grupo. As características intrapessoal/interpessoais do professor construídas pelo aluno constituem num certo sentido como seu ideal de ego.

Desta forma, as aulas, assim como outras atividades similares, podem ter o sentido apenas do desenvolvimento de reflexões sobre um determinado tema. Nesse caso, seu aprimoramento consiste no desenvolvimento de recursos e técnicas mais diretamente pertencentes ao âmbito de seu conteúdo. No entanto, dar uma aula pode significar, do ponto de vista do professor, um exercício de liderança, de percepção de índoles, de autoridade, de aprimoramento do saber ouvir de maneira ativa, de desenvolvimento de sensibilidade interpessoal, de transformação de um agrupamento em grupo, no sentido de familiarizar e articular organicamente as pessoas, bem como um campo que lança dúvidas e fornece respostas para outros terrenos afetivo/cognitivos. Sob essa ótica, o conteúdo torna-se meio, e não fim, para a conquista desses marcos que se catalisam mutuamente, acelerando reciprocamente o desenvolvimento cognitivo do conteúdo da disciplina. As qualidades referidas pertencem principalmente ao domínio das competências intrapessoal/interpessoais e não somente contribuem de maneira significativa para o aproveitamento da aula, mas induzem, por analogias, transferências tácitas para tais competências, personagens importantes do cenário que compõe a identidade pessoal e coletiva. Sob esse ponto de vista, torna-se inconcebível pensar a construção, enredamento e desenrolar cognitivo insulado e imune à interferência afetiva.

3.19 Analogias construindo a identidade

Na concepção de conhecimento como rede, a região representante de cada situação mental/afetiva liga-se a outras regiões por meio de condutos de naturezas analógicas correspondentes a diversas competências. Nesse sentido, interagir com algum experimento induz estados psíquicos compatíveis, correspondentes a determinadas regiões que moldam significados e ressoam por toda a rede. Assim, trabalhar qualquer significado representado por um nó, que seja, traduz-se em lidar com tudo, inclusive com a própria identidade. Os objetos de pesquisa, bem como a maneira como estes interagem na relação sujeito/objeto refletem diretamente na construção da identidade.

Ainda sob tal ótica, aprimorar uma aula passa a ser aprimorar a si mesmo; resolver um problema matemático pode significar resolver uma cadência na composição de uma música; aprender a observar outras óticas de problemas lançados em sala de aula contribui com aprender a olhar um problema pessoal de vários ângulos; demonstrar, de trás para frente, um teorema matemático no qual a intuição aponta para onde se quer chegar induz a construção de um encadeamento de acordes em jazz a partir do último acorde, a priori, desejado. Ruindo por terra o muro que desune sujeito e objeto, bem como as fronteiras que estancam os distintos terrenos da ciência através do pensamento analógico, entrelaça-se, numa grande teia, os cenários referidos relacionando, agora, as atividades escolares e extra-escolares entre si, e principalmente, essas a si mesmo.

Nesse ponto, transforma-se a própria identidade que, além de caracterizar-se por pertença a grupos, posses materiais, cargos e títulos profissionais e científicos, posições muitas vezes apenas formais, inclui organicamente todas as experiências afetivo/cognitivas vivenciadas. Sob a ótica de rede, o próprio significado de identidade estende-se abarcando todos os nós, cuja a leitura, através de óculos intrapessoal/interpessoais, bem como a vivência destas capacidades, já possuem consolidado teor afetivo. Pensando desta forma, distintas atividades tornam-se funcionalmente extensão da identidade, na medida em que são vivenciadas em contextos impregnados de afeto.

3.19.1 Derrubando a muralha que separa inteligência e sentimento

Envolver-se e entregar-se afetivamente a atividades educativas permitem o desenvolvimento de empatia com o conhecimento, que passa a ser sentido como parte de si próprio. Nesse contexto, ganha considerável importância a preocupação em tornar familiar os cenários vividos quotidianamente representados, do ponto de vista didático, pelos ambientes de ensino/aprendizagem e o universo cognitivo. Tais perspectivas exigem o uso do pensamento analógico, que intima a participação do corpo em sua dinâmica. Pensar analogicamente é pensar com o corpo todo.

O fato de observarmos alguém sofrer um ataque físico, seja num filme ou na vida real, protegendo-nos ou mesmo sentindo certa aflição na região de nosso corpo correspondente aquela em que a pessoa inicial sofreu o golpe, exemplifica uma manifestação simples de empatia. Tal fenômeno pode, ainda, ser estendido para casos de dores menos manifestas, bem como sentimentos sincrônicos mais sutis.

Pode-se arriscar compreender tal fato fazendo-se uso da metáfora sonora do corpo vibrante que produz ressonância em diversos outros corpos simpáticos àquela freqüência de vibração. Analogamente, manifestações afetivo/cognitivas posicionadas em distintos significados da rede ecoam sobre outras manifestações pertencentes a outros significados que possuem esquemas subjacentes comuns aos primeiros, propiciando ressonância cognitivo/afetiva.

Sob a ótica de rede, pode-se, agora, interpretar o que seria empatia entre significados. Imaginando os significados como organismos, pode-se considerar tanto maior a empatia entre eles quanto maior a quantidade e qualidade, no sentido de consolidação, de associações analógicas entre as correspondentes células que compõem tais significados. De posse dessa idéia, a maior familiaridade com algum conceito significa desenvolver as associações, a partir da metáfora de significado como organismo, entre o nó representativo da identidade pessoal e o do conceito referido. Na conquista desse marco, o uso do pensamento analógico mostra-se condição sine qua non, uma vez que as associações referidas possuem, em essência, a natureza desta forma de comparação.

Nesse sentido, mostra-se importante para um pesquisador compreender nele e em outros organismos, o significado de seus experimentos. Com base na idéia anterior em contexto de rede, os nós perturbados pela vivência de tais experimentos ressoam, via correspondências orgânicas, silenciosamente em todos os outros nós, através de condutos com natureza intelectual/sentimentais diferenciadas. Com essa visão, trabalhar um experimento não provoca, somente, a agitação de elementos diretamente a ele relacionados na rede. Este aspecto consiste apenas na pequena ponta do iceberg representativo dessa dinâmica. A parte submersa e mais significativa traduz-se nas ressonâncias latentes geradas pela simpatia de esquemas estimulados quando do envolvimento com a experiência. No âmbito de ensino/aprendizagem, cabe atenção a essa última parte, por exemplo, através de estudos que manifestem de maneira mais clara os signos que passeiam silenciosamente quando se apreende um conceito.

3.19.2 Analogias e flexibilidade na rede como motivo para autoconhecimento

Discorrendo a respeito de Jakobson, Ricouer afirma que a linguagem descritiva não é a respeito de si mesma, não é orientada para seu interior, mas, sim, para seu exterior.A função poética - que vai além da mera poesia - coloca a ênfase na parte palpável dos signos, salienta a mensagem em benefício próprio e aprofunda a dicotomia fundamental entre signos e objetos (Ricouer, 1992, p.153).

Partindo do pressuposto de que processos educacionais efetivos objetivam, entre suas metas, conquistar melhores condições de enfrentamento da diversidade de situações que a vida nos proporciona, utilizando-as como motivo de evolução, o desvendar do autoconhecimento mostra-se relevante. Nesse sentido, desperta-se interesse por qualquer problema, atividade ou situação na medida em os enxergamos enredadas a nós próprios, significando portanto possibilidades de autoconhecimento e aprimoramento da identidade. À luz das concepções de Gardner, a inteligência intrapessoal refere-se àquela correspondente a capacidade de lidar com a própria rede cognitivo/afetiva. Mutatis mutandis, a aptidão interpessoal, nessa perspectiva, possui íntima relação com a competência para sentir e agir sobre o espaço de significações do outro e num certo sentido, sobre o espaço de significações coletivo. Cada experiência vivida traduz-se, tacitamente, em todas as manifestações do espectro de competências no sentido, por exemplo, de que qualquer ação possui repercussão sincrônica, com linguagens peculiares, em campos regidos por estruturas e dinâmicas correspondentes às distintas capacidades intelectuais. Adquirir maior consciência desses processos move-nos a tomar atitudes mais criteriosas, levando-se em consideração seus significados mais amplos. Tal repercussão espalha-se por distintos campos atingindo o espaço intrapessoal, de modo que agora o aperfeiçoamento de tudo que fazemos passe a significar aprimoramento pessoal e conseqüentemente, de nossas relações interpessoais e sentimento.

O aperfeiçoamento de atividades desde as mais simples reflete-se na lapidação de si próprio. Nessa ótica educativa, esculpir uma pedra é esculpir o próprio sentimento que expande-se no processo de desenvolvimento pessoal. Grande parte dessa dinâmica é possibilitada, silenciosamente, através do pensamento analógico, cujo desenvolvimento gradativo, relacionado a capacidade articuladora, propicia o desvelamento da sabedoria.

Nesse ponto, a questão passa a girar em torno de como desenvolver a capacidade analógica. Atividades de todos os gêneros do espectro acompanhadas de coordenadores com experiência e sensibilidade em diversos campos, que permitam enxergar princípios comuns a tudo, favorecem a construção e enredamento de significados mais amplos. Estes, por sua vez, podem propiciar a solução de dificuldades em outras áreas, bem como responder a dúvidas em âmbitos principalmente intrapessoal e interpessoal mais comprometidos pela exteriorização excessiva propiciada por atividades, não relacionadas a si próprio, exercidas, muitas vezes, à luz de concepções que dissociam sujeito e objeto.

Na conquista de desenvolvimento cognitivo/afetivo, estreitamente relacionado à capacidade intrapessoal, certa flexibilidade na rede de significações faz-se necessária. Tal flexibilidade permite o enfrentamento de situações cognitivas inesperadas e efêmeras, essenciais à construção efetiva da identidade. Uma imagem representativa da situação acima ocorre ao procurarmos executar cálculos em um calculadora desprovida de uma tecla. Por exemplo, consideremos uma máquina de calcular, cuja tecla de multiplicação apresenta-se com defeito. Nesse caso, como poderia ser efetuada a conta de 5x4? A prática de tais exercícios induz analogicamente ao enfrentamento de problemas mais amplos, onde a maneira outrora utilizada como solução já não se mostra mais passível de efetivação.

A partir desse exemplo, poderíamos refletir sobre situações análogas no processo educacional, em que ocorrem, muitas vezes interrupções nas trajetórias cognitivo/afetivas habitualmente percorridas para executar determinados tipos de mecanismos mentais. Em tais casos, há necessidade de desenvolver-se outros caminhos possíveis para se atingir a meta almejada inicialmente. Uma pessoa que acelera o desenvolvimento de distintas aptidões intelectuais a partir do desenrolar de sua capacidade promissora pode ver-se inapta para a efetivação de outras competências diante de impossibilidades temporárias de manifestação no âmbito de sua índole.

Num certo sentido, a utilização da capacidade mais promissora no desenvolvimento daquelas mais deficientes mostra-se como estratégia eficaz no processo educativo; porém, tal procedimento pode criar certa dependência se utilizado de maneira não criteriosa. Por exemplo, suponhamos que uma pessoa originalmente talentosa na esfera musical utiliza esta capacidade como ponto de apoio para o desenvolvimento pessoal. Nesse sentido, ela possui fortemente a música no processo para atingir determinados estados cognitivo/afetivos. Se, por alguma razão, a pessoa tornar-se deficiente temporariamente nesta área, seja por sofrer alguma lesão auditiva, vocal ou qualquer outro fator físico/afetivo/cognitivo diretamente relacionado a esta competência, qual a repercussão deste incidente sobre sua situação cognitivo/afetiva geral? Tal circunstância ainda compara-se a de um esportista - inteligente na aptidão corporal-cinestésica - que sofre, por exemplo, uma lesão muscular ou óssea. De que maneira tal episódio reflete-se em sua configuração intelectual/sentimental? Em caso de perda de determinados estados afetivo/cognitivos obtidos a partir da competência comprometida, como proceder na situação atual para atingi-los, que caminhos trilhar para conquistar pontos outrora emancipados?

Num certo sentido, as situações acima descritas assemelham-se ao problema da máquina de calcular. Há dois fatores fortemente envolvidos na circunstância anterior. A competência promissora pode servir de ponte para equilibrar o espectro, onde serviços prestados a outras competências traduzem-se em retornos realimetadores da dinâmica espectral como um todo, que passa a possuir gradativamente competências autônomas chaveadas em função da situação objetiva em questão. Por outro lado, a competência promissora pode tornar-se muleta, valor único do espectro sustentáculo de toda a estrutura cognitivo/afetiva, sem a qual a pessoa perde grande parte de suas habilidades.

Do ponto de vista educacional, onde a independência cognitivo/afetiva mostra-se como importante alvo, a primeira hipótese apresenta-se mais adequada e intima o desenvolvimento de flexibilidade na rede de significações. Essa observação não descarta a segunda hipótese do cenário didático/pedagógico, onde tal procedimento ganha valor estimado em circunstâncias extremamente estratégicas. Por exemplo, conexões de competências promissoras com aquelas mais deficientes podem servir, numa primeira etapa, como desencadeadoras de interesse em distintas áreas, onde o pensamento analógico entra em cena com participação significativa. Porém, como ideal cognitivo/afetivo, o educador deve mostrar-se ciente de conquistas mais audaciosas, adotando, criteriosamente, posturas propiciadoras da primeira hipótese, de maior abrangência.

Conduzidos por concepções de tal natureza, a perda temporária de estados na rede pode, ainda, conscientizar, de maneira mais ampla, do valor significativo de tais estados, na maioria das vezes usufruídos sem consciência de todos canais da rede que dinamizam-se paralelamente. Tal processo permite, ainda, estabelecer empatia com aqueles que não gozam de tais estados, favorecendo a compreensão e reconhecimento da configuração cognitivo/afetiva do outro, condição imprescindível na dinamização do processo educacional. Assim, empecilhos representam não mais bloqueios no processo de desenvolvimento educacional, mas tornam-se motivos para desbravamento de novas trilhas cognitivo/afetivas que propiciam conquistas mais seguras dos estados outrora reconhecidos como perdidos. Diferentemente da máquina de calcular - que não possui processo de regeneração -, o uso de outros caminhos na rede de significações possibilita o religamento de condutos, a princípio, desconectados. A perda temporária de habilidades pertinentes a determinadas competências representa-se, na rede, como caminhos interditados. Por exemplo, na impossibilidade de utilização da competência musical, que caminhos utilizar para atingir estados cognitivo/afetivos outrora propiciados por aquela aptidão?

O desenvolvimento da inteligência intrapessoal consiste justamente na capacidade de navegar, de maneira flexível, de determinados estados a outros, pelos mais distintos caminhos possíveis. Em tais expedições, percorrem-se territórios impregnados de características pertinentes a cada uma das manifestações intelectuais. Para isso, sensibilidade e experiência regem, a cada momento, a escolha de tais regiões. Qualquer reconfiguração cognitivo/afetiva resultante da morte e nascimento de conexões da rede ocasionadas por circunstâncias físico/emocional/cognitivas, implica em novas escolhas propiciadoras de novos caminhos que compõem trajetórias efetivas, e gradativamente ótimas, entre os estados almejados, de maneira análoga ao painel de metrô que apresenta, em tela, o melhor caminho, em termos de conexões, entre duas estações.

Nesse sentido, a flexibilidade na rede consiste em desenvolver múltiplas possibilidades de navegação, utilizando-se de distintos caminhos para conquistar estados almejados. Do ponto de vista pedagógico, tal capacidade assume importância vital no processo de formação do educador que necessita flexibilidade na rede e capacidade de resolver problemas de distintas formas. De posse de tais habilidades, o docente pode, a partir de diferentes configurações afetivo/cognitivas presentes na dinâmica de ensino/aprendizagem, orientar diversificada e criteriosamente, estudantes à solução de problemas. Assim, processos educacionais objetivando o enfrentamento de distintas situações a cada momento mostram-se eficazes e o pensamento analógico, inserido nas concepções de inteligência e conhecimento da maneira apresentadas no capítulo anterior, ganha valor especial no esquivar ininterrupto, intimado àquele que se destina à conquista do saber.

3.20 Reconfigurações permanentes na rede de significados

Circunstâncias físico/emocional/cognitivas, bem como transformações constantes nos meios de comunicação, propiciam reconfigurações na rede de significados individual e coletiva. Por exemplo, o computador resignifica distintas percepções, interpretações, representações, atividades, condutas. A atividade exercida por um piloto de avião reconfigura significativamente, a partir da aplicação desta tecnologia intelectual aquele campo profissional. De maneira análoga, o advento do computador proporciona modificações nos significados de outras profissões, bem como pré-requisitos necessários a suas execuções, resultando, como dito anteriormente, no enredamento de significados ou, sob uma ótica de construção por tijolos, em começarmos a construção da casa pelo teto. Nesse sentido, tal extensão cognitiva possibilita a manifestação de competências intelectuais outrora inafloráveis sem desenvolvimento de certa linguagem peculiar àquela aptidão.

Por exemplo, um compositor, na atualidade, pode expressar sua arte através do computador sem necessariamente desenvolver, a priori, percepção e conhecimento da linguagem musical, seja pela própria audição ou por meio de instrumentos. Desta forma, este pesquisador pode desenvolver os fundamentos de teoria e prática musicais, a partir do estímulo propiciado pelas investigações mais complexas nessa área. A situação assemelha-se a um primeiro dia de aula de música em que o professor propõe ao aluno compor uma música. Essa oferta torna a aula muito mais estimulante, mesmo que a participação do professor em tal tarefa mostre-se bastante significativa. A proposta de composição de uma música dinamiza o processo de aprendizagem do aluno que, a partir de um desafio intelectual mais significativo, motiva-se à busca dos fundamentos subjacentes à provocação cognitiva inicial. Outro exemplo que evidencia resignificações no aprendizado revela-se ao utilizar-se o software Cabri para geometria, no qual se torna possível manipular com situações bastante elaboradas nessa área, sem o uso de axiomas e postulados básicos da geometria. Tal oportunidade estimula o estudante leigo na área, que passa a buscar fundamentos da teoria a partir da experiência com situações complexas.

Através de softwares adequados, pode-se germinar e tornar manifestas aptidões adormecidas que exigiriam processos mais demorados para emergirem. A partir de então, estimulado por resultados obtidos, o aprendiz interessa-se por aspectos mais básicos que sustentam as conquistas adquiridas. Do ponto de vista epistemológico, tais softwares permitem desenvolver assuntos complexos sem necessariamente começar a partir de alicerces básicos, o que corrobora a concepção de rede de significados que vai de encontro à de construção de conhecimento por tijolos. Assim, o computador propicia re-significações consideráveis que aproximam significados outrora praticamente inacessíveis.

Além disso, o computador permite executar determinadas tarefas sem a posse de todas as competências necessárias a sua operacionalização, fenômeno que ocorre, por exemplo, em computação gráfica. Além disso, este acessório cognitivo obsoleta aparelhos simuláveis por ele tais como a máquina de escrever, etc, e amplia consideravelmente a autonomia daquele que se utiliza de seus recursos, significando, nesse sentido, modificações na identidade de seus usuários e, num âmbito mais amplo, na identidade coletiva.

Os comentários anteriores possibilitam reconfigurações na rede de significados que ocorrem como redisposições de um caleidoscópio - no que concerne à emersão estética não cumulativa de suas modificações pictóricas e não à aleatoriedade de tal dispositivo - ou mesmo reorganizações mentais a cada jogada de xadrez.

3.21 Construção multidirecional de significados

A fim de esclarecer a dinâmica de construção multidirecional de significados, valeria reportarmo-nos ao provérbio africano "cada qual vê o meio-dia da porta de sua casa". Nesse caso, os observadores constróem o significado do meio-dia a partir da ótica sob a qual o enxergam. De maneira análoga, poderíamos conceber o processo de construção de significados como aquele em que, numa primeira etapa, observamos a partir de determinados pontos de vista. Quando passamos a avistá-los por outras portas, tais significados ou, pelo menos, a maneira como os figuramos, sofrem reconfigurações que propiciam ampliação de seus alcances e percepções.

A dinâmica anterior compara-se, ainda, a ouvir uma cantata de Bach, em que novas audições propiciam diferen-tes percepções reveladoras da organicidade e integridade da obra. Do ponto de vista do ouvinte, a sensibilização para pequenas diferenças possibilita reconfigurações no significado, para si da música, que amplia gradativamente seu alcance, gerando maior ressonância. Assim como a audição consciente somente do solo de uma cantata fornece alguma resposta, a representação parcial de significados possui certa utilidade; porém, o fortalecimento diversificado dos condutos aos quais estes se conectam concede aos significados características de indicadores, por paralelismo, de tendências correspondentes a outros significados ligados mais diretamente ou não à psique humana.

Nesse sentido, distintos pontos de vista moldam significados de diferentes maneiras que, num processo dinâmico, lubrificam a mente e favorecem certa flexibilidade cognitiva. Tal exercício treina a mente a enxergar ativamente significados a partir de estruturas prévias também diversificadas. Essa prática assemelha-se à audição ativa de uma cantata, em que necessita-se preparar e buscar intencionalmente espaços na audição para distinguirmos cada linha melódica, ou mesmo no olho mágico, onde a estrutura a partir da qual se observa a figura determina a percepção do desenho subjacente. Assim, mostra-se estratégia educacional efetiva procurar desenvolver no estudante óticas lógico-matemáticas, musicais, lingüísticas, intrapessoais, interpessoais, corporal-cinestésicas, espaciais e outras. Do ponto de vista do professor, tornam-se necessárias meta-óticas capazes de identificar à luz de que estruturas os alunos enxergam determinado conceito, a fim de, a partir da maneira como tais alunos figuram os significados em questão, ampliar seus campos de atuação, através do pensamento analógico.

Tais reflexões conduzem-nos a imaginar significados como poliedros de múltiplas faces. À luz da concepção apresentada, entre os distintos canais que constituem os significados, existem aqueles que se poderia dizer possuir natureza principalmente lógico-matemática, lingüística, musical, corporal-cinestésica, espacial, intrapessoal, interpessoal, etc. Ainda nessa ótica, diante de cada significado, pode-se esforçar-se para olhá-lo, representá-lo, interpretá-lo sob a ótica estabelecida por cada uma das competências anteriores. Reciprocamente, pensando agora do ponto de vista educacional, pode-se trabalhar intencionalmente as personagens assumidas por aquele significado em cada um dos cenários definidos pelas aptidões mencionadas, com o intuito de construí-lo de maneira íntegra, e num âmbito mais amplo, objetivando um equilíbrio do espectro intelectual.

Fazendo uso, em sua organização, das próprias concepções defendidas em seu discurso, o presente capítulo estabeleceu a princípio um breve histórico das idéias subjacentes aos conceitos de conhecimento, inteligência e pensamento analógico. As concepções consideradas facilitaram ainda a representação de características sutis inerentes ao pensamento analógico; a justificativa para a importância da afetividade nas dinâmicas didático/epistemológicas, bem como para a existência de processos ocultos concernentes a significações que envolvem silenciosamente tal maneira de associação de idéias e contribuem com a construção multidirecional de significados, e de modo geral ancoram explicações de aspectos de difícil explicitação sem respaldo de uma estrutura organizada.

As reflexões desenvolvidas no capítulo II têm o intuito de apresentar uma ótica ampla propiciada pelo pensamento analógico e à luz da qual não somente as disciplinas escolares e as áreas científico/artísticas, mas os distintos terrenos e aptidões intelectuais envolvidos na conquista do saber encontram-se entretecidos de maneira orgânica. Pretende-se estudar no capítulo III assuntos e relações mais diretamente vinculados às aptidões matemáticas e musicais apresentados no capítulo I, agora à luz de toda a organização exposta no presente capítulo. O capítulo III objetivará ainda defender a indissociabilidade entre ciência/arte e epistemologia no sentido em que Capra fala de ciência epistêmica (Capra 1992). Encontrando-se sujeito e objeto integrados, conceitos e o conhecimento em geral - inicialmente colocados a distância pelo pensamento em sua fase de objetivação no sentido de Ricouer - emancipam-se desterritorializando-se de seus "ditos" terrenos para assumir caráter de significados nômades, tornando-se motivo de aprendizado individual e coletivo em distintas áreas do saber atreladas às diversas aptidões intelectuais.

3

Da matemática à música: um passeio numérico/sonoro à luz da organização teórica apresentada

A música é um exercício de aritmética secreta e aquele que a ela se consagra ignora que manipula números.

Leibniz (1646-1716)

Tomando o conteúdo do capítulo I como matéria-prima, pretende-se agora ressaltar mudanças perceptivas decorrentes das concepções defendidas no capítulo anterior. A fim de elucidar reconfigurações mental/afetivas decorrentes da adoção de tais dinâmicas prévias e considerando, ainda, os elementos discutidos até o momento, ganha relevância a releitura do capítulo I. Tal releitura leva-nos naturalmente a uma reorganização do capítulo referido de modo que os conceitos e circunstâncias ali apresentados agora não se conectam mais somente por fatores cronológicos, mas principalmente por afinidade semântica, o que se procura operacionalizar com as oficinas de matemática/música a serem discutidas no próximo capítulo. Dentre as novas percepções apresentadas decorrentes da estrutura teórica desenvolvida no capítulo II, o presente capítulo enfatiza as resignificações sobre os conceitos de Temperamento e Série Harmônica, bem como significados diretamente associados.

3 Da matemática à música: um passeio numérico/sonoro à luz da organização teórica apresentada

A organização teórica exibida no capítulo anterior não modifica o conjunto de informações apresentado no capítulo I, mas oferece subsídios para enxergar a estrutura organizacional silenciosa que sustenta a dinâmica mais ampla à luz da qual os processos afetivos e de conhecimento navegam. Tal estrutura possibilita, pelo menos em nível inconsciente, um olhar mais maduro para outros terrenos, de maneira similar, agora num plano consciente, à leitura de um texto em que alguém já nos falou a respeito ou em que já temos certa familiaridade com o assunto que aborda, ou mesmo a situações em que, ao entrar num ambiente aparentemente desconhecido, reconhecemos certa familiaridade como se já tivéssemos estado ali antes.

As concepções defendidas nesse trabalho permitem-nos ainda deparar com territórios cognitivo/afetivos em que reconhecemos certa familiaridade, sentindo o ímpeto de assumir procedimentos aparentemente nunca tomados, mas que nos dão a sensação de bastante segurança, proveniente de experiências oriundas de cenários regidos por competências intelectuais distintas, mas sustentadas por esquemas similares.

O presente capítulo aprofunda-se em alguns pontos relevantes referentes ao conteúdo do capítulo I, observados a partir da organização teórica apresentada no capítulo anterior. Os pontos mencionados concernem principalmente a elementos na trajetória da relação matemática/música que contribuíram, na maioria dos casos, tacitamente, para a construção dos significados de Temperamento e Série Harmônica, fenômenos da rede de significados exemplificados no âmbito da relação matemática/música. Procurou-se aprofundar em fatores referentes à suas origens, situações históricas associadas a seus desenvolvimentos até culminar na emergência de tais conceitos.

3.1 O significado da concepção musical de Pitágoras

O experimento de Pitágoras contribui com a idéia de Temperamento na medida em que propicia a construção de uma escala que não se "fecha", resultando na coma pitagórica. As diversas tentativas de distribuir tal diferença culminam com a repartição logaritmicamente equivalente, correspondente ao temperamento igual. De maneira análoga, as tentativas de explicações satisfatórias para a dúvida levantada a partir do experimento do monocórdio conduzem a trajetória da relação matemática/música à associação entre Séries de Fourier e Série Harmônica.

Sob uma ótica de rede de significados, esse experimento contribui para a construção do conceito de fração, que ganha a partir de então uma roupagem musical. Ao mesmo tempo, a música e suas diferentes áreas, tais como harmonia, tornam-se, na concepção do pensador grego, propriedades numéricas e, à luz das idéias aqui defendidas, os conceitos usualmente tidos como musicais assumem um significado mais amplo.

O experimento de Pitágoras possibilita reconfigurações afetivo/cognitivas ocultas que modificam ao menos a leitura de processos que envolvam direta ou tacitamente o conceito de divisão ou de consonâncias musicais. Essa conexão reativa condutos na rede de significados e possibilita, via analogias, novas leituras em que divisões, tamanhos ou percursos diferentes traduzem-se em distintos tons e vice-versa. Além de acompanharem reorganizações de caráter matemático-musical na rede de significações, as perturbações sincrônicas ao experimento de Pitágoras em tal ambiente propiciam, ainda, reflexões resultantes da leitura de tal acontecimento sob óticas pertinentes às distintas manifestações da inteligência.

Tais observações desvendam ainda a capacidade das concepções desse trabalho de revelar redisposições resultantes do estabelecimento de conexões tais como a de Pitágoras que, sob uma outra ótica, pode não passar de uma simples relação entre notas musicais e comprimentos de uma corda. De fato, podemos transladar nossas atenções dos objetos por meio dos quais a cognição transita para os significados que estes apresentam dependendo da ótica sob a qual os enxergamos. Nesse sentido, a perturbação consciente na rede de significações propiciada pelo aprendizado de algum conceito dependerá diretamente do significado que aquele conceito possui para o interlocutor em questão e do grau de simpatia com que esta interpretação ressoa em sua rede de significados. Cabe aqui ressaltar a importância dos esquemas apresentados no capítulo anterior na catalização das transferências analógicas silenciosas ocorridas na dinâmica anterior, que terminam por moldar, em nível mais profundo, a "arquitetura" da rede de significados e portanto a estrutura/dinâmica de pensamento. Assim, a preocupação com o significado torna-se uma das idéias centrais que devem, a meu ver, fazer parte das preocupações principais do educador no processo de ensino/aprendizagem.

Embora a matemática transcenda a idéia de comensuralidade na Grécia Antiga, o experimento de Pitágoras propicia as repercussões de sua versão musical em circunstâncias distantes no tempo e espaço, tais como as concepções de consonância de Zarlino e os axiomas II ao VI do Compendium Musicae de Descartes.

Perdurando na música por mais de 2000 anos, a forte idéia de comensuralidade revela sua herança nas teorias que sustentam conceitos tais como altura, escala, num âmbito mais amplo, e outros contribuintes de seu processo de evolução e orientadores sutis de sua trajetória epistemológica, que sofrerá, com o temperamento igual, transformações análogas às que intimaram a modificação da concepção de número na Grécia, o que se poderia interpretar como sincrônico.

A concepção pitagórica permaneceu na música por mais de 2000 anos sofrendo modificação no século XVII com a necessidade de um sistema que concedesse aos músicos liberdade para modular despreocupados de possíveis distorções. Do ponto de vista de rede de significados, o apego ao dogmatismo aritmético e a numerologia pitagóricos "trunca" a rede por esse período até que as concepções de consonância de Galileu associadas às explicações de Descartes concernentes a frações irracionais próximas de razões simples, bem como seu experimento que relaciona altura musical com freqüência desencadeassem a libertação de significados rumo ao que culminaria com o Temperamento e as Séries de Fourier.

3.2 Seqüências silenciosas propagando-se pela rede: prenúncio do Temperamento

Arquitas de Tarento significa o prenúncio de distintas descobertas e criações científico/artísticas, bem como uma quebra epistemológica na trajetória da ciência/música ocidental. Colaborando para a transcendência do movimento pitagórico, o processo de afinação de escalas de Arquitas significa uma distribuição agora mais equilibrada da impureza, podendo representar, sob uma ótica coletiva, uma importante etapa na trajetória do Temperamento. Tal observação possui um correspondente matemático curiosamente significativo. O processo de calcular médias harmônicas e aritméticas estabelecido pelo pensador tarentino na construção de um sistema de afinação musical reverte-se em "seqüências matemáticas" compostas por frações da corda cujos limites equivalem às freqüências subjacentes ao sistema igualmente temperado estabelecido na música mais de 2000 anos depois.

A fim de elucidar a dinâmica referida, faz-se necessário apresentar um exemplo númerico. Se tomarmos, no procedimento de Arquitas, o intervalo de oitava que corresponde à relação 1: 1/2, obtemos para média aritmética o valor 3/4 - intervalo de quarta - e para média harmônica a fração 2/3 - intervalo de quinta. Repetindo o processo agora para os valores encontrados - 3/4, 2/3 - obteremos 17/24 e 12/17 e assim sucessivamente estabelecendo uma seqüência decrescente an para média aritméticas 3/4, 17/24, ... e outra crescente bn para médias harmônicas 2/3, 12/17, ...de tal maneira que aibi é sempre constante e igual a 1/2, ou seja, de tal modo que a média geométrica de ai e bi mantém-se constante e igual a (1/2)1/2.

Pode-se demonstrar que os limites das seqüências apresentadas são iguais a (1/2)1/12, que equivale musicalmente à freqüência produtora da nota média de uma oitava no sistema temperado - por exemplo na oitava dó1 - dó2, esta freqüência produziria o fá#1. Nesse sentido, poderíamos pensar na existência de seqüências ocultas que se propagam ao longo da rede no tempo e espaço manifestando-se posteriormente no caso com o Temperamento. Tal dinâmica apresenta paralelo significativo em psicologia profunda quando pensamos nos sinais aos quais Jung atribui significado que nos prenunciam simbolicamente fatos, resultados da convergência de distintos outros sinais anteriores.

O procedimento de Arquitas aponta para o Temperamento, inclusive nas seqüências matemáticas envolvidas; porém, talvez o processo para atingir tal conceito se encontrasse "truncado" por falta de recursos tais como o conceito de logaritmo, de maneira análoga à própria sistematização do Temperamento. Nesse sentido, a descoberta de tal conceito, mesmo que em nível informal, liberta significados para a sistematização do Temperamento, assim como a concepção de consonância de Galileu associada às explicações de Descartes concernentes a razões irracionais muito próximas de frações racionais simples.

Outra dinâmica de natureza análoga às seqüências supramencionadas refere-se ao número de repartições na corda do monocórido ao longo da história para obtenção das consonâncias. O capítulo I mostrou que Pitágoras, por razões numerológico-místicas, afirmou que se obtinha as consonâncias perfeitas através da divisão da corda em até 4 partes, que Arquitas já introduziu a terça 4/5, o que exige a divisão por 5, e que Descartes defendeu a divisão por 6, por influência quase explícita de Zarlino, cujo Senário apresentou inconsistência quanto à explicação do caráter consonante da sexta menor - 5/8 , "resolvida" com Mersenne, que considerou a divisão da corda do monocórdio em até 8 partes para obtenção das consonâncias. Tal apresentação revela o aumento do número de divisões da corda ao longo do tempo até a produção de notas correspondentes ao sistema temperado igualmente, que sendo obtido por números irracionais, pode ser interpretado como uma afinação resultante de facções da divisão infinita da corda.

Nesse sentido, pode-se estabelecer um paralelo entre o aumento do número de divisões da corda tendendo a infinito e as diferentes afinações associadas a tais divisões resultando no temperamento igual, bem como a diversificação evidente ocorrida no processo musical desde o canto Gregoriano até formas musicais do Renascimento apresentada no capítulo I, culminando com o Barroco. Matematicamente, esse paralelo estende-se ainda à idéia da passagem de números racionais à irracionais, associados ao temperamento igual. À luz dos paralelos apresentados, pode-se interpretar que a diversificação no aspecto numérico refletiu-se mutuamente na diversificação da música em distintos sentidos tais como condução de vozes, ritmo, número de vozes, introdução de instrumentos etc.

Tais seqüências propagam-se paralelamente, emergindo como sincronismos em pontos da rede, correspondentes a circunstâncias matemático-musicais de diferentes épocas e culturas - pitagorismo, música na Idade Média, Zarlino, Temperamento, etc. Herdando analogicamente tais sincronismos epistemológicos de características concernentes àqueles apresentados pela teoria de Jung, cuja ocorrência na vida de uma pessoa difere muitas vezes de dias, semanas ou até meses, poder-se-ia pensá-los, proporcionalmente no tempo, considerando paralelos com os períodos existentes entre os fatos científicos em questão.

À luz de tais reflexões, os paralelos entre logaritmo ou progressão geométrica e Temperamento; entre revolução na concepção de número na Grécia e modificação nos sistemas de afinação subjacentes às escalas musicais, etc, ganham caráter sincrônico. Assim como as seqüências referentes ao procedimento de Arquitas para construção de escalas e as divisões cada vez maiores do monocórdio "convergem" para a idéia de Temperamento, outras seqüências, percebidas sob o ponto de vista de seus significados, podem propiciar o estabelecimento de pontes analógico-indutivas para conjecturar futuras descobertas e ocorrências em diferentes campos do saber a partir de tendências presentes.

3.3 Preenchendo inconscientemente a matemática da Série Harmônica

Cabe ressaltar nesse ponto alguns procedimentos ressonantes com a idéia de Séries de Fourier, tomados por teóricos da interface matemática-música anteriores ao surgimento de tal conceito. À luz da organização teórica apresentada no capítulo II, poder-se-ia pensar que tais teóricos estariam "preenchendo" musicalmente as Séries de Fourier, norteados por suas sensibilidades auditivas. Por exemplo, a simplificação na razão associada ao intervalo de terça por Arquitas para 4/5 pode ser interpretada como um prenúncio da idéia de Série Harmônica, diretamente relacionada à Série de Fourier, uma vez que a substituição da terça pitagórica 64/81 pela terça 4/5 representa um ajuste à Série de Fourier.

Pode-se ainda pensá-la como a busca de uma terça mais simples, aproximando tal intervalo de sua raiz harmônica ao concebê-lo tacitamente, sob uma ótica futura, não mais como relação entre 81º e 64º harmônicos, mas como relação entre 5º e 4º harmônicos. Tal procedimento silencioso repete-se em Zarlino quando substitui não apenas a terça 64/81 pela terça 4/5, mas a sexta pitagórica 16/27 pela sexta 3/5 e a sétima pitagórica 128/243 pela sétima 8/15.

Prenunciando a idéia de Série de Fourier, tais substituições nas frações subjacentes aos dois últimos intervalos mencionados poderiam ser ainda interpretadas como aproximações de suas fundamentais na Série harmônica, concebendo os intervalos de sexta e sétima não mais como respectivamente relação entre o 27o e o 16o harmônicos e entre o 243o e o 128o harmônicos, mas como respectivamente relação entre o 5o e o 3o harmônicos e entre o 8o e 5o harmônicos. Um paralelo significativo ocorre, porém, numa outra dimensão, quando comparamos a dinâmica apresentada com o que Thomas Kuhn chama promessa de realização resultante de uma revolução científica (Kuhn, 1987) e representada metaforicamente pelo próprio autor na imagem de um quebra-cabeça a ser preenchido no período de ciência normal subseqüente. Tomando a imagem do quebra-cabeça, nesse caso desconhecido, para o conceito de Séries de Fourier, poder-se-ia pensar que os teórico-musicais procuravam, norteados pela sensibilidade auditiva, aproximar-se de tal conceito quando do estabelecimento de novas concepções para consonância, frações subjacentes aos intervalos, etc.

Cabe lembrar que os intervalos de 8ª - 1:2 -, 5ª - 2:3 - e 4ª - 3:4 - considerados consonâncias perfeitas desde os pitagóricos, "preenchem" tácita e respectivamente as "lacunas" da Série Harmônica correspondentes às relações entre 2º e 1º, 3º e 2º e 4º e 3º harmônicos. Tais reflexões, juntamente com aquelas apresentadas no capítulo I concernentes ao desenvolvimento da música na Idade Média, bem como o uso posterior dos intervalos de sétima e nona corroboram o fato de que a utilização dos intervalos ao longo da história acompanha aproximadamente a ordem de suas aparições na Série de Fourier. Isso poderia significar a ocorrência de uma espécie de reflexão histórica de tal conceito, que ressoa fractalmente da dimensão micro associada a um nó na rede para macrodimensões referentes à rede global, por meio de meta-analogias. Tal observação levar-nos-ia a conceber tal conceito como um correspondente epistemológico da idéia de arquétipo de Wheelwright.

Cabe ainda ressaltar outras dinâmicas semelhantes quando observamos que as modificações de Zarlino - 3º, 6º e 7º graus - correspondem precisa e respectivamente a mudanças nas terças - de 64/81 para 4/5 - do 1º, 4º e 5º graus, de forte significados para a Tonalidade musical - sistema utilizado na música erudita ocidental a partir do século XVII. Prenunciando então a idéia de tonalidade, poderíamos ainda interpretar a afinação de Zarlino como construção por terças. Tal reflexão sugere o paralelo de que assim como o caráter consonante do intervalo de quinta propiciou a construção de um sistema musical pelos pitagóricos utilizando quintas, a emancipação da terça como consonância no século XV "ressoou" tacitamente na construção consciente ou não de um sistema musical por Zarlino utilizando terças.

Tais reflexões sugerem que Zarlino estaria aproximando, conscientemente ou não, a trajetória histórica da relação matemática/música do arquétipo subjacente às Séries de Fourier. A consolidação do intervalo de terça como consonância no Renascimento, juntamente com o contexto acústico-musical dessa época possibilitam, conscientemente ou não, a mudança na escala sugerida por Zarlino em 1573. Os pitagóricos haviam utilizado números de 1 a 4 para construir seus intervalos/frações e caminhado por quintas na construção das escalas, obtendo para cada nota do sistema diatônico - escala que corresponde às teclas brancas do teclado - uma fração múltipla de 3/2. Cabe ressaltar aqui as modificações, para relações mais simples, nas razões de freqüências de notas do sistema pitagórico constituídas por números muitos grandes, justificadas pelo pensador italiano pelo fato de que deveríamos considerar não apenas os números 1, 2, 3 e 4 como geradores de tudo, mas ainda o 5 e 6, já que havia 6 planetas, 6 direções, 6 faces no cubo, etc.

Zarlino modificou o 3º, 6º e 7º graus respectivamente de 81/64, 27/16 e 243/128, correspondentes à concepção pitagórica - para 5/4, 5/3 e 15/8, no sentido de obter frações que utilizassem menores números inteiros. O pensador italiano ampliou o antigo conceito de consonância agregando àquelas estabelecidas por Pitágoras, a terça e sua inversão - a sexta -, então denominadas consonâncias imperfeitas. O mais interessante é que, ao estabelecer esta nova escala, Zarlino assume diferentes relações de freqüência somente para os intervalos que não correspondiam àqueles existentes na Série de Fourier, utilizando exatamente os seis primeiros harmônicos da série, ou seja, ele busca freqüências pertinentes à Série de Fourier dois séculos antes do descobrimento desse resultado.

Tais reflexões levam-nos a crer que Zarlino antecipou os significados de Teorema de Fourier, consonância e tríade[47]. O esquema, subjacente ao Teorema de Fourier ou mesmo às Séries de Fourier, inserido, pelos diversos fragmentos já manifestos no decorrer da história, revela-se na pessoa de Zarlino, que o utiliza inconscientemente ao estabelecer suas relações de freqüências. Além disso, a mudança no sistema musical do compositor italiano caminha paralelamente à modificação na concepção de consonância de Pitágoras, caracterizada pela relação de números com fatores 1, 2, 3 e 4, para a de Galileu, definida como coincidência de pulsações das notas superior ou inferior, que matematicamente significa a proximidade do mínimo múltiplo comum das freqüências correspondentes às notas do intervalo.

A mudança de status do intervalo de terça, bem como o crescente reconhecimento do papel do baixo como base harmônica na polifonia renascentista, finalizam a evolução da música ocidental no sentido da verticalização triádica, sistematizada pelo teórico musical Rameau no início do século XVIII. Cabe, ainda, ressaltar que a tríade maior aparece no início da série harmônica de um tom, assim como a tríade menor mostra-se como aquela cujas notas correspondem a freqüências em que o MMC apresenta-se mais próximo. Além disso, a tríade maior é

47 A tríade consiste de uma acorde de três notas que podem ser organizadas para formarem duas

a primeira combinação de três notas diferentes dentro da série harmônica, considerando como equivalentes duas notas de mesmo nome, ou seja, cuja diferença é um número inteiro de oitavas. Vale relembrar que tais significados musicais surgem, ainda, sem o conhecimento do Teorema de Fourier, o que nos levaria à interpretação de que as tríades estariam "preenchendo" tacitamente as Séries de Fourier.

Para Zarlino, um acorde em que o baixo fazia um intervalo de terça maior com a segunda nota mais grave possuía natureza mais consonante que a menor pois a terça maior correspondia ao comprimento resultante da média harmônica entre os comprimentos da fundamental e da quinta, enquanto que à terça menor associava-se a média aritmética. Tal observação concede um caráter fractal ao descobrimento de notas harmônicas dentro de um intervalo, provavelmente admitida e utilizada a partir da observação, por Arquitas, de que se obtinha os intervalos de quinta e quarta através de intervalos com comprimentos iguais às médias subcontrária e aritmética dos comprimentos relativos à produção da fundamental e da oitava.

Zarlino modifica a 3as, 6as e 7as , que correspondem, na concepção futura de tríade, na Tonalidade às terças do primeiro, quarto e quinto graus. Nesse sentido, o pensador italiano contribui significativamente para a tendência triádica. Poderíamos, ainda, interpretar que Zarlino constrói a escala por terças, a partir do momento em que esse intervalo ganha caráter consonante, assim como Pitágoras o fez com a quinta. Nesse sentido, a própria construção de escalas também obedece a um padrão fractal - no sentido do Princípio da Multiplicidade e de Encaixe de Escalas de Lévy -, confirmado posteriormente pelas Séries de Fourier. Zarlino utiliza algumas argumentações com características científicas e outras não, sob uma ótica moderna, o que o caracterizaria como representante da transição nas concepções científicas que intimam um processo de matematização, mecanização e experimentação no período referente à Revolução Científica.

Esta reflete a dinâmica epistemológica da época, manifestada no âmbito matemático-musical pela busca de argumentações mais precisas, fundamentadas em concepções mecânicas e novas idéias de experiências, o que nos leva a pensar que tal revolução contribuiria portanto, sob uma ótica matemático-musical, para a emergência do conceito de Séries de Fourier.

3.4 O pensamento analógico em Arquitas de Tarento

Representando o primeiro pensador que associa altura musical à freqüência pela comparação de sons emitidos por ventos fortes e fracos e deslocando o foco de atenções da fonte de emissão de som - no caso, o monocórdio - para o ar, Arquitas antecipa em 2000 anos a idéia de que se deveria observar uma propriedade independente da fonte sonora ressonante. Sob uma ótica de rede, tal idéia culminaria com a conexão inerente entre os significados de freqüência e altura musical por Mersenne e Galileu no século XVII. O pensador tarentino apresenta ainda diversas contribuições para a trajetória da matemática/música, na maioria delas implícitas.

Cabe ressaltar o processo de construção de escalas de Arquitas por médias aritméticas e harmônicas que contém o gérmen do Temperamento bem como a idéia de consonância associada à audição de um som quando se emite dois, relacionada com o conceito de Séries de Fourier, em que se explica a sensação de unidade e "fusão" dos sons pela coincidência de harmônicos. Modificando o referencial acústico-musical da fonte sonora - no caso, o instrumento - para o ar, Arquitas representa um corte epistemológico na história da construção de conhecimento matemático/musical ao introduzir a sua própria concepção de ciência. Incluindo a idéia de dado experimental, tal concepção representa o início do abandono do dogmatismo aritmético de Pitágoras rumo à busca de elementos empíricos na ciência, o que ocorre, por exemplo, quando o pensador tarentino assume a terça 4/5 no lugar da pitagórica - 64/81. Tal procedimento estaria contribuindo com a construção do conceito de Séries de Fourier, pois significa precisamente a busca do intervalo de terça existente entre o quarto e quinto harmônicos da Série Harmônica, associados diretamente ao quarto e quinto termos da Série de Fourier.

Essa concepção de ciência ressoa em outros campos de atuação do pensador tarentino, tais como a idéia de que dois ou mais sons apresentam-se consonantes quando os ouvimos como se fosse somente um. Apresentando estreita semelhança com a concepção de consonância de Zarlino - dois sons são tanto mais consonantes quanto mais harmônicos coincidentes eles tiverem -, tal fato concebe ainda implicitamente o princípio da superposição estabelecido através de Saveur no início do século XVIII e essencial para a compreensão do Teorema de

Fourier. Partindo do pressuposto de que o som é movimento - quanto mais agudo, mais rápido -, esse princípio mostra-se presente na idéia do tarentino de que a emissão de duas notas musicais simultâneas produz duas velocidades e dois movimentos que parecem unificar-se (Fallas, 1992, p.273).

Fazendo uso significativo do pensamento analógico proporcional na construção de uma afinação musical, Arquitas abandona a simetria local pitagórica - quase todas as segundas associam-se à relação 8/9; quase todas as quintas, a 2/3, etc - em favor de uma simetria global, uma vez que as posições relativas das notas interiores de dois intervalos iguais obedecem aproximadamente as mesmas relações. Por exemplo, comparando duas quintas em que as notas interiores foram obtidas pelo procedimento de médias proporcionais, a terça maior acima da nota mais grave será produzida por uma corda de comprimento 4/5 daquela que produz a nota mais grave, uma vez que esta foi calculada como média harmônica das notas que compõe o intervalo de quinta. Por um raciocínio análogo, obter-se-ão as segundas acima das notas mais grave em ambas as quintas referidas pela média harmônica do comprimento gerador da terça 4/5 com aquele produtor da nota mais grave.

Gerando uma distribuição proporcional no âmbito das frações subjacentes aos intervalos, o procedimento de Arquitas estabelece configurações semelhantes - no sentido matemático - em diferentes proporções, traduzindo-se numa espécie de fractal musical - os sons conformam um fractal. Norteado pela idéia de que o pensamento analógico proporcional subjaz a todas as dinâmicas presentes em fenômenos naturais, Arquitas tenta construir artificial ou naturalmente uma afinação que traduz e estende, no âmbito musical, uma lei da natureza, associada intimamente ao Princípio conformador de Multiplicidade e Encaixe de Escalas de Lévy.

Assim como o princípio ordenador do fractal em matemática pode consistir, por exemplo, em construir um triângulo equilátero a partir do terço médio retirado de cada segmento de uma figura a partir de um segmento inicial, a lei básica do fractal musical de Arquitas resume-se na obtenção de novos intervalos musicais pelo cálculo de médias harmônicas e aritméticas dos comprimentos geradores das notas de cada intervalo da distribuição atual. Considerando o valor atribuído, por Arquitas, ao processo "fractal" como uma lei da natureza traduzindo-se, em Lévy, em um dos princípios conformadores - Multiplicidade e Encaixe de Escalas - de todas as esferas que envolvem significações, cabe ressaltar o forte paralelo existente entre esses pensadores. Fortes representantes do procedimento científico de Arquitas, as observações anteriores refletem a importância atribuída ao pensamento analógico pelo pensador tarentino na busca de explicações para o invisível, abstrato ou mesmo inexplicável, bem como na extensão das leis da natureza em processos de construção artificial humana. À luz das idéias de Arquitas, assim como a diversidade apresentada na afinação da escala de Arquitas unifica-se através de seu princípio de construção original, a diversidade da natureza unificar-se-ia através do pensamento analógico.

Cabe ressaltar que, de acordo com as dimensões da rede - na conexão, no feixe ou na rede - comentadas no capítulo II, o procedimento de Arquitas enquadrar-se-ia nas dimensões da conexão e do feixe. Assim como o pensador tarentino constrói conscientemente ou não significados por meio do pensamento analógico, outros teóricos matemático-musicais tais como Zarlino, Mersenne, Descartes, Saveur constróem e enredam conceitos, procuram compreendê-los, justificam procedimentos musicais através de analogias, levando-nos a crer que as próprias idéias de racionalidade e ciência resignificam-se na passagem pelos períodos mencionados.

3.5 Da unidade à diversidade: Inteligência Coletiva através da música

No momento presente, já possuímos elementos suficientes para recortar um determinado cenário histórico-geográfico e compreender a evolução musical correspondente. Para isso, tomarei como exemplo o desenvolvimento, de forma resumida, da música ocidental na Idade Média no que concerne a aspectos como melodia, harmonia e consonância, observados através de lentes matemáticas.

A passagem da Idade Média para o Renascimento polariza mudanças da unidade à diversidade, de concepções musicais horizontais para verticais, da permissão à proibição de quintas e quartas paralelas etc. A diversidade referida traduz-se ainda posteriormente com a utilização de acordes invertidos em Rameau. A questão mais marcante desse cenário evidencia-se no deslocamento do suporte musical de concepções melódicas para harmônicas, acompanhado do fortalecimento da quinta como consonância ao mesmo tempo em que a quarta perdia tal status. Até boa parte da Idade Média, considerava-se o intervalo de quarta mais consonante que o de quinta, cedendo lugar a esse último na categoria consonância, na medida em que a música pendia para o polo harmônico (Drabkin, 1980, p.736). Nesse ponto, a matemática poderia entrar em cena novamente para esclarecer a situação.

A essa altura, os harmônicos assumem importância no cenário subjacente à música, relevando a presença tácita da idéia de Séries de Fourier, desconhecida na época. Ao se compararem os intervalos supra-referidos do ponto de vista da Série harmônica/Séries de Fourier, observa-se que, para a quinta, a primeira coincidência harmônica ocorre no terceiro harmônico da nota inferior com o segundo da nota superior enquanto que para a quarta, aquele evento dá-se no quarto harmônico da nota inferior com o terceiro da superior.

Por exemplo, tomando-se os intervalos dó-1 - sol-1 e dó-1 - fá-1, as primeiras coincidências de harmônicos ocorrerão respectivamente no sol-2 e no do-2. Esse fato revela maior proximidade tanto da coincidência de harmônicos como da raiz harmônica para o intervalo de quinta. Portanto, à luz dos respectivos critérios de consonância, o intervalo de quarta mostra-se menos "puro" se comparado com a quinta, o que me parece justificar a hegemonia deste último no final da Idade Média e início do Renascimento. Além das observações apresentadas, faz-se significativo o fato de a nota dó produzir sol em seu terceiro harmônico e não produzir fá com boa precisão pelo menos em seus 16 primeiros harmônicos.

Desde o início da Idade Média até o Renascimento, a música perpassa pelo Canto Gregoriano, Organum Paralelo - o que poderíamos caracterizar como o início da Polifonia - , Organum Melismático e outras formas musicais. A música ocidental, nesse período, abandona gradativamente concepções estritamente melódicas para vestir uma roupagem essencialmente harmônica.

O contexto referido caracteriza-se fortemente por mudanças de estrutura/dinâmica de pensamento coletivo que abandonam esquemas regidos por concepções monistas, não somente na música, para assumir a diversidade em distintas direções. Sob uma ótica de rede, o significado epistemológico de diversidade reconfigura campos manifestando-se na música com o nascimento e desenvolvimento da polifonia. Na astronomia, a percepção das órbitas dos planetas abandona trajetórias circulares com um centro para percorrerem elipses com dois focos, a humanidade passa de um período de caráter essencialmente religioso, monista, sustentadas pela convicção única e indivisível para um tempo com características fortemente científicas, dualistas, de divisão, movidas pela dúvida, cujo significado conecta-se fortemente ao de dois, diverso e dúvida, manifestada em Descartes.

As escalas musicais abandonam concepções contínuas irrealizáveis na prática, no caso de instrumentos de teclas, e sustentadas por números racionais para assumir configurações descontínuas regidas matematicamente pela irracionalidade. O clima de diversidade possibilita descobrimentos e modificações em diversos campos, o que conduziria a paralelos significativos que se manifestam sincronicamente conectados por relações analógicas e sustentados por arquétipos cognitivo/afetivos.

A leitura do cenário histórico-cultural da Idade Média ao Renascimento munida do Teorema de Fourier, possibilita compreender, sob uma ótica matemático-epistemológica, distintas significações musicais e regras de harmonia tradicional, tais como o fato do intervalo de quarta firmar-se menos consonante que o de quinta, bem como a proibição de quartas, quintas e oitavas paralelas com a consolidação da polifonia.

Os teóricos-musicais da época estabelecem tais regras, conscientes apenas de suas vivências sonoras, mas silenciosamente e à luz da organização teórica apresentada no capítulo anterior, a partir de estruturas ético/estéticas regadas por esquemas monistas presentes na Inteligência Coletiva da época que ressoam para distintas regiões da rede de significados. Por exemplo, à luz de tal consciência, o movimento paralelo em oitavas, quintas e quartas produz consecutivamente duas situações de unidade - incongruentes com o cenário científico/artístico da época - e consonância, já que, à ótica de Fourier, tais intervalos compõem-se de notas com bastante harmônicos comuns - na oitava, a nota superior somente reforça os harmônicos, e na quinta e quarta, existem muitos harmônicos comuns. Para a estética musical da Idade Média, sustentada por concepções filosófico-religiosas essencialmente monistas, tais movimentos musicais mostravam-se simpáticos, enquanto que suas qualificações modificavam à medida que caminhamos para o Renascimento, quando ocorre a proibição no uso de tais paralelismos.

As reconfigurações nas concepções da música, que navegam gradativamente em direção a cenários com caráter mais harmônico, explicam ainda a primazia da quinta em relação à quarta na categoria consonância, ao mesmo tempo em que o tenor perde importância, observado à luz de concepções essencialmente melódicas, em favor da valorização do baixo, como gerador dos harmônicos, aspecto fortemente congruente com o caráter intrinsicamente harmônico da ótica vigente. Com a verticalização da música, a configuração harmônica resultante de um intervalo ganha mais importância, justificando a maior consonância da quinta por possuir maior coincidência em seus harmônicos do que a quarta. Tais reflexões justificam, ainda, a proibição de intervalo de quarta com a nota mais grave, já que tal intervalo musical não se ajusta à Série Harmônica/Séries de Fourier. As explicações supramencionadas tornam-se possíveis somente com o uso das Séries de Fourier, presentes ocultamente nas conformações do desenvolvimento da música, por exemplo, na Idade Média.

A dinâmica anterior ocorre sem conhecimento consciente do Teorema de Fourier, sendo portanto regida por concepções estéticas que caminham em concordância com o conceito referido. Nesse sentido, o Teorema de Fourier apresenta participação em tal dinâmica numa tradução congruente com as possibilidades que a ecologia cognitivo/afetiva da época possibilitava. Poderíamos afirmar que a reconfiguração do ambiente cognitivo/afetivo possibilita o surgimento de tal conceito em sua forma mais clara, assim como o advento da informática permitiu a manifestação de determinados mecanismos mentais outrora ocultos.

3.6 Da estética à razão musical: o desvendar de uma novo universo

Com o decorrer da história, a relação matemática-música sofreu distintas interpretações relacionadas diretamente com as concepções científicas vigentes. No século XVI, o processo intelectual coletivo encontrava-se em situação tal que inferências como as que apoiavam, até então, a explicação entre razões simples e consonâncias tornavam-se insustentáveis, levando a forte ceticismo ao dogmatismo aritmético de Pitágoras. Dentro desse contexto é que novas tentativas de explicação do enigma pitagórico germinam.

Com as contribuições de Zarlino, Vincenzo Galileu, Galileu Galilei, Mersenne, Descartes e Saveur, o conceito de altura musical resignifica-se na rede ganhando relação direta com a freqüência que, no caso de cordas, depende do comprimento, enfraquecendo a relação direta até então estabelecida entre este último e a altura musical. Essa mudança de nível propicia, ainda, uma maior proximidade entre a matemática e a música, pois agora temos o conceito de freqüência - associado diretamente à funções periódicas - relacionando-se diretamente à altura de notas, o que resulta na aproximação de tais conceitos na rede de significados, fator imprescindível no entendimento da construção de conceitos matemático-musicais, em especial, da idéia de Séries Harmônicas/Séries de Fourier.

A descoberta de Galileu da natureza vibratória do som, já prenunciada por Arquitas, propicia reconfigurações relevantes na rede de significados coletiva, no sentido de oferecer novas perspectivas matemáticas para a música. Agora, um som associa-se a uma função periódica, o que ilumina o campo de investigação da acústica no sentido de tratar os fenômenos musicais à luz de propriedades de funções periódicas. Tal procedimento propiciará a conjectura de diversos fenômenos musicais e acústicos, pela navegação em águas matemáticas. Aqui, as inferências prometiam mais resultados que se traduziriam como possíveis verdades no campo musical. Reativando a rede de significados no que concerne às regiões povoadas por conceitos matemático-musicais, a descoberta de Galileu representará o gérmen da descoberta, completada através das Séries de Fourier, de uma explicação convincente para o fenômeno dos harmônicos, enigma pitagórico, timbre, bem como para regras musicais até então apresentadas desprovidas de argumentação satisfatória.

A conexão que Pitágoras realiza entre consonâncias musicais e razões simples de comprimentos abre caminho para Arquitas, Aristoxeno, Eratóstenes, Didymos e outros teóricos gregos a pesquisarem a música apoiados na aritmética ao mesmo tempo que determina certa limitação no desenvolvimento musical, análoga àquela propiciada pelo estudo matemático sustentado por concepções de número como racionais. Nesse sentido, a música espelha, em linguagem própria, o processo vivido pela matemática quando considera em seu universo de grandezas apenas as comensuráveis - no caso, afinações sustentadas por relações de freqüências racionais. Tal dinâmica encontra "simpatia matemática" no combate à comensuralidade em problemas como o de não encontrar relações racionais entre a diagonal do quadrado e seu lado ou entre a diagonal do pentágono e suas facções resultantes de sua interseção com outras diagonais.

As reflexões concernentes à Zarlino mencionadas revelam não somente a importância do pensamento analógico na construção de significados, mas a emergência no teórico-musical italiano da estrutura/dinâmica de pensamento científico/artístico coletivo do Renascimento. Na tentativa de construir conceitos musicais e justificar seus procedimentos em seu Institutioni Armonique, Zarlino comparou os significados de sujeito em música - objetivo específico por meio do qual o músico desenvolve a sua composição -, que deve ser adornado com diferentes harmonias e modulações para fins de alimentar e encantar os sentidos dos ouvintes com o sujeito para um arquiteto, que norteia seu trabalho, bem como com o sujeito em uma poesia, adornado e burilado em favor de deleitar a imaginação dos leitores, utilizando, do ponto de vista das Múltiplas Inteligências, argumentações analógicas que exigem do leitor o "empréstimo" de capacidades espaciais e lingüísticas em favor do enredamento de significados mais associados, a princípio, a aptidões musicais.

O compositor italiano utiliza ainda analogias entre âmbitos regidos por competências musicais, pictóricas e espaciais a favor de defender a necessidade da diversidade em música, quando compara o encantamento sonoro propiciado pela variedade de consonâncias em uma música com a agradabilidade visual resultante da diversidade de cores em uma pintura. No que concerne a analogias entre aptidões intrapessoais e musicais, Zarlino comparou a doçura e aceitabilidade da consonância após a "ofensa" auditiva da dissonância ao encanto da luz após a escuridão, bem como ao apreço da doçura após o amargor. Outras comparações tais como a de composições musicais em que intervalos "desagradáveis" adequadamente combinados produzem efeitos maravilhosos com composições de remédios nas quais ingredientes e produtos intragáveis e venenosos em si tornam-se bons e salutares quando combinados relevam a utilização de analogias por parte de Zarlino na construção e enredamento de significados e justificativa de condutas musicais.

A qualidade e dinâmica retórica do compositor italiano concernente ao uso de analogias, bem como à idéia de diversidade situam-no na fase de transição entre a Idade Média e Renascimento. Poder-se-ia imaginar tal fenômeno como ressonância da estrutura/dinâmica coletiva de pensamento científico/artístico representada pela rede no âmbito geral sobre a estrutura/dinâmica de pensamento de Zarlino, que pensa, no dizer de Lévy, através da primeira, ou que esta pensa nele. Envolvendo distintas dimensões da rede de significados - a rede e o feixe, representados respectivamente pela coletividade e pela identidade individual do autor italiano -, tal dinâmica apresenta, segundo a concepção de rede de significados de Lévy, características do Princípio de Multiplicidade e de Encaixe de Escalas, ou Fractalidade. Tomando um certo cuidado relativo ao Princípio da Exterioridade de Lévy, cujas implicações transcendem à idéia de dentro e fora, poder-se-ia dizer que, no caso anterior, a dimensão "micro" - o feixe que enreda o significado da estrutura/dinâmica de pensamento de Zarlino - reproduz a configuração do "macro" - a rede com todos os nós, feixes e conexões que caracterizam a estrutura/dinâmica de pensamento científico/artístico do período em questão.

Embora o trabalho de Zarlino evidencie sua sensível percepção acústico-musical prenunciando na rede de significados coletiva distintas descobertas acústicas e movimentos ocorridos na trajetória da música, poder-se--ia afirmar, que a ecologia cognitiva - na acepção de Lévy- da época o impedia de racionalizar suas descobertas segundo dinâmicas mais firmes. As modificações nos intervalos de terça - 64/81 para 4/5 -, sexta - 16/27 para 3/5 - e sétima - 128/243 para 8/15 - podem ser interpretadas, sob uma ótica futura, como mudanças no intervalo de terça - de relevante significado - dos graus I, IV, V do campo harmônico da tonalidade - movimento desenvolvido na música posteriormente -, de 64/81 para 4/5.

Poderíamos desvendar nesse ponto paralelos ocultos entre a passagem dos intervalos de terça e sexta ao status de consonância e uma espécie de construção implícita por terças no sistema de Zarlino de maneira análoga ao fato de que o caráter consonante da quinta na Grécia determinou a construção da afinação pitagórica por quintas. Ainda sob tal ótica, torna-se curioso a simplificação das frações supra-referidas quase que sincronicamente à nova concepção de consonância de Galileu como coincidência de pulsações, resultante da associação direta de altura musical à freqüência, pois tais simplificações ajustam os intervalos de terças e sextas ao status de consonância segundo às concepções de Galileu surgidas no século posterior.

Zarlino não explicita e sistematiza o pensamento analógico tal qual ocorre em Arquitas; entretanto, seus registros evidenciam o poder de tal forma de associação de idéias na dinâmica de convencimento do compositor italiano. Nesse ponto, cabe ressaltar paralelos entre as reconfigurações no cenário científico concernentes à transição da Idade Média para o Renascimento e a Revolução Científica e a descaracterização e instabilidade de pensamento manifestadas na retórica e reflexões de pensadores e cientista/artistas deste período.

O panorama da evolução da música desde a Antigüidade, passando pela Idade Média até o Renascimento, permite-nos estabelecer paralelos significativos entre a transição de cenários matemático-musicais referentes à passagem pelos períodos supracitados e trajetos que caminham da unidade à diversidade; de uma acústica baseada na música para uma acústica como ciência física; de um dogmatismo aritmético extremo rumo à busca no racionalismo de explicações físicas para fenômenos acústico-musicais tais como altura, timbre, batimentos, harmônicos, consonância, outrora sustentada em bases numerológicas; das associações parciais entre altura musical e comprimento, bem como entre intervalo e fração rumo à busca de outros determinantes para a altura musical; da idéia de tal conceito como pulsações de ar, de som como vibração e como onda para suas confirmações, sob uma ótica mais científica na acepção mais moderna da palavra. Pode-se pensar que o "clima" cognitivo/afetivo do período referido propaga-se na rede, manifestando-se com características peculiares nas distintas áreas do saber.

Poder-se-ia interpretar que as características de ambos os cenários histórico-científicos, bem como de sua transição, povoada pela Revolução Científica, ressoam simultaneamente sobre a estrutura/dinâmica de distintos pensadores, tais como Zarlino, Mersenne e Descartes, cuja manifestação oscila entre argumentações místico-numerológicas e matemático-físicas. A influência da Idade Média sobre o Renascimento manifesta-se nas tentativas de explicação racional para o fenômeno de diversificação generalizada no processo de desenvolvimento da música entre os períodos referidos. Por respeito às dinâmicas epistemológicas anteriores, os teórico-musicais do Renascimento argumentam segundo inferências numerológicas na tentativa de adequar forçosamente ao dogmatismo aritmético pitagórico um fenômeno cuja explicação efetiva encontrava-se nas Séries de Fourier.

Ao mesmo tempo que Zarlino concebe consonâncias como maior coincidência de harmônicos, defendendo a idéia de diversidade e percebendo proporções subjacentes a intervalos musicais congruentes com aquelas determinadas pela Série de Fourier, ele não se desapega essencialmente de concepções pitagóricas, justificando tais observações ainda por meio de argumentos numerológicos quando introduz o Senário. Argumentação semelhantes ainda se manifestam em Descartes, quando afirma que relações irracionais muito próximas de frações simples produtoras de consonâncias "emprestam doçura" desta última, congruente com a concepção pitagórica, bem como em Rameau quando associa o som fundamental gerador de todos os outros ao número 1 - corda inteira - gerador de todos os outros- divisores da corda. Tentando justificar o sentimento dos teóricos-musicais segundo concepções estético-numerológicas incapazes de substituir a idéia subjacente de Séries de Fourier, as inferências mencionadas refletem a trajetória percorrida pela estrutura/dinâmica de pensamento da época, que caminha de concepções estéticas a racionais, evidenciadas, por exemplo, nas argumentações de Rameau, que se aproximam da razão na acepção moderna da palavra.

Revelando por um lado certa estrutura/dinâmica de pensamento concordante com a Idade Média, Mersenne defende preferência pela oitava e, num sentido mais amplo, pela unidade em contrapartida com o forte apego a concepções mecanicistas e a fundamentação de estudos de música no fenômeno da ressonância - por exemplo, ao conceber consonância baseado em leis de vibração -, estreitamente relacionados às idéias subjacentes à Revolução Científica. Embora Descartes matematize a música apresentando argumentações axiomáticas comumente associadas à acepção atribuída a seu nome, o filósofo francês defende implicitamente o Senário de Zarlino e abusa da utilização de analogias em seu

Compendium Musicae, por exemplo, na comparação entre simpatia nos sentidos interpessoal e acústico da palavra, quando fala que tambores revestidos de pele de carneiro e de lobo não ressoam entre si. Sob a ótica de Múltiplas Inteligências, poder-se-ia interpretar que Descartes estaria conjecturando fenômenos interpessoais por meio de analogias com fenômenos lógico-matemáticos. Mostra-se presente mais uma vez a generalização do conceito de simpatia por Descartes, estreitamente relacionada ao princípio da fractalidade de Lévy e à analogia proporcional de Arquitas.

Mersenne "perturba" a rede de conhecimento coletiva ao levantar o paradoxo na época referente à vibração simultânea de uma nota em várias freqüências diferentes, o que desencadeia e catalisa uma dinâmica que culminaria com a idéia de Séries de Fourier. Considerando freqüências em vez de frações, o pensador francês abandona a numerologia predominante na argumentação científica matemático-musical de até então, por exemplo, ao relativizar a importância da média harmônica, colocando que, sob essa nova ótica, a média aritmética é que produz o intervalo de quinta. Juntamente com Galileu, Mersenne considera ainda que consonâncias não são geradas por números perfeitos sejam de 1 a 4 ou de 1 a 6, mas por coincidência de pulsações, promovendo essencialmente uma quebra epistemológica na matemática/música.

3.7 De Arquitas e Zarlino a Descartes: o pensamento analógico manifesta-se

Pretende-se agora contextualizar a proposta de Descartes na trajetória percorrida pela matemática/música a partir da Grécia Antiga. Com a estrutura apresentada, o filósofo francês revela, ainda, pontos em comum com o pitagorismo, com Arquitas de Tarento e Zarlino dando continuidade e respeitando silenciosamente as ideologias defendidas por tais pensadores sem deixar de lançar novas luzes e promover mudanças mais profundas na trajetória da matemática/música. Tal empatia revela-se nas idéias de proporcionalidade, evidenciada, por exemplo, dos axiomas II ao VI; de equilíbrio, no axioma VII e de diversidade, no axioma VIII.

Analisando o axioma II, nota-se certa empatia de Descartes com Zarlino, quando este cita Aristóteles em Institutioni Armonique dizendo que o olho, olhando o sol, é agredido porque este objeto não é proporcional ao olho. Além de apresentar forte semelhança com o significado de analogia proporcionalista de Arquitas de caráter mais cognitivista quando comparada com a analogia por semelhança - mais afetiva -, a idéia de proporcionalidade para Descartes presente na afirmação anterior, bem como dos axiomas II ao VI de seu compendium e em argumentações que justificam a simpatia ou antipatia no âmbito interpessoal por analogia com simpatia na acepção acústica da palavra, encontram ressonância em Zarlino quando o pensador italiano coloca que quanto mais os objetos forem agradáveis e suaves a seus objetos particulares, mais adequados a eles o serão e vice-versa.

A idéia de equilíbrio na obra musical de Descartes, presentes por exemplo no axioma VII do compendium, bem como na comparação dos intervalos de quinta e oitava com respectivamente doce e pão, também encontra ressonância em Zarlino ao estabelecer analogia entre composição musical e composição de remédios, bem como na justificativa de que a dificuldade do uso de saltos intervalares na música resultaria em boas composições, assim como raízes amargas propiciariam bons frutos. A idéia de diversidade presente no compendium por exemplo no axioma VIII e em argumentações tais como a de que se escutam dissonâncias com maior atenção quando prenunciadas por consonâncias, encontram-se muito próximas das comparações de Zarlino entre variedade literária e musical, bem como entre diversidade de cores para um pintor e variedade de consonâncias, modulações e harmonias para um músico.

No século XVI, os intervalos de terça e sexta passam a ser utilizados no discurso musical com caráter consonante. Porém, as frações da corda que geravam tais intervalos envolviam os números 5 e 6 - por exemplo, a terça maior é produzida por 4/5 da corda. A fim de modificar formalmente o status de tais intervalos, Zarlino estabeleceu um sistema - Senario - dentro do qual as terças e sextas classificam-se como consonâncias. Além de considerar o 6 como o primeiro número equivalente à soma de todos os seus fatores primos - número perfeito -, o pensador italiano enfatiza a perfeição desse número argumentando ainda que Deus necessitou de seis dias para a criação do mundo, que havia seis planetas - na época, Lua, Mercúrio, Vênus, Marte, Júpiter e Saturno -, que havia seis características naturais - tamanho, cor, forma, intervalo, estado e gesto -, que existiam seis direções - para cima, para baixo, para esquerda, para direita, para frente e para trás -, que o cubo possuía seis faces e simbolizava a perfeição etc (Cohen, 1984, p. 4-5).

Zarlino provavelmente percebeu que o pitagorismo não explicava satisfatoriamente as consonâncias musicais; porém, a fim de não ir de encontro a esta concepção, estabeleceu o Senário como uma generalização da idéia pitagórica que "explica", segundo a idéia de racionalidade para o autor italiano, as consonâncias imperfeitas. A estrutura de pensamento de Pitágoras não difere substancialmente daquela subjacente às idéias de Zarlino. Apesar de suas inovações, esse novo modelo respeita, ainda, a idéia de um sistema musical sustentado por relações de frações simples, cerne do pitagorismo no âmbito dessa arte, ao mesmo tempo que explica as consonâncias, ampliando o domínio matemático subjacente à música. À luz da organização teórica apresentada no capítulo II, poder-se-ia interpretar que o dogmatismo aritmético de Pitágoras "trunca" regiões da rede até que idéias tais como a concepção de consonância de Galileu "gatilhassem" o desenvolvimento dos conceitos matemático-musicais rumo à construção do conceito de Temperamento.

Como analogias implícitas, o momento científico/artístico vivido por Zarlino propiciou-lhe estabelecer modificações na abordagem da ciência/música de então. A matematização, a experimentação e a mecanização, assim como possíveis outras características da Revolução Científica, contribuíram de maneira significativa para a insatisfação produzida pelo Senário de Zarlino, tanto na definição como justificativa da questão da consonância. Com a ressonância desses três novos pontos de vista científicos em distintos campos, o problema da consonância incorpora novos recursos adquirindo portanto outra dimensão que abrirá caminho para sua abordagem de forma mais criteriosa por parte de personalidades como Kepler (1571-1630), Galileu e Beeckman (1588-1637), que iriam cada qual proclamar-se orgulhosamente como primeiro a resolver o problema da consonância 20 séculos após sua exposição.

Apesar dos aspectos mencionados, o Senário sustentará teoricamente a música por mais algum tempo, até que com a necessidade de livre modulação nessa arte, bem como a impossibilidade de construção de teclados com muitas notas dentro de cada oitava exigissem o estabelecimento do Temperamento. Tal revolução reflete-se na intimação de um modelo matemático subjacente, sustentado por números irracionais, caracterizando um significativo enfraquecimento do pitagorismo no âmbito da música.

Sob uma ótica de rede, revelando ainda certa congruência com Zarlino em distintos outros trechos do compendium, Descartes discorre sobre consonâncias afirmando que, para obtê-las, deve-se tomar intervalos formados por notas produzidas pela corda solta e por aquelas fornecidas pela divisão da corda em até seis partes, pois além disso, o ouvido não estaria aguçado o suficiente para perceber grandes diferenças de altura sem esforço (Descartes, 1961, p.17).

Caminhando de Arquitas à Descartes, o pensamento analógico manifesta-se em distintos âmbitos, por exemplo, dos axiomas II ao VI do Compendium Musicae, em que as generalizações de Descartes da idéia de proporção simples de comprimentos de cordas na obtenção de ressonância - descoberta desde os pitagóricos - assemelham-se em certos momentos àquelas realizadas por Arquitas ao considerar que as médias proporcionais não se aplicavam apenas à música mas possuíam um valor transcendental para o conhecimento em sentido amplo (Fallas, 1992, p.263).

Nas situações mencionadas, subjaz à idéia dos pensadores referidos certa valorização ao pensamento analógico, bem como a crença em esquemas subjacentes a conceitos que definem uma espécie de arquétipo na acepção de Wheelwright (Ricouer, 1976). Este último releva ainda a importância de analogias no repertório de inferências dos pensadores em questão, na medida em que um arquétipo manifesta-se em distintas roupagens, que se correspondem por analogias.

Cabe ressaltar que Mersenne discorda de Descartes no que concerne à superioridade da quinta frente a oitava na analogia referida. Tal mentalidade mostra-se congruente não apenas com a identidade eclesiástica do matemático francês, mas com a estrutura de pensamento da Idade Média que se manifesta em música principalmente com o canto Gregoriano e o Organum paralelo, formas que primam pela unidade. À luz da idéia de Inteligência Coletiva de Lévy, a discussão entre Mersenne e Descartes é representativa do conflito decorrente da passagem da Idade Média para o Renascimento, onde a diversidade reina em todos os âmbitos. A diversidade em música manifesta-se ainda na elevação do status dos intervalos de terça e sexta para consonâncias nessa época, o que evidencia a importância não somente da coincidência entre harmônicos na classificação de um intervalo consonante, mas da qualidade de seus desencontros, diversificando o espectro harmônico do intervalo em questão, análise essa possível somente à luz do Teorema de Fourier. Matematicamente, essa diversidade evidencia-se no acréscimo por Zarlino dos números 5 e 6 nas frações subjacentes às consonâncias. Tais observações refletem as tensões unidade/diversidade, pureza/impureza pertinentes ao crítico período histórico.

A postura cartesiana evidenciada nos exemplos anteriores ressoa fortemente com princípios epistemológicos da escola tarentina, fundamentada no pensamento analógico. Arquitas deu continuidade às idéias de Pitágoras desenvolvidas por Filolaus, levando-as a conseqüências mais profundas. A Logística fundamenta o conhecimento científico da Escola Tarentina, concebendo e explicando a realidade analogicamente, de maneira proporcional(Fallas, 1992, p.261). Embora os pitagóricos da primeira geração já considerassem o pensamento analógico em seus trabalhos científicos, Arquitas afirma que um princípio racional pacificador da discordância e gerador de harmonia é o centro vital do conhecimento (Fallas, 1992, p.262-263).

As idéias de Arquitas e Descartes encontram-se ainda em suas contribuições racionais para a construção do significados de Temperamento. Arquitas juntamente com os pitagóricos desenvolveram a idéia de número até o ponto de conceber o número infinito. Do ponto de vista musical, Arquitas manipula infinita e sucessivamente - ou analogicamente - com médias harmônicas[48] e aritméticas ao calcular os comprimentos geradores das notas de uma escala. Esse procedimento assemelha-se ao que Arquimedes chamava de proporções contínuas e

48 Na época chamada média subcontrária e provavelmente modificada para média harmônica por Arquitas ao observar que a média subcontrária dos comprimento que gera uma nota qualquer com o comprimento que gera sua oitava resultava num comprimento que gera a quinta, uma das consonâncias perfeitas na Grécia Antiga.

Espeusipo de analogias (Fallas, 1992, p.310) e, à luz da idéia de rede de significados (Lévy, 1993), relaciona-se estreitamente com a idéia de fractalidade.

Tal idéia ressoa com o *Princípio de Multiplicidade e de Encaixe de Escalas* (Lévy, 1993), pertinente às dinâmicas conformadoras da rede de significados. Como mencionado nas seqüências matemático-musicais, vale relembrar que alguns dos limites das séries geradas por este processo recursivo correspondem às relações de freqüência[49] irracionais subjacentes ao sistema temperado. Observando o desenvolvimento dinâmico de construção de conhecimento sob uma ótica coletiva, tal procedimento prenuncia o Temperamento 2000 anos antes deste sistema consolidar-se no cenário musical. Apoiado epistemologicamente em concepções analógicas, o pensador tarentino constrói recursivamente um sistema musical que caminha tacitamente em direção ao Temperamento. No limite entre respeitar o pitagorismo e assumir novas concepções numéricas intimadas pelo desenvolvimento da música, tanto Descartes, Zarlino como Arquitas tentam aquietar tal conflito, conciliando essas idéias por meio de pontes contínuas, capazes de explicar os fenômenos sustentados por novas concepções, sem torná-los incompatíveis com teoria anterior.

A idéia de Temperamento permeia o trabalho de Descartes ao exemplificar o axioma VI, dizendo que AB = $\sqrt{8} - 2$ e BC = $4 - \sqrt{8}$ estão na proporção de 2 para 3. Na carta para Beeckman de 24 de janeiro de 1619,

---

49 A utilização de freqüência invés de comprimento de corda torna-se possível após a descoberta de Galileu e Mersenne que relaciona os conceitos referidos.

Descartes observa que essa afirmação não estava bem digerida (Descartes, 1961, p.13). Apesar de mal formulada, pode-se entender a intenção do pensador francês com a asserção anterior ao examinar o trecho do compendium relativo ao conceito de dissonância. Nesse ponto, Descartes alega que subjazem aos intervalos defeituosos de terça menor (27/32, aproximadamente 5/6), quartas (27/40 e 20/27, aproximadamente 3/4), sexta (48/81 e 16/27, aproximadamente 3/5) relações de números tão grandes que seus intervalos musicais correspondentes pareceriam dificilmente toleráveis, porém como a diferença entre tais relações e as frações simples mais próximas é bem pequena, estes intervalos pouco imprecisos emprestam doçura - na sua linguagem - das consonâncias de seus vizinhos. Apresentando estreita semelhança com Euler quando afirma que um ouvido percebe 2 para 3 quando se toca 27 para 12, esse fato mostra-se presente no Temperamento.

Tal observação revela a consciência de Descartes de certa precisão auditiva, o que se relaciona estreitamente com a idéia de Temperamento, em que nenhum intervalo apoia-se matematicamente na razão de números simples, mas em números irracionais cuja diferença entre as relações referidas e aquelas correspondentes aos intervalos puros não produz batimento sensível ao ouvido humano. O contexto apresentado dá sentido ao exemplo de Descartes referente ao axioma VI, justificando a dificuldade do pensador francês em expressar que o sentido enxerga a relação de comprimentos como sendo de 2 para 3.

Nessas argumentações, as analogias entram em cena construindo significados agora na generalização de percepções auditivas para percepções em geral, relativas ao âmbito intrapessoal. Nesse sentido, as dissonâncias de fato possuem relações matemáticas distantes, no que concerne à sensibilidade auditiva humana, daquelas que produzem as consonâncias. Tais considerações de Descartes contribuem para a idéia de Temperamento, no sentido de que nesta afinação, os intervalos consonantes, assim como todos os outros, também expressam-se por frações de números irracionais, porém próximas, do ponto de vista da sensibilidade auditiva humana, das relações racionais geradoras das consonâncias puras.

Os conceitos de equilíbrio e diversidade tornam-se evidentes na obra de Descartes, por exemplo, nos axiomas VII e VIII das preliminares. Entre outras contribuições, Descartes estabeleceu regras de composição relativas à necessidade de diversidade em música que influenciariam Rameau de maneira significativa. A primeira refere-se ao uso de consonâncias perfeitas na abertura de uma música para que a utilização de outros intervalos nos faça escutá-los com maior atenção. A segunda proíbe o uso de oitavas e quintas consecutivas, o que deixaria a música muito monótona, em favor da alternância de tais intervalos com terças que incitam o desejo de ouvir consonâncias mais perfeitas. A terceira regra impõe variedade nas trajetórias de cada voz, que devem estabelecer caminhos o mais contrários possíveis. Relacionada ao trabalho de Zarlino, a idéia de equilíbrio mostra-se evidente quando Descartes diz que a quinta não soa tão incisiva como a terça maior nem tão lânguida como a oitava, sendo portanto aquele o mais "agradável" das consonâncias

À luz da concepção de Inteligência Coletiva de Lévy, observam-se distintas dinâmicas com naturezas implícitas e explícitas causais ou acausais no contexto mais abrangente dentro do qual se insere a música de Descartes. Por exemplo, podemos classificar a contribuição matemática de Arquitas para o processo do Temperamento como algo implícito, enquanto que a utilização dos conhecimentos de Zarlino por Descartes como uma dinâmica explícita e causal, assim como a contribuição deste último para a realização do Tratado de Harmonia de Rameau. O fenômeno epistemológico na rede de significados possui caráter paralelo, quando observamos que as concepções matemáticas de consonâncias no Renascimento impregnam-se de idéias desse período.

A primeira referência de Descartes à percepção de harmônicos ocorre quando afirma que ao ouvirmos um som, sua oitava soa simultaneamente. A divisão da corda na produção de harmônicos sugerida de maneira mais satisfatória por Descartes em suas cartas para Mersenne contribuiu para que pesquisadores acústico-musicais da época como Wallis empenhassem-se em tal assunto, culminando com a construção da explicação matemática da existência de harmônicos por Saveur no início do século XVIII, essencial para a emergência do conceito de Séries de Fourier. Obtido pela divisão da corda por 2, o intervalo de oitava ganha importância já que é obtido pela primeira seção possível. Nesse ponto, Descartes prenuncia a correspondência entre divisões da corda e harmônicos demonstrada pelo matemático Wallis em 1677.

Sob uma ótica de Inteligência Coletiva, Descartes prevê ainda a teoria de condicionamento-resposta tornada famosa por Ivan Pavlov (1849-1936) 300 anos mais tarde, quando afirma na seção do *compendium* referente a número ou tempo no som[50] que até animais podem

50 Esta nomenclatura corresponde ao que é hoje o ritmo no som.

dançar a um determinado ritmo se eles são ensinados e treinados. Esse ponto encontra-se relacionado à idéia de cansaço na percepção. As afirmações de Descartes de que o intervalo de quinta ou ritmos acima de pulsações ternárias deixam o ouvido mais ocupado apoiam-se em analogias com a resposta do corpo a um estímulo sonoro. Quando ouvimos determinados sons, somos compelidos a nos movimentar, o que determina certa capacidade de simpatia do corpo. Dependendo do ritmo, o corpo se vê incapacitado de acompanhar, assim como analogicamente o ouvido sente-se cansado diante de certas estimulações sonoras. Generalizando a idéia para o âmbito intrapessoal, passos vagarosos provocam em nós sentimentos mais aquietadores como languidez, tristeza, medo, orgulho etc, enquanto que passos mais rápidos provocam emoções mais rápidas tais como alegria, etc.

Do ponto de vista coletivo, uma grande contribuição do compendium refere-se aos subsídios inconscientes oferecidos por Descartes numa construção consistente da teoria das inversões de acordes por Rameau. Tais suportes evidenciam-se, por exemplo, ao comentar que o comprimento que gera a oitava é divisor da corda inteira, o que não ocorre com aquele que produz o intervalo de quinta. Obtido pela divisão da corda por 2 - primeira divisão -, Descartes atribui importância ao intervalo de oitava, já que é obtido pela primeira seção possível. Ele afirma ainda que nenhuma freqüência consonante com uma nota do intervalo de oitava pode ser dissonante com a outra nota.

Tal observação sugere certa equivalência no intervalo de oitava e portanto certa semelhança harmônica entre um determinado intervalo e seu complementar em relação a oitava, o que ganhará uma explicação satisfatória somente à luz do Teorema de Fourier. Nesse sentido, assim como a dúvida pitagórica lança luzes para que teóricos musicais se empenhassem em resolvê-la, culminando com o Teorema de Fourier, as reflexões de Descartes também lançam luzes rumo a explicações mais convincentes que naturalmente convidam implicitamente à emergência do Teorema de Fourier.

Outro aspecto forte na influência de Descartes sobre Rameau refere-se à necessidade de tons ou passos[51] para fazer transições de uma consonância para outra, tornando as melodias mais suaves, assim como às regras de composição estabelecidas por Descartes concernentes, por exemplo, à proibição do intervalo de quarta com o baixo já mencionada. Apresentando a quarta como sombra da quinta, Descartes justifica tal proibição por meio de analogias de âmbito intrapessoal entre percepções auditivas e visuais.

A idéia de equilíbrio mostra-se evidente quando Descartes afirma que o intervalo de quinta não soa tão incisivo como a terça maior nem tão lânguido como a oitava, sendo portanto aquele o mais agradável das consonâncias. Logo, a quinta deveria ser o intervalo mais usado a princípio; porém, a variedade de consonâncias deve ocorrer para criar contraste com a quinta de acordo com o axioma VIII. Os axiomas VII e VIII possuem implicações didático/pedagógicas fortes no que concerne à importância de certa tensão na dinâmica de ensino/aprendizagem, alimentada ainda por diversidade na construção e enredamento de significados. Para atingir tal meta, o uso de aptidões intelectuais do espectro de múltiplas competências de Gardner ganha importância.

51 Esta nomenclatura corresponde ao que é hoje chamado graus conjuntos.

A idéia de equilíbrio caracterizada pelo axioma VII manifesta-se ainda no fato de que uma música unicamente rítmica pode explorar um maior número de pulsações, pois o ouvido ocupa-se somente com o tempo. Uma idéia similar aparece nas concepções de consonância e dissonância. A noção de equilíbrio traz ainda uma idéia de controle da diversidade, por exemplo, quando Descartes afirma que, em sons simultâneos, a diversidade deve ser menor que em sons sucessivos, pois neste caso, para uma mesma configuração de notas, o ouvido cansa-se menos.

De maneira geral, a palavra Descartes vem-nos à mente como símbolo de um conjunto de idéias associadas ao raciocínio dedutivo e encadeado, à causalidade e ao direcionamento, bem como à separação contrárias, num certo sentido, às noções de comparação, simultaneidade, acausalidade, sincronicidade. Do ponto de vista epistemológico, o contraponto referido traduz-se no antagonismo/complementariedade lógico/analógico. Associa-se ainda a esse filósofo francês a idéia de separação razão/emoção, corpo/alma, cérebro/mente, bem como concepções mecanicistas em diversos campos das ciências e humanidades.

Recheado de analogias, o Compendium Musicae enriquece a obra cartesiana, impregnado-se ainda das idéias de diversidade e equilíbrio, evidenciadas nos axiomas VII e VIII, que sugerem, numa ótica pedagógica, a relevância de certa tensão e necessidade de uso diverso das competências intelectuais no processo de (re)construção e assimilação de significados. Nesse ponto, as tecnologias, bem como outros recursos da ecologia cognitiva, assumem papel imprescindível no cenário educativo, como iremos abordar melhor no capítulo IV.

Um aspecto interessante do trabalho musical do filósofo francês refere-se à imagem (re)construída de

Descartes. A maneira como tal pensador argumenta no Compendium Musicae apresenta-se em certos momentos bem pouco cartesiana na acepção mais comum da palavra. O uso considerável de analogias em geral na construção de significados, bem como a presença quase que constante do conceito de ressonância e simpatia acústica como suporte para conjecturas no decorrer de sua obra intima uma (re)significação da palavra Descartes, "vacinando" o antigo significado de Descartes pela leitura de seu próprio texto.

3.7.1 Uma analogia astronômica, um princípio de incerteza e o arquétipo comensuralidade na construção de escalas

O processo subjacente à tentativa de ajustar um número inteiro de quintas dentro de um número de oitavas mostra-se significativamente análogo ao requerido para a construção de calendários, onde se busca acomodar de maneira justa ciclos da Lua em períodos da Terra em torno do Sol. A medida do tempo apresenta-se como um dos problemas mais antigos da história. Assim como a acústica fornece-nos intervalos naturais entre os quais tentamos realizar ajustes - no caso da construção pitagórica, ajustar quintas em oitavas -, a astronomia nos proporciona relógios naturais entre os quais procuramos identificar relações. No caso, a construção de calendários depara com a acomodação de ciclos lunares com 29 dias e meio de período, em ciclos de 365 dias da Terra.

O ano possui 365 dias, o que significa 11 a mais que o correspondente a 12 meses lunares - 354 dias. Logo, cada ano deixa um déficit de 11 dias em relação ao último ciclo completado pela Lua, de maneira análoga ao processo de construção de escalas apresentado, onde cada oitava ultrapassa o último ciclo de quintas por uma quarta. Após 19 anos, tem-se 235 ciclos lunares com precisão notável assim como após 7 oitavas, obtemos 12 ciclos de quinta com significativa precisão. Cabe ainda ressaltar que a "coma astronômica"[52] exigirá uma distribuição ao longo dos 19 anos, assim como a coma pitagórica reparte-se ao longo das escalas de distintas formas nas tentativas de construção de escalas.

No caso da astronomia, temos 235 = 19 x12 + 7, o que levou Meton, ateniense do século IV a.C., a promover um grande progresso ao repartir os 7 meses restantes ao longo dos 19 anos, considerando portanto 12 anos normais de 12 meses e 7 anos gordos de 13 meses (Cartier, 1995, p.754), o que se comprova matematicamente no fato de que 19x12 + 7 = (12+7) x 12 + 7 = 12 x 12 + 12 x 7 + 7 = 12 x 12 + 13 x 7. Gerando conflito de interpretações, a analogia construção de escalas/calendários propicia insights, lubrifica e insemina de afeto os conceitos - a princípio distantes - referentes a escalas, associados principalmente à aptidão musical ao mesclá-los com propriedades astronômicas, em geral mais "colonizadas" no espaço do saber e pertinentes essencialmente às aptidões lógico-matemática e espaciais. Nesse sentido, tal comparação dá subsídios para trazer à tona a manifestação de um significado, cujo sentido encontra-se ainda encoberto através do trilhar de um atalho analógico permitindo sentir o conhecimento, na acepção de Ricouer.

---

52 Em analogia com a coma pitagórica apresentada no capítulo 1.

Retornando ao âmbito musical, sob uma ótica agora mais abrangente, o significado do ajuste de intervalos norteado pela tensão estabelecida na dualidade simetria/afinidade harmônica desencadeia discussões determinantes para a construção de escalas, onde a otimização da dualidade referida torna-se significativamente presente e a matemática aproxima-se mais uma vez da trajetória musical como ferramenta.

À luz da organização teórica desta obra, poder-se-ia afirmar que a música ocidental herda da matemática, a partir do estabelecimento da escala pitagórica, uma linguagem sustentada ocultamente por números racionais, que apoiará seu desenvolvimento por quase 2000 anos. Esse período significativo justifica-se pelo fato da concepção pitagórica possuir muitos aspectos comuns com aquela sustentada pelas Séries de Fourier que, já estando presente silenciosamente, viria a substitui-la de maneira mais direta. O dogmatismo aritmético de Pitágoras vigora enquanto os fenômenos acústico-musicais observados adequam-se a ele e as necessidades da música não põem em risco sua validade. Observando a dinâmica epistemológica de desenvolvimento da música nesse período ciente das descobertas acústico-musicais referidas, podemos compreender, agora, à luz da matemática, alguns mecanismos presentes ocultamente na trajetória desta ciência.

Desde a Grécia Antiga, a construção de escalas procurou respeitar fortemente a afinidade harmônica, obtendo-se novas notas a partir do cálculo sucessivo de médias harmônicas e aritméticas dos comprimentos correspondentes àquelas já existentes na escala, num processo de construção fractal. Tal apego excessivo à afinidade harmônica recai na impossibilidade de construção de escalas simétricas, o que estabelece uma tensão entre os conceitos referidos. A afinidade harmônica absoluta torna-se possível apenas em escalas assimétricas, enquanto que a simetria absoluta ocorre somente para escalas em que as relações de freqüências subjacentes apresentam-se como números irracionais. A totalidade de um compromete a totalidade do outro e a música caminhou da afinidade harmônica absoluta para a simetria com o Temperamento.

As modificações nas escalas anteriores ao temperamento igual apontam no sentido de aproximar as relações para aquelas existentes na Série de Fourier, ou seja, num certo sentido, tais processos musicais contêm o arquétipo série harmônica e contribuem para a construção, por indução na rede partindo de inferências de natureza musical, do significado de Séries de Fourier. Interessante notar que as modificações referidas caminham no sentido de aproximar as relações de freqüências daquelas correspondentes aos intervalos que aparecem na Série Harmônica. No que concerne a consonâncias, cabe ressaltar que se estabelecem concepções como a de Pitágoras, em que os números inteiros até 4 geram a perfeição, a de Zarlino, em que os números até 6 geram a perfeição até a relação de pequenos números inteiros que apresenta justificativa acústica, por Galileu e matemática, por Fourier. O enigma pitagórico teve diferentes explicações em distintas épocas da história ocidental, refletindo as concepções científicas vigentes.

Os processos referidos adequam-se num certo sentido à dinâmica de revoluções científicas de Kuhn, em que se mantém um paradigma com ajustes a partir dos fatores que o contradizem até o nível de contradição atingir certo patamar, que exige uma reconfiguração paradigmática. Cabe ressaltar que a mudança de paradigma acústico-musical acompanha a natureza mais geral da ciência, que adquire caráter mais preciso, experimental e mecânico com a Revolução Científica, exigindo argumentações apoiadas em inferências de natureza mais lógico-formais.

Os estudos até aqui desenvolvidos levam-nos a conceber a idéia de comensuralidade como um arquétipo - no sentido de Wheelwright -, inserido na formação de escalas. O conhecimento das Séries de Fourier permite-nos percorrer a trajetória da matemática/música sob uma ótica futura, e à luz das concepções teóricas defendidas nesse trabalho, podemos observar a Grécia Antiga observando, com óculos mais poderosos, o desenvolvimento da música no que diz respeito, por exemplo, a processos de formação de escalas, transformações de concepções melódicas em harmônicas e emergência do Temperamento, ressaltando, ainda, a maneira como a comensuralidade e num sentido mais amplo, a matemática atua tacitamente nessa dinâmica.

As Séries de Fourier permitem, agora, compreender, de maneira mais satisfatória, porque a oitava, a quinta e a quarta eram consideradas consonâncias perfeitas na Grécia, já que estas correspondem, respectivamente, aos primeiros três intervalos da série referida. À luz de Fourier, pode-se interpretar a oitava como o primeiro intervalo em que a nota superior possui todos os seus harmônicos contidos nos harmônicos da inferior. Por um raciocínio análogo, o intervalo de quinta apresenta-se como aquele de maior coincidência harmônica depois da oitava. Os aspectos anteriores, presentes silenciosamente na época, não apenas vinculados ao desejo de estabelecer-se um sistema musical com o máximo de intervalos consonantes, mas inseridos num contexto filosófico-epistemológico sustentado pelo conceito de comensuralidade, justificam a construção de uma escala a partir dos dois intervalos referidos. Poder-se-ia pensar que os pitagóricos transferiram para a música o arquétipo da comensuralidade, que geraria problemas de natureza análoga aqueles ocorridos na matemática pela conservação de tal concepção.

O temperamento pitagórico mostra-se eficaz enquanto a música não se afasta significativamente, em contexto harmônico, da região inicial do processo de formação das notas nos percurso apresentados, pois assim, não corre o perigo de passear sobre uma seqüência que contenha a quinta do lobo, fato esse que ocorrerá na medida em que a música procura diversidade também no âmbito harmônico, induzida pelo contexto e induzindo o cenário sócio-cultural presente no Renascimento.

A irracionalidade no ciclo das quintas, como caracterizada no capítulo I, causada pela insistência na manutenção da racionalidade na relação de freqüências, manifesta-se analogicamente no processo de construção de calendários, o que nos levaria a caracterizar o mecanismo afetivo/cognitivo subjacente à dinâmica apresentada como manifestação matemático/musical de um arquétipo. Esse "temperamento temporal" apresenta diferentes estruturas no decorrer da história como o Calendário de Meton de 12 anos com 13 meses e 7 com 12 meses e o calendário atual, assim como o temperamento musical que passa pela escala de Pitágoras, Zarlino e o temperamento igual.

Cabe ressaltar o fato de que o calendário anterior, a fim de manter a pureza no mês lunar, estabelecia 12 anos com 11 dias a menos que o ano astronômico e 7 anos com 18,5 dias a mais, o que se apresenta como um temperamento possível. No âmbito da música, mantinham-se 11 quintas puras e uma bem impura. Com o tempo, a evolução da música necessitou de um sistema que deixasse todas as quintas iguais e suportavelmente desafinadas a fim de caber num número inteiro de oitavas e o calendário caminhou no sentido de estabelecer meses quase igualmente diferentes do mês lunar com o intuito de ajustar-se ao ano astronômico.

No processo mencionado de "temperar musicalmente o tempo ou temporalmente a música", cabe ressaltar a analogia entre intervalos de quinta e oitava, de natureza original e os períodos correspondentes ao mês lunar e ao ano correspondente ao ciclo da Terra, presentes espontaneamente na natureza e o processo de irracionalização ou racionalização dependendo, do ponto de vista necessário para atender necessidades culturais e de simetrização. Antes, havia 11 quintas puras e 1 bem impura, enquanto que o calendário possuía 12 anos um pouco impuros e 7 mais impuros e agora, as quintas abandonam a pureza absoluta para assumir natureza igualmente impuras e os meses deixam a pureza total em relação ao mês lunar para assumir impureza quase igual.

Do ponto de vista epistemológico, ambos os sistemas caminham em mesma direção no sentido de abandonar o critério originalidade em favor da simetria e necessidades culturais, o que corrobora tal estrutura/dinâmica como um arquétipo - no sentido de Wheelwright -, que pode, ainda, emergir em outros cenários. As reflexões anteriores perturbam ligações de natureza analógica na rede de significados, levando-nos a uma ótica sobre novos cenários que inclui, conscientemente ou não, o arquétipo Temperamento em seu elenco.

No âmbito pedagógico, as analogias presentes em tais reflexões podem servir de canal conector entre um ambiente cognitivo que se deseja construir e cenários afetivamente incorporados, catalisando o processo de sentir o conhecimento - na acepção apresentada no capítulo II - na dinâmica de ensino/aprendizagem. Por exemplo, para um aluno promissor na aptidão lógico-matemática e com dificuldade na competência musical, a dificuldade de compreender o significado do Temperamento na música pode dissolver-se quando se transporta a questão para o problema algébrico de ajustar períodos lunares ao da Terra e vice-versa.

3.7.2 Emergência de soluções por estímulos cognitivo/afetivos simpáticos

A estrutura sistematizada por Saveur para explicar os fenômenos aduzidos, a partir das pesquisas de Zarlino, Mersenne, Galileu, Wallis e outros, é tributária de esquemas comuns àquela que utiliza a interpretação possibilitada pelo Phonodeik. Nesse caso, o processo cognitivo deu-se principalmente por inferências pertinentes à competência musical, sendo a conexão provocada pela descoberta de Miller posteriormente apenas um fator que corrobora as conclusões passadas. Essa dinâmica, povoada por personagens musicais e matemáticos mostra-se similar ao fenômeno do Temperamento na música em que os músicos não somente já sentiam necessidade de estabelecer um sistema afinado simetricamente, como já faziam isso musicalmente, embora não houvesse suporte matemático para tal procedimento, o que será possibilitado pela descoberta simultânea e independente do logaritmo pelo matemático e teólogo escocês John

Napier (1550 -1617), bem como pelo matemático suíço Jost Bürgi (1552-1632) (Lima, 1991) e sistematizado matematicamente por Euler no século XVIII (O'Keeffe, 1972, p.315).

Tais processos dão-se como se uma ciência requisitasse o desenvolvimento de outra para libertar-se de certos "encalhes", simultaneamente a uma espécie de indução analógica por um processo sincrônico que impregna toda a rede de novas estruturas e dinâmicas. Nessa linha, a necessidade de uma ciência reclama soluções em todas as direções, o que aparentemente não podemos classificar como um fenômeno acausal. Porém, o fato de a trajetória de uma ciência levar ou ser levada a uma situação que exige novos esquemas cognitivos para ser compreendida ou até mesmo novas estruturas de pensamento para continuar seu caminho exige esforços que, sob a ótica de rede, transferem-se, ou são transferidos ou simplesmente emparelham-se em diversos pontos, o que sugere a aparição de uma solução tácita por meio de sinais analógicos que se manifestam em campos distintos.

Nesse sentido, dois fatores assumem papéis fundamentais na detecção dessas situações. Primeiramente, torna-se necessário permitir que ocorram tais percepções no sentido de desenvolver estruturas prévias capazes de ler significados com visão mais ampla. Considerando a abordagem educacional que este trabalho enfoca, a observação significaria desenvolver capacidade de enxergar significados por lentes congruentes com a organização teórica deste trabalho. O segundo fator essencial é o esforço para resolução do problema de interesse, estabelecendo situações que possam fornecer elementos elucidativos, criando terrenos férteis para germinar uma solução, que talvez nem venha a manifestar-se ali.

O trabalho contínuo em cima de um problema pode perturbar a rede de modo a mobilizar analogicamente estruturas adormecidas em outros campos, que permitam a expressão, justamente por não serem solicitadas. Sob uma ótica coletiva, indissociada das estrutura/dinâmicas de pensamento dos teórico-musicais contribuintes do enredamento do conceito de Série Harmônica, a própria busca de explicações racionais para tal conceito mobilizou teóricos provocando movimentações na rede que culminaram com a emergência de tal conceito em um âmbito aparentemente não relacionado. De forma similar, outros significados acústico-musicais tais como consonância, altura, timbre, etc, ganharam distintas configurações ao longo da história, resultantes de sucessivas tentativas para suas explicações, que por sua vez provinham de significações anteriores. Tais dinâmicas envolvendo significados associados a configurações, seguidas de resignificações relacionadas a reconfigurações estabelecem um comportamento dinâmico na rede estreitamente relacionado ao Princípio da Metamorfose de Lévy.

3.7.3 Dinâmicas paralelas ressonantes e esquemas comuns no âmbito matemática-música

Nesse ponto, cabe ressaltar algumas dinâmicas paralelas no âmbito das relações entre a matemática e a música. No descobrimento de suas séries, Fourier empenhava-se em encontrar soluções para a distribuição de calor em uma placa o que resolveria indiretamente um problema importante para a música. Nesse sentido, sua descoberta para uma aplicação, a princípio em física, teria importância em música.

Poder-se-ia afirmar que os ensaios exaustivos para solucionar o enigma pitagórico transmitem, analogicamente para toda a rede intelectual coletiva, esquemas cognitivo/afetivos com naturezas próprias que ressoam sobre determinadas regiões despertando conhecimentos adormecidos, impossibilitados outrora de manifestarem-se por estarem envoltos em uma ecologia cognitivo/afetiva ainda inadequada. Nesse caso, analogias participam na dinâmica anterior para permitir que determinados processos intelectuais induzissem territórios desconhecidos na rede cognitivo/afetiva, construindo novos significados por meio de distintos campos intelectuais.

Uma interpretação de natureza análoga ocorre quando observamos a dinâmica de construção do significado de temperamento igual. Nesse caso, os músicos anteriores à sistematização desse conceito provavelmente já esforçavam-se no sentido de pensar um sistema musical que respondesse às suas necessidades. Sob uma ótica de rede intelectual coletiva, tal fato traduz-se numa perturbação que movimenta esquemas comuns àqueles subjacentes ao conceito de logaritmo, que emerge e serve mútuo, sincrônico e silenciosamente ao significado por trás da idéia de temperamento igual. As contribuições da matemática à música com a descoberta do logaritmo levam-nos a imaginar as ciências como órgãos, de um organismo maior representado pela ciência coletiva, que se articulam mutuamente a serviço do processo solidário.

Cabe ressaltar aqui que nas dinâmicas mencionadas assim como em outras de naturezas análogas, a indução analógica ocorre, sem descartar processos causais conscientes ou não em que uma ciência serve a necessidade da outra, estimulando-a e motivando-a por meio de problemas lançados em outras áreas. A indução analógica referida possibilita percursos paralelos entre distintas ciências traduzidos analógico e peculiarmente para seus respectivos cenários, munidos de "cores" próprias, assim como os modos musicais.

Em suas trajetórias, distintas ciências deparam, muitas vezes, com problemas análogos que se diferenciam justamente em suas características e linguagens particulares. São justamente tais diferenças que, muitas vezes, permitem a resolução de um problema considerado difícil quando observado em um determinado cenário impróprio, como por exemplo, o Temperamento referido, ou mesmo problemas de integrais em que uma mudança de variável - modificação de domínio, ou cenário matemático - transforma o argumento em uma expressão de simples integração.

Nesse sentido, o acompanhamento consciente e simultâneo das diversas faces de um problema em cenários regidos por distintas competências intelectuais torna-se imprescindível na visualização do ambiente mais adequado e da circunstância cognitivo/afetiva mais ampla a cada momento de forma análoga à conscientização das distintas "tonalidades" pelas quais passeia uma música em seu processo de resolução. Dessa maneira, as dificuldades enfrentadas pelo processo cognitivo resignificam-se quando observadas sob outras óticas, de maneira análoga à água que contorna as pedras e continua seu curso. Sincronicamente ou de maneira causal, as ciências podem libertar-se mútuo e silenciosamente de seus "atolamentos" umas as outras, permitindo a continuidade de suas trajetórias, assim como competências intelectuais libertam-se mutuamente de seus entralhamentos, possibilitando uma expansão intelectual mutidirecional.

Tais observações sugerem que uma espécie de "chaveamento" - acepção apresentada no capítulo II - no uso das aptidões intelectuais garante a reconfiguração constante nas estruturas de pensamento/sentimento superando tais atolamentos e possibilitando a construção de estrutura/dinâmicas intelectuais mais amplas. Transportadas para o ambiente didático/pedagógico e partindo de pressupostos de que a Inteligência Coletiva pensa na individual (Lévy, 1994), munida de maior potencial ressonante quando sintonizada com a dinâmica/estrutura "vibratória" coletiva, tais observações sugerem analogicamente táticas educacionais que estimulem tal solidariedade intelectual no âmbito individual, traduzida em linguagem de competências da inteligência para um equilíbrio do espectro.

Cabe aqui ressaltar que o comentário anterior não exclui, numa visão relativa, a natureza também individual da inteligência. Desse ponto de vista, o afeto/cognição acompanha inconscientemente dinâmica/estruturas coletivas ao mesmo tempo que possui desenvolvimento e identidade próprios. Tal reflexão aclara-se quando comparamo-la a uma raiz que nasce em diversos pontos com diferentes formas, porém marcadas por características comuns que as identificam como pertencentes a mesma origem, ou mesmo a uma família em que se reconhece seus membros através de traços semelhantes numa diversidade dentro da unidade.

Assim, analogias atuam como "operários" que constróem, em um nível mais amplo, a estrutura de pensamento coletiva dependendo do contexto sócio-cultural dentro do qual a sociedade insere-se em determinada época. Analogias "gatilham" aquilo que poderia estar adormecido há muito, impedindo o desenvolvimento do fluxo cognitivo/afetivo geral de um indivíduo ou mesmo coletivo. Dependendo do critério e sensibilidade sobre sua utilização, o poder das analogias na desobstrução do curso cognitivo/afetivo pode reverter-se na capacidade de colocar pedras no caminho. Tais repercussões dependem do contexto em que as comparações se inserem, do modo como são utilizadas, bem como da maneira como o interlocutor as recebe, o que concede ao uso de analogias um caráter de compromisso.

Partindo do pressuposto da fractalidade na rede de significados, arriscaria conjecturar que as dinâmicas supramencionadas ocorrem, ainda, em cenários mais ou menos restritos, num sentido que leva em conta o princípio da Exterioridade de Lévy. Deslocando analogicamente as reflexões anteriores para a cognição/afeto individual/coletiva em ambiente didático/pedagógico, pode-se conceber o uso de analogias com o intuito de construir e enredar significados, promovendo, ainda, bloqueios de energia e portanto certa liberdade afetivo/cognitiva necessária à navegação espontânea da intelectualidade.

À luz da organização teórica deste trabalho, as dinâmicas ressonantes mencionadas atuam em distintas dimensões da rede de conhecimento, propiciando imigração de significados de uma dimensão para outra. Por exemplo, as Séries de Fourier reverberam, segundo a acepção de Bachelard citada no capítulo II, na História da Música, caminhando sob uma certa ótica de uma dimensão micro para outra macro, na medida em que os termos da primeira - correspondentes a seus intervalos - refletem-se na trajetória da segunda, propiciando a manifestação, por reflexo na história, do arquétipo Série Harmônica.

A fim de elucidar tais reflexões, vale recordar que a música passa pelo canto Gregoriano - uníssono -, Organum paralelo em oitavas, quintas e quartas - primeiros intervalos musicais da Série Harmônica ou primeiras relações de freqüências na Série de Fourier. No século XI utilizavam-se apenas os intervalos de oitava ou os de quinta ou mesmo os de quarta na composição do Organum paralelo. Já no Renascimento, há Organa que incluem as terças em notas de passagem e depois a consolidação de terças e sextas como consonâncias em tempos fortes - relação entre o 4o e 5o termos e 3o e 6o , respectivamente. Posteriormente, há o estabelecimento da tríade - 4o, 5o e 6o termos, o uso da sétima - 7o termo, da nona com Beethoven e etc, que correspondem aproximadamente aos intervalos que aparecem na Série Harmônica em ordem crescente do grave para o agudo.

A partir da associação entre Série Harmônica e Séries de Fourier, pode-se dizer que esta última reflete-se na história, no sentido de que os intervalos correspondentes a seus termos aparecem no percurso da música qualitativamnte na mesma ordem, ou seja, a história acompanha fractalmente as Séries de Fourier. À luz das concepções desta obra, o esquema subjacente às Séries de Fourier, bem como à Série Harmônica, assim como outros comuns a distintos cenários musicais e matemáticos caracterizariam arquétipos , na acepção de Wheelwright apresentada no capítulo II, em suas roupagens matemático-musicais.

Kepler oferece grande contribuição para a interface matemática-música, observando por exemplo, que a relação entre as velocidades de cada planeta nas posições de afélio e periélio repetem relações de consonâncias musicais, estabelecendo, a partir disso, o que seria a tradução para linguagem musical do movimento dos planetas. Poder-se-ia afirmar que tal composição cinemática oculta arquétipos - na acepção de Wheelwright - de mesma natureza daqueles que participam tacitamente da composição que ouvimos ao estabelecer a correspondência entre as velocidades de cada planeta e freqüências musicais.

As dinâmicas paralelas ressonantes e esquemas comuns manifestam-se ainda de maneira arquetípica, quando observamos a empatia secreta entre os conceitos de logaritmo e Temperamento. Apesar do conceito matemático de logaritmo ainda não ter sido descoberto no século XVI por Napier e Bürgi, os músicos já exerciam tal significado em linguagem musical com a necessidade do Temperamento. Tais reflexões sugerem ainda, sob uma ótica causal, o estabelecimento de uma polarização na rede, apontando para o desvendar de tal conceito em linguagem matemática, onde encontra representação manipulável em nível mais concreto. Sob uma ótica junguiana e acausal, as reflexões anteriores sugerem a ocorrência de sincronicidade de um mesmo arquétipo com manifestações em matemática e em música.

No que concerne ainda à idéia de Temperamento, enquanto a música permaneceu sem explorar territórios harmônicos muito distantes do início do ciclo das quintas, a diferença correspondente à coma pitagórica não assumiu grande importância. Com o clima de diversidade referido, esta ciência/arte traduz tal diversidade no âmbito harmônico sentindo necessidade de migrar para cenários harmônicos mais distantes, o que começa a gerar problemas de distorção. Tal fato, associado à impossibilidade de construção de teclados com muitas notas, leva teóricos acústico-musicais a imaginar um novo sistema sobre o qual a música possuísse liberdade de modulação, culminando na idéia de Temperamento.

A dinâmica apresentada leva tais pensadores a conceber não um sistema com várias quintas absolutamente puras e uma bem impura, mas uma nova arquitetura musical em que todas as quintas estivessem igualmente impuras, denominado Temperamento. Os mecanismos mentais necessários a esse tipo de pensamento traduzem-se matematicamente no estabelecimento de um universo fechado agora sob uma ótica logarítmica, que abdica de concepções de freqüências musicais relacionadas a números racionais, correspondentes aos intervalos puros, para assumir na escala relações de freqüências irracionais. A mudança para concepções incomensuráveis reflete-se, sob uma ótica logarítmica, em certa comensuralidade musical, pois agora quaisquer dois intervalos constroem-se como composição de um número inteiro de um certo intervalo básico.

Tal dinâmica traduz-se, ainda, na construção de calendários, oferecendo a seus esquemas subjacentes uma roupagem espacial. Os músicos anteriores ao Temperamento, provavelmente já sentiam necessidade de um sistema de tal natureza traduzindo musicalmente este conceito, ou seja, executando a radiciação e concebendo em linguagem musical a noção de logaritmo. Poder-se-ia interpretar que ao contribuir com a construção do significado de logaritmo, tais músicos estariam perturbando estruturas subjacentes simpáticas àquelas que sustentam tal idéia, que emerge da Inteligência Coletiva científica na pessoas de Napier e Bürgi em linguagem matemática no início do século XVII, época em que o Temperamento já participava das preocupações dos músicos.

Congruente com a dinâmica coletiva subjacente, a idéia de diversidade mencionada anteriormente manifesta-se, sob uma ótica sincrônica, na música que responde em sua linguagem com as modulações de tonalidades, ou seja, migrando para cenários harmônicos mais variados possíveis. À luz da causalidade, podemos interpretar que a diversidade manifesta-se em diferentes cenários, reconfigura a ecologia cognitivo/afetiva, exigindo da música diferentes expressões congruentes com a nova realidade. Para tudo isso, mostra-se necessário a emergência do Temperamento, inconcebível sem estruturas de natureza análoga àquelas subjacentes ao conceito de logaritmo.

As considerações anteriores corroboram a conjectura de trajetórias entrelaçadas, ora por conectivos causais ora por ligações acausais, das diversas ciências, sustentadas por esquemas, estrutura/dinâmicas e arquétipos que se manifestam em diversas roupagens e transmutam no decorrer do tempo carregando uma identidade característica que permite seu reconhecimento em campos aparentemente mais distantes, através do pensamento analógico.

3.8 Uma revolução epistemológica musical: a emergência do Temperamento

No âmbito musical, as inadequações à concepção pitagórica ocorrem na medida em que surgem manifestações irrealizáveis sobre sistemas em que mesmas relações intervalares traduzem-se matematicamente em distintas razões de freqüências, ou seja, assimétricos. Na verdade, o gérmen da idéia de Temperamento encontra-se na assimetria inerente à escala de Pitágoras, manifestada através da coma pitagórica ou da quinta do lobo. A fim de responder a tais solicitações juntamente com a impossibilidade de relacionar mesmos intervalos a mesmas razões de freqüências, os músicos encontram-se forçados a pensar em escalas com propriedades simétricas, levando a consideração de intervalos impuros, o que implica na introdução de números irracionais na matemática que acompanha silenciosamente a música.

À luz da organização teórica apresentada no capítulo II, poder-se-ia interpretar que a necessidade coletiva exigiu a emergência do Temperamento, na medida em que sua não ocorrência comprometeria o desenvolvimento do fluxo de outras ciências que necessitavam desta emancipação para expressarem-se e darem continuidade a suas trajetórias. Tal processo dava-se como se houvesse um fluxo coletivo por meio do qual qualquer parte poderia manifestar-se; portanto, o bloqueio de um canal propiciava restrições em outros comprometendo expressões locais bem como a expressão máxima do todo, suportável até certos limites.

Se considerarmos a introdução de grandezas incomensuráveis como uma revolução epistemológica na matemática, poderíamos conceber o Temperamento como um corte análogo na trajetória da música, até então norteada por escalas puras. Assim como a idéia de som como pulsações de ar lançada inicialmente por Arquitas introduz tacitamente o conceito de funções periódicas, bem como o de freqüência, o conceito de Temperamento encontra sua origem com outras roupagens na Grécia.

Vindo sendo construído historicamente desde a Antigüidade, o significado de Temperamento já manifesta-se na divisão do monocórdio em quatro partes por

Pitágoras com o estabelecimento de uma afinação por quintas; na tensão afinidade harmônica/simetria nas escalas estreitamente associadas à tensão comensuralidade/irracionalidade; no processo de afinação de Arquitas por médias proporcionais, cuja tendência do ponto de vista matemático tende ao temperamento igual; na divisão do braço de um instrumento em 12 semitons iguais por Zarlino e Mersenne; na consideração de Descartes de que sendo 27/32 ≈ 5/6, 27/40, 20/27 ≈ 3/4, 48/81, 16/27 ≈ 3/5, 27/12 ≈ 3/2, 25/12 ≈ 4/3, 24/12 ≈ 5/4, os números racionais e irracionais dos membros esquerdos de tais igualdades emprestariam doçura das proporções matemáticas simples aproximadas correspondentes, o que permite conceber por exemplo uma quinta produzida pela relação de freqüência 27/12, necessária na admissão do temperamento igual etc. Tais considerações revelam como a construção do conceito de Temperamento enreda-se a outros significados, resignificando-se ao longo da história até adquirir certa organicidade.

Os elementos apresentados permitem-nos interpretar a dinâmica de emergência do Temperamento à luz da Inteligência Coletiva, estabelecendo-se, a partir dessa ótica, uma breve análise epistemológica de tal processo acústico-musical. Apesar da distinção apresentada na construção das gamas de Pitágoras e Zarlino, essas possuem concepções idênticas do ponto de vista matemático no que concerne a relações de pequenos números inteiros. Já a gama temperada igualmente mostra-se mais complicada no sentido em questão, uma vez que se fundamenta em relações numéricas irracionais, não possuindo nenhum intervalo simples nem harmônicos comuns em quaisquer de suas notas. Portanto essa concepção difere-se substancialmente das gamas de Pitágoras e Zarlino, significando e talvez manifestando na música um corte epistemológico emergente no processo histórico-cultural da época.

De acordo com os cálculos apresentados, essa maneira de divisão da escala torna-se inconcebível teoricamente sem a invenção do logaritmo por Napier e Bürgi pouco depois de 1600 (Martin, 1948, p.496), o que corrobora a existência de conjecturas anteriores de mesma natureza do temperamento igual, sob uma ótica de seu significado. Tal fato reforça não apenas a interdependência e catalização mútua dos processos evolutivos de distintas ciências, mas a polarização e indução analógica propiciadas pelos esquemas comuns existentes nas diferentes ciências e manifestações em geral.

Poderíamos reconhecer no processo que levou ao Temperamento dinâmicas intelectuais coletivas de naturezas similares àquelas concernentes ao Teorema de Fourier. À luz desse paralelo, o temperamento igual culminaria num momento da trajetória da música próximo à invenção do logaritmo por Napier e Bürgi. Representando alguns dos pontos pretos da imagem de gestalt , os músicos de até então já deviam conjecturar a existência de um sistema a partir do qual certa liberdade de modulação fosse permitida. Os mecanismos que os cientista/artistas mencionados imaginavam e até, de certa maneira, utilizavam, possuíam, em linguagem musical, esquemas análogos àqueles que subjazem ao conceito de logaritmo. A necessidade do Temperamento na música trilhou uma trajetória relativamente extensa, emergindo na época de Bach que escreve seu Cravo bem temperado, contendo 24 prelúdios e fugas executáveis nas 24 tonalidades existentes.

Tal processo induz à necessidade de pensar a música navegando sobre um sistema em que não mais os comprimentos ou freqüências associadas às notas relacionem-se como grandezas comensuráveis ou números racionais. De maneira análoga à matemática na Grécia Antiga no que concerne à ampliação do conceito de número ao incluir os irracionais, a emergência do Temperamento obriga a música a abandonar tais idéias para assumir concepções sustentadas por grandezas incomensuráveis ou números irracionais sob o ponto de vista mencionado, ao mesmo tempo que numa outra dimensão avocar certo tipo de comensurabilidade sob uma ótica logarítimica. Sob tal ótica "comensurável" de um ponto de vista auditivo, o sistema temperado passeia sobre estruturas musicais análogas àquelas que compõem a comensuralidade em matemática, uma vez que quaisquer intervalos musicais agora são comensuráveis, pois existe um intervalo básico - o semitom, no pior caso - que, composto um número inteiro de vezes, resulta nos intervalos dados inicialmente.

Dois aspectos marcam de maneira significativa a relação entre a matemática e a música no que concerne ao conceito de Temperamento. Primeiramente, há o fato de a descoberta do logaritmo "permitir" a sistematização do Temperamento ou reciprocamente o fato de os músicos já estarem utilizando, em linguagem própria, um sistema sustentado, do ponto de vista matemático, por relações de freqüências iguais e irracionais exigir a emergência do temperamento igual. Esta segunda interpretação significaria que, para responder as necessidades de expressão artística daquele momento histórico, os músicos passaram a utilizar intuitiva e auditivamente um sistema, que, sob uma ótica matemática, nada mais era do que a aplicação do conceito de progressão geométrica à distribuição de notas em uma oitava. A dificuldade ou impossibilidade de analisar qual dos aspectos surge cronologicamente primeiro, até porque dinâmicas de tal natureza podem não ser passíveis de análises causais, poderia levar-nos a concebê-las como sincrônicas.

O outro aspecto relevante concernente à idéia de Temperamento refere-se ao paralelo entre a passagem de afinações sustentadas por números racionais para sistemas musicais caracterizados por intervalos simétricos - e portanto associados matematicamente a relações irracionais - e a mudança na idéia de número na Grécia, quando este passa a incluir os irracionais em sua concepção.

Cabe ressaltar ainda a trajetória que culmina com a sistematização do Temperamento, envolvendo aspectos tais como o sistema musical de Pitágoras, que levanta naturalmente o problema da coma pitagórica; o método de Arquitas de construção de escalas através do cálculo de médias harmônicas e aritméticas das frações da corda encontradas por Pitágoras para as consonâncias perfeitas; as substituições de Zarlino nas frações geradoras dos intervalos de terças e sextas por relações mais simples, que revelam a possibilidade de certa margem de variação na freqüência geradora de uma nota sem modificação musical perceptível; as explicações de Descartes para intervalos consonantes produzidos por razões matemáticas complexas, inclusive irracionais, considerando que estes "emprestam doçura" de intervalos consonantes produzidos por frações matemáticas próximas e simples etc.

O caminho trilhado direta ou analogicamente para o desvendar de esquemas subjacentes ao conceito de Temperamento ou mesmo o de Série Harmônica relaciona-se ao processo de sentir o conhecimento defendido no capítulo II, pois envolvem aptidões intelectuais sustentadas por estrutura/dinâmicas afetivas e cognitivas. Reconstruções didático/pedagógicas de situações análogas a estas utilizadas por exemplo nas oficinas interdisciplinares comentadas no capítulo IV, possibilitam alimentar a identidade de distintos conceitos por condutos heterogêneos. Tal dinâmica permite uma espécie de "lubrificação" no processo de assimilação do conhecimento através da ressonância por diversos sentidos do interlocutor, estabelecendo construções de significados multidirecionais.

3.9 Inteligência Coletiva na construção do significado do Teorema de Fourier

Do ponto de vista musical, o Teorema de Fourier vem repetir, formalizar ou renovar em linguagem matemática o que Saveur já teria realizado em linguagem musical levemente "temperada" pela ligação da matemática com a música realizada por teóricos que o antecederam. A associação de altura musical a pulsações no ar por Galileu, provavelmente prenunciada por Benedetti (Sadie, 1988, 665), lança luzes para que outros pesquisadores desenvolvessem a acústica musical até Saveur estabelecer explicações para fenômenos acústico-musicais tais como o timbre, o batimento e harmônicos do som. As dinâmicas anteriores possibilitam ainda a concepção do princípio da superposição pelo matemático francês que permite explicar o fato de um som traduzir-se ao mesmo tempo numa configuração no ar e em várias outras simultaneamente. Necessária à construção da idéia de Séries de Fourier, esta conclusão significa que vários sons superpõem-se compondo um som resultante, enquanto que a interpretação acústica do Teorema de Fourier afirma que um som decompõe-se em diversas componentes com freqüências múltiplas da original. Num certo sentido, uma das afirmações acima mostra-se recíproca da outra.

O mais interessante é que os mecanismos mentais utilizados para estabelecer as explicações mencionadas apresentam esquemas comuns em linguagens diferentes de acordo com as épocas e situações sócio-culturais que estabelecem distintas relações entre o homem e seus objetos de pesquisa, o que ressoa fortemente com a idéia de ecologia cognitiva de Lévy. Do ponto de vista de rede de significados, os trabalhos dos teóricos musicais até Saveur já perturbam regiões cognitivo/afetivas de estreita proximidade semântica ao significado do Teorema de Fourier. Os esquemas subjacentes às estruturas utilizadas nas explicações daqueles pesquisadores ressoam em esquemas ocultos que acompanham o conceito referido.

Assim como o Temperamento, a idéia de Séries de Fourier sob uma ótica musical -explicação teórica de Série Harmônica, em que um som possui distintos outros sons ocultos - mostra-se presente desde a Antigüidade, quando Arquitas concebe a idéia de consonância como "fusão" de notas musicais afirmando que ouvimos dois ou mais sons consonantes como se fosse um. Como iremos aprofundar posteriormente, poder-se-ia afirmar que, na verdade, o gérmen da associação entre Série Harmônica e Séries de Fourier encontra-se na dúvida, levantada a partir do experimento de Pitágoras com o monocórdio, concernente à explicação para razões de pequenos números inteiros subjacentes às consonâncias perfeitas. À luz da organização teórica apresentada, a aproximação do conceito de Série Harmônica de Séries de Fourier propicia resignificações e reconfigurações mais significativas na rede de significados a partir da concepção de consonância de Zarlino associada a maior coincidência de harmônicos.

Essa associação reconfigura-se ainda com Kepler quando este conjectura a emissão de diferentes sons por uma corda associados às suas divisões por 2, 3, 4, etc. Descartes conecta os conceitos supra-referidos em considerações tais como a impossibilidade de audição de uma nota sem sua oitava superior; a consonância de uma nota com outra determinar a consonância da primeira com a oitava da segunda; o poder da nota mais grave frente a aguda atribuir-se ao fato da primeira ser produzida por um comprimento maior e múltiplo daquele que produz a segunda; a proibição da inversão da quinta com a quarta, que significaria inconsistência com a ordem natural com que tais intervalos aparecem na Série de Fourier.

Outras reconfigurações caminham em sentido à construção da idéia de Séries de Fourier tais como aquelas propiciadas por Mersenne ao levantar a questão: como pode uma nota vibrar em várias freqüências ao mesmo tempo?. O matemático francês estaria perturbando a rede coletiva que se reconfiguraria rumo à construção do significado de Séries de Fourier. Prenunciando esse conceito, o matemático francês explicou a razão da trombeta produzir a oitava, a quinta etc correspondentes aos sons da Série Harmônica associados aos termos da Série de Fourier, bem como o porquê de um simples sino produzir diferentes sons ao mesmo tempo. Sob uma ótica de rede, as dúvidas, descobertas e conjecturas até então iluminam um terreno fértil para Wallis em 1677 e Robartes em 1692 relacionarem os modos de vibração de uma corda - inteira, duas metades, três terços, quatro quartos, etc - aos harmônicos do som produzido pela sua estimulação. A partir da observação de que o movimento de uma corda em modos mais altos resultava no aparecimento de nós e ventres, Saveur organiza os aspectos mencionados para fins de estabelecer a primeira explicação racional para o fenômeno dos harmônicos, comparando ainda a maneira com que um organista mistura os registros do órgão àquela com que um pintor mistura cores.

O Teorema de Fourier pode ser observado como o ápice de diferentes dinâmicas, que consiste em uma síntese de distintos processos epistemológicos, representando uma gestalt. Ainda sob a ótica mencionada, poder-se-ia afirmar que as dinâmicas propiciadas pelos esforços de teóricos musicais do séculos XVI, XVII e XVIII em sentido a explanar racionalmente os fenômenos acústico- -musicais culminam com o nascimento do conceito subjacente à Séries de Fourier, induzindo a Inteligência Coletiva ao estabelecimento de tal teorema um século mais tarde na pessoa do matemático francês. Esse resultado resignifica novamente os conceitos referidos, propiciando, ainda, explicações para fenômenos musicais relacionados a regras de harmonia tradicional estabelecidas a partir de critérios sustentados apenas na sonoridade e desprovidos de explicação teórica satisfatória. O Teorema de Fourier engloba e ajusta os conceitos referidos num esquema cognitivo que, já vindo sendo construído, adquire significado mais amplo em sua nova forma.

Do ponto de vista de rede, a descoberta de Fourier propicia uma restruturação considerável, ampliando o significado de distintos conceitos. A sistematização da relação de altura com freqüência por Galileu desencadeou, juntamente com outros suportes teóricos tais como o princípio da superposição, o aparecimento de diversas explicações para os fenômenos mencionados, o que contribuiu com a construção de conceitos sustentados em estruturas subjacentes comuns a tais fenômenos. Ao mesmo tempo, tais conceitos provocam o enredamento da idéia de Série de Fourier pela transferência silenciosa de esquemas análogos existentes entre os mecanismos mentais envolvidos nas formas de convencimento da época e no que há daqueles mecanismos no conceito de Série de Fourier.

À luz das concepções desta obra, a idéia do Teorema de Fourier sintetiza-se no matemático francês, quando todos os elementos transferidos e interconectados a partir das explicações e vivências envolvendo as significações mencionadas compõe uma unidade, de modo semelhante à transcendência da percepção de um desenho numa fotografia caracterizada a princípio apenas por um conjunto de pontos pretos da condição de agrupamento não relacionado, para grupo orgânico. Nesse caso, as explicações e experiências anteriores propiciam, em nível estrutural, o despertar da organicidade do conceito de Séries de Fourier que emerge num campo aparentemente estanque. A dinâmica exposta, relacionada ao desenrolar de um sentimento musical que aponta para tal conceito juntamente com outras vivências científicas e experimentos, envolvendo distintas aptidões intelectuais, constrói tacitamente tal conceito, caracterizando, de maneira mais ampla, o enredamento de significados por processos multi-analógicos.

O Teorema de Fourier permite-nos ancorar significados acústico-musicais outrora sustentados teoricamente por dogmatismo aritmético e aspectos numerológicos. Além de abrir condutos matemáticos na compreensão dos fenômenos mencionados, tal conceito fornece, ainda, suporte para a compreensão de distintas regras de harmonia tradicional estabelecidas sobre argumentações não satisfatórias. Levando-se em conta as particularidades de cada área, o conceito aduzido traduz para a matemática os sentimentos que levaram ao estabelecimento das regras mencionadas. A análise de consonâncias musicais pode ganhar um sentido possível de busca de um máximo divisor comum entre as freqüências correspondentes às notas que formam um intervalo, de descoberta do mínimo múltiplo comum entre as freqüências referidas, de avaliação da consonância - à luz das regras anteriores - nos intervalos formados entre os harmônicos das notas em questão ou de outros critérios estabelecidos a partir da Série de Fourier. O significado de consonância ganha contribuição matemática e reciprocamente, os próprios significados de MMC e MDC podem, agora, ser construídos valendo-se dessa visão musical.

O desvendar do significado oculto ao Teorema de Fourier alastra-se por toda a rede intelectual coletiva propiciando reconfigurações e re-representações em conceitos, agora acústico-musicais, tais como consonância, harmônicos, timbre, batimento, bem como reinterpretações de regras de harmonia tradicional. Sob a ótica de Fourier, avaliar a consonância de um intervalo abastece-se matematicamente do sentido de observar quão próximo estão as freqüências correspondentes às notas do intervalo avaliado do seu MDC.

O significado do Teorema de Fourier esconde ainda distintas considerações concernentes à importância do intervalo de oitava em todas as culturas e em diferentes épocas, o que lhe atribui um caráter arquetípico. Por exemplo, Descartes e Rameau concedem importância a esse intervalo por ser aquele que surge quando uma flauta é assoprada com maior intensidade, o que corroborará com a idéia de oitava como universo musical e base para realização de inversões. Os procedimentos de Rameau sustentam-se ainda na caracterização de tal intervalo como limite, justificada pelo fato de que qualquer intervalo maior que a oitava possuiria com a oitava da nota mais grave as mesmas relações que o intervalo equivalente não composto com a fundamental.

Nesse ponto, Rameau estaria fornecendo implicitamente elementos a favor das Séries de Fourier, que justificaria a importância e equivalência de oitava por possuir todos os harmônicos da nota superior como harmônicos da inferior resultando numa sensação de fusão sonora.

3.9.1 Resignificações decorrentes do Teorema de Fourier

A partir de agora, comentar-se-ão algumas reconfigurações decorrentes da associação entre Séries de Fourier e Série Harmônica, concernentes em especial aos conceitos de consonância, escala, equivalência de oitava, acorde perfeito maior, etc. O conceito de consonância perpassa pela associação à razão de números perfeitos pelos pitagóricos, pelo idéia de fusão sonora com Arquitas, pela concepção de coincidência de harmônicos com Zarlino, de coincidência de pulsações no ar com Galileu, etc.

Pode-se ainda conceber a idéia de consonância matematicamente fazendo-se uso das Séries de Fourier. Tomando-se como referência o harmônico fundamental da expansão em série, observam-se as consonâncias pitagóricas já no início da decomposição, seguidas do acorde perfeito maior (harmônicos 4, 5 e 6), o que nos levaria a conceber como consonância entre dois tons a proximidade da raiz harmônica comum (Simonsen, 1992, p.45), o som de maior freqüência que possui os tons dados por harmônicos. Matematicamente falando, dados tons com freqüências f_1 e f_2, a raiz harmônica comum é um som de maior freqüência f_0 tal que $f_1 = k.f_0$ e $f_2 = j.f_0$, onde k e j são inteiros, ou seja, f_0 é o máximo divisor comum (M.D.C.) de f_1 e f_2.

Poder-se-ia pensar ainda em consonância entre dois tons observando a proximidade do primeiro harmônico comum, o que significaria observar os menores k e j tais que $k.f_1 = j.f_2$, k e j inteiros. Neste caso, estaríamos analisando a proximidade do mínimo múltiplo comum (M.M.C.) de f1 e f2. Ainda pode-se utilizar como critério de consonância a relação de freqüências como uma fração de números simples, o que significaria que as ondas coincidem num intervalo correspondente ao M.M.C. dos períodos, ou seja, quanto menor o M.M.C., mais freqüente a coincidência.

Tais concepções de consonância sugerem justificativas para a oitava como um intervalo fundamental a partir do qual a escala será dividida. Segundo essa ótica, esse intervalo apresenta-se como primeiro da série de Fourier sendo o único a possuir raiz harmônica na sua própria nota inferior. Por exemplo, o intervalo de oitava dó-1, dó-2 tem por raiz harmônica dó-1, encontrando-se portanto a uma "distância"- na Série de Fourier - zero de si mesmo. Observando o intervalo referido agora à luz da consonância como coincidência de harmônicos superiores, relacionada matematicamente ao M.M.C., a oitava ainda mostra-se mais favorável. Tal intervalo apresenta-se como o único a possuir primeiro harmônico coincidente na própria nota superior, não distanciando-se, por um raciocínio análogo, do intervalo harmônico.

Observando-se, ainda, tal intervalo à luz da concepção de consonância de Galileu, em que dois sons são tanto mais consonantes, quanto maior a proporção de pulsações comuns, a oitava também apresenta-se mais consonante, uma vez que sendo o M.M.C.entre os períodos de suas notas o valor do próprio período da nota superior, essas ondas coincidem a cada período desta nota. Do ponto de vista cultural, indissociável do aspecto físico, o intervalo de oitava mostra-se sempre como algo espontâneo. Tal observação atenta-nos para a relevância do aspecto cultural sempre presente nas distintas concepções de consonância estabelecidas no decorrer da história. Nesse sentido, os intervalos musicais assumem distintas caracterizações ao longo da história, passando, por exemplo, de dissonâncias a consonâncias, que na concepção de Schöemberg denominar-se-ia emancipação de dissonâncias.

O Teorema de Fourier propicia ainda uma compreensão matemática do processo de construção de escalas. A provável observação de Arquitas de que os comprimentos de corda geradores dos intervalos de quarta e quinta correspondiam respectivamente às médias harmônicas e aritméticas entre o comprimento da corda inteira, produtora da fundamental e da metade da corda, geradora da oitava, sugere uma espécie de divisão "fractal"[53] da oitava, ou seja a repartição de subintervalos em média aritmética e média harmônica, sucessivamente. Nesse sentido, a quinta, correspondente à relação de freqüências 3/2, resulta na terça menor (6/5) e terça maior (5/4); que por sua vez reparte-se em intervalos de um tom inteiro menor (9/8) e maior (10/9); a terça menor (6/5) em semitom (16/15) e tom inteiro menor (9/8), etc.

Do ponto de vista técnico, a divisão da escala mostra-se necessária principalmente para a construção de instrumentos de tecla e sopro, já que as cordas e a voz podem produzir notas correspondentes a qualquer freqüência. A sensibilidade auditiva humana admitindo convencionalmente 81/80 como relação mínima entre freqüências de um intervalo perceptível (Simonsen, 1992, p.44), assim como fatores histórico-culturais contribuem para estruturar uma linguagem musical descontínua.

Se objetivarmos o máximo de afinidade harmônica, podemos construir escalas, por exemplo, percorrendo a Série de Fourier de um som a partir do primeiro harmônico. Nesse caso, cabe ressaltar que nos encontramos, porém, limitados pela sensibilidade auditiva que impede

---

53 *A expressão reporta-se analogicamente a um conceito geométrico, onde um fractal apresenta-se como uma figura construída segundo uma mesma lei de formação em todas as proporções. Nesse sentido, mesmo desconhecendo uma região do fractal, pode-se deduzir sua estrutura aplicando-se sucessivamente sua lei de formação para proporções tão pequenas quanto se queira dependendo da precisão desejada. No caso de escalas utilizamo-nos dessa metáfora no sentido de favorecer a visualização do processo de construção de notas dividindo-se sucessivamente intervalos em médias harmônicas e geométricas.*

o afastamento excessivo da fundamental, região harmônica cuja exploração oferece apenas intervalos abaixo da percepção humana, pois aí, as componentes mostram-se bastante próximas no que diz respeito à freqüência. Ainda sob a ótica anterior, pode-se caminhar em direção a harmônicos superiores tomando o cuidado de não obter intervalos extremamente pequenos. O simples fato de que $(n+1)/n < n/(n-1)$, para todo natural, evidencia o efeito de *compressão*[54] na Série de Fourier à medida que caminha-se para os termos superiores.

Na tentativa inicial de preservar a pureza dos intervalos, poder-se-ia tomar seqüências de notas concordantes com a sucessão de harmônicos da série de Fourier, idéia que amadureceremos em seguida, tomando por referência, sem perda de generalidade, séries harmônicas tendo dó-1 por fundamental. Percorrendo e recortando intervalos fundamentais de oitava dentro da série, a primeira oitava corresponde aos dois primeiros termos dó-1, dó-2.

Iniciando-se a seqüência no segundo harmônico *dó-2*, obtém-se por escala *dó-2, sol-2, dó-3*, no terceiro termo *sol-2*, resulta na escala *sol-2, dó-3, mi-3, sol-3* e assim por diante, como ilustra a tabela seguinte para os primeiros harmônicos da série.

---

54 Essa compressão explica-se pelo fato de que relação de freqüências entre duas componentes sucessivas da série de Fourier é $(n+1)/n$, o que significa que mostra-se mais próxima tanto maior for a ordem dos harmônicos considerados.

* *As notas com asterisco são imprecisas.*

harmônicos	escala
1,2	dó-1, dó-2
2, 3, 4	dó-2, sol-2, dó-3
3, 4, 5, 6	sol-2, dó-3, mi-3, sol-3
4, 5, 6, 7, 8	dó-3, mi-3, sol-3, sib-3, dó-4
5, 6, 7, 8, 9, 10	mi-3, sol-3, sib-3, dó-4, ré-4, mi-4
6, 7, 8, 9, 10, 11, 12	sol-3, sib-3, dó-4, ré-4, mi-4, fá#-4*, sol-4
7, 8, 9, 10, 11, 12, 13, 14	sib-3, dó-4, ré-4, mi-4, fá#-4*, sol-4, láb-4*, sib-4*
8, 9, 10, 11, 12, 13, 14, 15, 16	dó-4, ré-4, mi-4, fá#-4*, sol-4, láb-4*, sib-4*, si-4, dó-5

O problema de sustentar a idéia de escalas concordantes com a Série de Fourier confronta-se, por exemplo, com um recurso bastante utilizado em música tonal denominado modulação. Para efetuação de tal fenômeno exige-se uma certa flexibilidade musical que, uma vez conquistada, permite manifestar a *relatividade melódica*[55]. Nesse ponto, torna-se imprescindível a emergência de liberdade em mudança de tonalidades, concretizada através do temperamento igual.

A conservação da pureza dos intervalos numa escala faz com que a transposição de melodias para novas tonalidades sofra distorções, já que mesmos intervalos musicais não correspondem a mesma relação de freqüências, o que caracteriza a assimetria. Nesse ponto, é preciso que as reflexões envolvam a conservação da afinidade harmônica, em detrimento da simetria e, reciprocamente, a "impurificação" de alguns intervalos, em favor da obtenção de simetria nas escalas.

55 *Entende-se por relatividade melódica o fato de que qualquer peça musical se caracteriza, do ponto de vista melódico, pela relação de intervalos entre suas notas, independentemente da altura absoluta de cada nota.*

As resignificações decorrentes da Série de Fourier evidenciam-se ainda quando comparamos a explicação da proibição do uso de quintas e quartas paralelas nas argumentações analógicas em defesa da diversidade por Zarlino com a idéia de que tais intervalos carregavam harmonicamente grande coincidência, o que atribuía às duas vozes um significado de uma, incompatível com a idéia de diversidade característica do período em questão.

As mudanças nas concepções científico/epistemológicas ocorridas no século XVI induziram e reciprocamente foram induzidas por relevantes resignificações nos conceitos musicais de altura, consonância, batimento, timbre e harmônicos, já estudados desde a Grécia Antiga. A necessidade de explanação de tais conceitos norteou a trajetória da acústica musical nesse período, determinando, ainda, a interação, muitas vezes silenciosa, da matemática com a música. A afirmação aparentemente ambígua de Vincenzo Galilei de que intervalos musicais não se associam unicamente a uma razão de números simples lança luzes para estudos que levariam ao estabelecimento da dependência, da altura musical numa corda vibrante, de outros fatores tais como densidade linear e tensão.

À luz da organização teórica desta obra, consonâncias transformam-se em relações de pequenos números inteiros em linguagem matemática, o que, sob uma ótica mais ampla, possibilita pensar frações como intervalos musicais. O timbre traduz-se matematicamente como um vetor de dimensão enumerável em que o componente de ordem n corresponde ao peso do n-ésimo harmônico, o que significa, sob uma ótica recíproca e mais abrangente, pensar agora estes vetores como possuidores de um timbre, uma ponderação que os identificam como uma impressão digital. Tais observações aproximam o universo cognitivo de uma linguagem mais corrente impregnando-o de afeto e tornando-o mais sentido, na acepção de Ricouer. Do ponto de vista didático pedagógico, tais analogias favorecem o processo de assimilação por percorrerem terrenos de natureza distintas, possibilitando um maior leque de ressonância cognitivo/afetiva ao interlocutor. A relação entre Séries de Fourier e Série Harmônica abri caminhos ainda à compreensão mais ampla de outros conceitos tais como timbre, consonância, intervalos, altura, equivalência de oitava, etc.

Aplica-se ainda o pensamento analógico na compreensão de aspectos comuns à emergência de números irracionais na Grécia Antiga e na revolução no sistema de afinação musical no Renascimento algumas vezes através de reprodução histórica em sala de aula - pertinentes a tais áreas e sustentadas por esquemas e arquétipos análogos. Sob uma ótica de ensino/aprendizagem, a percepção de como tais esquemas e arquétipos manifestam-se e emergem na história convida-nos a conjecturar, criar e inventar diferentes situações de aprendizagem, utilizando analogias criteriosas entre diversos cenários para construção de significados, o que representa, num âmbito mais amplo, conexão entre afeto e cognição.

O presente capítulo possibilitou uma releitura do capítulo I segundo uma ótica mais integrada, aproximando-se da idéia de ciência epistêmica de Capra (Capra, 1992). O uso da estrutura defendida anteriormente em terrenos envolvendo principalmente competências matemáticas e musicais permite não apenas ilustrar as reconfigurações epistemológicas e interpretações científico/artísticas concernentes à leitura de tal conhecimento, mas imaginar e conjecturar dinâmicas concernentes à ciência/arte de maneira mais geral a partir da organização mencionada na qual o pensamento analógico possui relevante papel e as idéias de conhecimento e inteligência assumem uma nova dimensão.

O capítulo seguinte discutirá algumas questões, agora no âmbito didático/pedagógico, de natureza análoga àquelas abordadas no presente capítulo, apoiando-se, dentre outros aspectos, em oficinas interdisciplinares de matemática/música realizadas com professores e alunos de diferentes níveis.

4

Implicações Educacionais

Uma experiência, um experimento, qualquer que seja, deixa marcas indeléveis com as quais a criança constrói seu conhecimento.

Freinet

Apoiado em oficinas interdisciplinares de matemática/música realizadas em escolas públicas e outras instituições de ensino e pesquisa, o presente capítulo pretende discorrer metodologicamente sobre o trabalho desenvolvido em tais oficinas, bem como ressaltar as implicações, em âmbito educacional, das concepções defendidas na tese em sentido amplo. Abordando reconfigurações decorrentes da teoria apresentada no capítulo II nas estrutura/dinâmicas envolvidas no processo didático/pedagógico concernentes, por exemplo, às formas de organização de trabalhos escolares, este capítulo abarca ainda transformações vitais na organização cognitivo/afetiva individual e coletiva quando sujeita a dinâmicas educacionais de tal natureza.

4 Implicações Educacionais

Despertando para o significado e a importância do pensamento análogico na dinâmica de ensino/aprendizagem e, de forma mais ampla, no contexto educacional, procurou-se relevar até o momento a relação matemática/música por suas distintas qualidades, tais como o potencial conector entre âmbitos afetivos e cognitivos, quando se estabelece relação entre cenários pertinentes aos universos referidos. Nessas circunstâncias e sob uma ótica didático-pedagógica, tal forma de associação de idéias favorece a emancipação de significados de caráter principalmente cognitivo a significados com identidade afetivo/cognitiva. Tal aspecto é observado neste capítulo com especial atenção, na avaliação de trabalhos escolares realizados à luz da organização teórica defendida nesta obra.

4.1 A formação da identidade individual e coletiva

Cabe ressaltar nesse ponto como a organização teórica apresentada no capítulo II repercute na formação ou no enredamento da identidade individual e coletiva. A primazia das capacidades lógico-matemáticas e lingüísticas, culturalmente menos envolvidas diretamente com o corpo e a emoção, estabeleceu hábitos mentais que não consideram, em seus trajetos, traduções práticas de significados em geral. Tal procedimento propicia perda relevante de qualidade de resposta em circunstâncias cognitivo/afetivas com esquemas subjacentes comuns, porém relacionadas a outras competências intelectuais.

Nesse sentido, o pensamento analógico permite resgatar uma integração fisiológico/afetivo/mental, estimulando a impregnação de carga afetiva na comunicação, fator afetado fortemente pela situação de primazia mental referida. Encorajar o uso de analogias significa, ainda, semear o costume de se "pensar com o corpo inteiro", o que confere a esse mecanismo comparativo responsabilidade sobre a integridade pessoal.

Valorizando o organismo coletivo como catalisador da emergência de analogias mais eficazes no processo de aprendizagem, o presente trabalho chama a atenção para a conscientização, por parte dos alunos, de esquemas e trajetórias comuns entre conceitos, teorias e áreas, reconhecendo tendências, procedimentos semelhantes de criação, bem como de resolução de problemas a fim de catalisar processos cognitivos futuros. Mostrando-se como "atalhos" no acesso ao conhecimento, analogias possibilitam o desenvolvimento de hábitos de inspeção a esquemas dessa natureza favorecendo a fluência de pensamento

Para exemplificar o efeito de suportes estruturais na fluidez do pensamento, este trabalho procurou expor teorias de apoio intencional ao pensamento analógico na construção de significados. De posse de tais suportes, criam-se condições para desbravar territórios cognitivos mais inóspitos ou temporariamente interditados por variações afetivas, por meio de pontes unificadas a regiões mais exploradas. Esquemas estruturais e dinâmicos agindo como suportes permitem-nos "desatolar" em circunstâncias cognitivas de difícil movimentação através da transferência para terras semeadas e fertilizadas afetivamente, onde o pensamento flui melhor. Tal procedimento torna a área de aparente dificuldade locomotora mais acesssível à região inicial, agora reconhecidamente conectada a um território mais familiar.

A princípio, essa tarefa pode adquirir caráter racional; no entanto, sugere caminhos à conquista da incorporação intencional e espontânea da construção de significados por meio de esquemas subjacentes dirigentes de conjecturas analógicas. O uso intencional da metáfora de rede hipertextual acompanhada de concepções de inteligência e analogia possibilita maior eficácia no ensino/aprendizagem e na educação como um todo. Tal arquitetura acompanhada da dinâmica já referida favorece a compreensão e reconhecimento mais amplos do objeto confrontado, permitindo portanto maior efetividade no lançamento e sugestão de dúvidas, bem como nos desequilíbrios de valores cognitivos por vezes estagnados no inconsciente.

Cabe agora relembrar a relevância da concepção de inteligência como um espectro de múltiplas competências na atuação do pensamento analógico sobre a rede cognitivo/afetiva. A aliança das idéias de enredamento de significados de forma multidiretiva com as concepções de múltiplas inteligências propicia reconfigurações e rearranjos constantes, hábitos de construção e desmoronamento mentais de distintas naturezas, indispensáveis a representações mais flexíveis e versáteis dos significados, bem como ao estabelecimento de uma estrutura e dinâmica de pensamento mais flexível e ampla. A fim de acelerar o processo descrito, a tarefa presente procura salientar a importância do desenvolvimento de uma atmosfera afetiva por meio da qual a analogia flui de modo mais espontâneo. Reciprocamente, analogias e metáforas propiciam certa humanização e estabelece-se na verdade uma catálise e compromisso mútuos e tensos entre afetividade e pensamento analógico.

Como estratégia educacional, essa proposta procura relevar a busca de equilíbrio dinâmico no espectro de competências, utilizando competências promissoras não como canais de virtuosismo e especialização, mas como apoio que, auxiliado pelo pensamento analógico, propicia o desvelar e desenrolar de outras aptidões adormecidas. Tal procedimento implicaria uma formação pedagógica mais ampla, bem como o estabelecimento de um ambiente educacional mais diversificado, o que compõe, ainda, metas a ressaltar.

O critério subjacente ao presente trabalho ressalta a importância do desenvolvimento da capacidade de realizar interpretações multidiretivas, atentando ainda para a elaboração consciente de analogias tendo em vista otimizar as qualidades referidas ou qualquer outro critério estabelecido a partir de uma teoria para o pensamento analógico. Tal proposta procura chamar atenção ainda para a importância de analogias como atalhos no mundo afetivo/cognitivo, desenvolver independentemente o hábito de pensar sustentado alternada e simultaneamente por alicerces de estrutura/dinâmicas distintas da teoria de múltiplas inteligências ou de alguma outra concepção para essa capacidade humana, despertar reflexões sobre metodologias para alcançar espontaneidade e liberdade mental, propiciada, a meu ver, pela navegação por áreas da rede mais impregnadas de afeto, efetuar análises simples e mais profundas, sob a ótica das conjecturas apresentadas, das relações entre matemática e música, a fim de reconhecer a relevância dos esquemas fornecidos pela concepção defendida na compreensão das raízes comuns a essas ciências.

4.2 Implicações didático/pedagógicas da organização teórica defendida

Cabe agora levantar algumas das implicações didático/pedagógicas da teoria apresentada nesta obra concernentes, em especial, à dinâmica de significação e resignificação de conceitos usualmente tidos como escolares. A estrutura/dinâmica apresentada pode servir de base a uma reorganização de fundamentos e estratégias educacionais, sugerindo particularmente a cada indivíduo o estabelecimento de um perfil afetivo/cognitivo emergente de florescer. Faz-se necessário, portanto, desenvolver táticas para estimular a manifestação das distintas competências intelectuais oferecendo solo fértil às suas germinações, a fim de evitar deficiências e bloqueios intelectuais, seja pela falta ou pelo excesso de estimulação a uma capacidade. Uma vez desvendada as originalidades e deficiências de um aprendiz através de uma radiografia cognitiva/afetiva na acepção mencionada no capítulo II, pode-se catalisar seu desenvolvimento pessoal, de maneira multidiretiva, utilizando-se de suas índoles como apoios no equilíbrio dinâmico do espectro de competências como um todo.

Nesse ponto, o pensamento analógico assume papel imprescindível, por exemplo, na busca de mecanismos semelhantes de criação, trajetórias similares a áreas reconhecidas como distantes, esquemas subjacentes comuns regentes de conceitos aparentemente estanques. Tais preocupações conduzem a hábitos de procurar pensar significados de maneira mais ampla, através de esquemas subjacentes catalisadores de mudança de ângulos de observação. Diante de um conceito, associam-se rapidamente suas personagens nos diferentes cenários, investindo-se naquele que se mostra mais promissor. Tal percepção, acelerada pela repetição habitual num contexto de grupo, fornece condições mais propícias à construção e transformação de significados, de maneira a senti-los e incorporá-los diferentemente, bem como conquistar uma certa liberdade e espontaneidade para navegar por cenários afetivo/cognitivos diversos. No momento presente, arriscaria afirmar que a efetivação da dinâmica apresentada mostra-se como possível caminho à conscientização de uma Inteligência Coletiva (Lévy, 1995), sobre a qual qualquer manifestação de nosso intelecto apoia-se e subjacente às diversas faces de mesmos esquemas, de significados comuns, bem como à estrutura de pensamento determinada por um cenário sócio-cultural em uma determinada época.

Nesse ponto, vejo relevante a preocupação mais efetiva, por parte das instituições educacionais, com o desenvolvimento das múltiplas competências possibilitando o contato com diversas áreas também olhadas à luz de outras estruturas e paradigmas distintos do lógico-formal, valorizando diferentes formas de associação de idéias e transcendendo portanto à concepção de inteligência como algo que se revela somente através das habilidades lingüísticas ou lógico-matemáticas. Essas concepções estabelecem significados para inteligência e um ideal cognitivo/afetivo, que limitam o campo intelectual levando por vezes um aluno a se considerar inapto por não se enquadrar à estrutura e dinâmica de pensamento subjacentes a tais valores.

No âmbito de ensino/aprendizagem, tal situação leva o aprendiz a construir um significado para matemática, por exemplo, que inclui em suas leis de inferência somente relações lógico-formais, quando muitas vezes este mesmo aluno aprenderia um determinado conceito matemático analogicamente através de outros meios mais sintonizados com suas competências promissoras. Por exemplo, um professor poderia valer-se dos harmônicos de um som no esclarecimento de relações envolvendo a Série de Fourier para um aluno músico. Assuntos desta natureza nos distintos campos do espectro de competências intelectuais deveriam passar a constituir preocupações relevantes por parte dos professores.

Precisa-se estimular a emergência de distintas capacidades intelectuais abrindo canais adequados à manifestação dessas aptidões e oferecendo solo fértil cognitivo/afetivamente, a fim de evitar deficientes intelectuais em determinadas competências gerados muitas vezes por falta de estímulo a capacidades ocultamente promissoras. A educação deveria responder às necessidades gerais, visando a construção de indivíduos íntegros, cujas competências organizam-se e articulam-se de forma harmoniosa, favorecendo a capacidade de associar o aprendido nos bancos escolares às múltiplas situações da vida que contracenam no dia-a-dia.

4.3 Uma visão didático-pedagógica das relações em matemática/música

As pesquisas e as oficinas interdisciplinares proporcionaram, ainda, maior compreensão das trajetórias da música e da matemática, assim como aclararam resignificações e mutações, por exemplo, nos conceitos de consonância/dissonância, timbre, harmônicos, batimentos, intensidade e altura musicais, identificadas agora por meio da codificação matemática de sons, por exemplo, na experiência de Miller com o Phonodeik e sua versão mais moderna realizada através de um osciloscópio conectado a um microfone. Tal resignificação propiciada pelas tecnologias encontra ainda ressonância na operacionalização do Teorema de Fourier em computadores especializados ou espectrômetros que por meio de um método matemático conhecido como Fast Fourier Transform (FFT), efetuam rapidamente a análise em freqüência de um sinal, por exemplo, representando o movimento das marés em um ponto dado por meio de mais de cem coeficientes (Cartier, 1995, p.752).

A possibilidade de construir experimentos utilizando das tecnologias abre horizontes não somente para o aprendizado de conceitos outrora inacessíveis sem arcabouço teórico suficiente, mas permite tal aprendizagem, pelo menos em nível informal, em períodos anteriores àqueles outrora considerados mais adequados, uma vez que as crianças de hoje já nascem inseridas dentro de uma ecologia cognitiva/afetiva naturalmente complexa que permite acesso a situações mais diversificadas e a regiões do espaço do saber em outros tempos inóspitas. Nesse sentido, a reprodução em sala de aula de circunstâncias históricas direta ou analogicamente fazendo uso das tecnologias e das múltiplas inteligências busca simultaneamente ressonância com aptidões intelectuais promissoras dos alunos e com cenários arquetípicos, na acepção de Wheelwright, que habitam o Imaginário Coletivo trazendo portanto certa carga afetiva numa linguagem consistente com o próprio sentido de alfabetização atual associado à flexibilidade de navegar na rede e indissociável portanto do ambiente informático.

As tecnologias reconfiguram as dinâmicas de pensamento/sentimento, bem como a rede de significados, modificando portanto as concepções de inteligência e conhecimento. Diversas versões das idéias de consonância, altura, etc, aproximam semanticamente distintas vivências sem perda de identidade e redução, mas um fortalecimento capaz de desvendar interpretações outrora ocultas. Um exemplo que elucida de maneira significativa tais paralelos que preservam as peculiaridades próprias das partes envolvidas ocorre quando relacionamos a "soma" ou sobreposição de intervalos musicais com o produto de frações em matemática. Nesse caso, a percepção de que mesmas sensações sonoras foram acrescentadas auditivamente traduz-se, do ponto de vista matemático, como um produto de frações, propiciando portanto a associação entre conceitos de ambas as áreas, que interagem mutuamente, estabelecendo ainda relações internas em seus terrenos peculiares de distintas maneiras.

Esse exemplo, assim como diversas outras relações em matemática/música tal como a de som com função matemática, altura musical com freqüência, intensidade musical com amplitude de onda, Temperamento com progressão geométrica, Série Harmônica com Séries de Fourier, constituem vias bidirecionais e aspectos reconfiguradores no enredamento de significados nas três dimensões da rede - a conexão, o nó e a rede.

A questão curiosa observada no decorrer das oficinas concerne à associação enredada de forma artificial, indutivamente e ressonante com o Imaginário Coletivo através da vivência de que a aumentos de vibração a princípio observados visualmente correspondem aumentos de altura musical. Ainda que desprovida de racionalização a respeito dos conceitos subjacentes, tal experiência propicia conexões na rede de significados e insemina de afeto trajetos do espaço do saber que favorecerão no futuro não somente a compreensão formal de tais conceitos, mas contribuirão, em níveis mais profundos, com o hábito de busca de visualização de esquemas subjacentes comuns e analogias entre distintas vivências do dia-a-dia, bem como com a formação de uma estrutura/dinâmica de pensamento mais adaptável à diversidade de adversidades atuantes na existência humana.

As oficinas procuram enredar conceitos de modo multidirecional, por exemplo, com as variadas significações atribuídas à idéia de consonância com as distintas interpretações para altura musical - comprimentos de corda no experimento de Pitágoras, pulsações no ar com Arquitas, freqüência com Galileu e Mersenne, etc. Desenvolve-se a dinâmica anterior de modo ainda a otimizar simultaneamente a tensão professor-aluno no sentido de adequar cada conceito à competência necessária ao equilíbrio dinâmico do espectro intelectual coletivo, expressão da Inteligência Coletiva local - associada aos participantes da oficina - que manifesta por sua vez, sob uma ótica de Lévy, a Inteligência Coletiva no sentido mais amplo.

Tais reflexões exigem a configuração de uma radiografia cognitivo/afetiva coletiva, segundo a acepção comentada no capítulo III, como um diagnóstico norteador das estratégias educacionais em termos das Múltiplas Inteligências a serem utilizadas na dinâmica de ensino. Procurando partir de regiões mais impregnadas de afetividade na descoberta e colonização de espaços do saber, as oficinas estabelecem distintos caminhos a serem trilhados dependendo da "horta"[56] do público-alvo. Por exemplo, as oficinas ministradas para músicos partem do espaço já conquistado pelo público-alvo referente aos conceitos musicais já incorporados, enquanto que quando a radiografia cognitivo/afetiva coletiva dos interlocutores não inclui fortemente a aptidão musical; faz-se necessário então construir artificialmente vivências musicais a fim de injetar o mínimo de afeto nas regiões povoadas pelos conceitos concernentes à música necessários ao estabelecimento de pontes com a matemática e compreensão de esquemas comuns entre as ciência/artes referidas.

Renovando constantemente as visões sobre um mesmo significado, cabe ressaltar a importância de chavear[57] as competências intelectuais de Gardner ao longo do processo de ensino/aprendizagem para fins de reanimar todas as aptidões do espectro intelectual, preenchendo naturalmente as conexões pouco emancipadas na rede ou caminhos que sofrem ameaça de fechamento quando pensamos a rede de significações como uma floresta em que a criação de trilhas representa o enredar de conhecimentos. Tal dinâmica mostra-se clara no processo de (re)construção do conceito de consonância nas oficinas mencionadas que se utilizam de grande diversidade de aptidões intelectuais e tecnologias da ecologia cognitiva vigente.

---

56 *A palavra horta nesse contexto tem o sentido dos assuntos em que o público possui maior domínio.*

57 *A palavra chavear nesse contexto possui acepção próxima aquela utilizada em circuitos eletrônicos. Nesse caso, para um determinado ponto do circuito, há distintas possibilidades de conexão e portanto diversas possibilidades de posicionamento da chave, o que induz naturalmente a expressão chavear com o sentido de percorrer os diferentes terminais possíveis.*

Em contraponto com o chaveamento de competências, mostra-se forte a idéia de "apertar os nós" na dinâmica de ensino, pois sendo os conceitos construídos por meio das múltiplas inteligências das tecnologias e outras diversas conexões propiciadas pela ecologia cognitiva/afetiva na grande rede, necessitam de tempos em tempos seus ajustamentos para que não se desatem e se desfaçam. Associada diretamente à manutenção da rede comentada no capítulo II e ao chaveamento de competências intelectuais, tal dinâmica compara-se à imagem do pintor que pinta uma parede em várias mãos cobrindo, a cada vez com mais ênfase, diferentes pontos, de maneira ainda análoga às distintas experiências sobre um mesmo significado, que vai atribuindo-lhe mais firmeza.

As reflexões anteriores resgatam naturalmente a importância da afetividade no ambiente de ensino/aprendizagem como um critério relevante para assimilação de conhecimento utilizável por exemplo nas atividades coletivas envolvendo fortemente aptidões interpessoais e diretamente associadas à concepção de Inteligência Coletiva de Lévy. A afetividade na acepção de Ricouer, comentada no capítulo II, mostra-se presente, por exemplo, quando da preocupação em resgatar do Imaginário Coletivo alguma circunstância para reproduzir-se analogicamente com o intuito de propiciar ressonância cognitiva, seja pela proximidade semântica, estrutural ou por semelhança diretamente associadas ao pensamento analógico. A própria idéia de ressonância aproxima-se fortemente de empatia, pois esta última leva-nos a pensar nos significados que vibram simultaneamente ao estimularmos a rede em um determinado ponto, por possuírem certa simpatia secreta na acepção de Borges (Machado, 1995).

O trabalho de utilização do pensamento analógico na (re)construção ou enredamento de significados fazendo uso das múltiplas inteligências, Inteligência Coletiva e conhecimento como rede, tem o intuito e ao mesmo tempo é fortemente norteado pela busca de empatia com as personagens que povoam o ambiente de ensino/aprendizagem, mostrando-se ainda extensível à casa e aos distintos cenários vividos por tais personagens ao longo do dia. Nesse sentido, a presente proposta almeja desenvolver uma estrutura/dinâmica de pensamento que permita aproveitar todas as circunstâncias anteriores como ambientes de aprendizagem, o que inclui portanto a integração entre a educação familiar e a educação escolar e revela ao mesmo tempo a relevância do pensamento analógico na concretização de tal proeza.

Tais comentários aproximam-se muito da idéia de sentir o conhecimento, fortemente defendida ao longo do trabalho e almejada nas oficinas interdisciplinares citadas que procuram inseminar afeto sobre toda a cognição desenvolvida. Por exemplo, a questão de construir artificialmente as vivências em música - como a idéia de consonância - mencionadas anteriormente para efeitos de propiciar melhor conexão entre ambas as áreas ou mesmo a reprodução de circunstâncias analogicamente - como a idéia de onda - trazem consigo ocultamente o intuito de fazer sentir os conceitos em questão por uma percepção multidirecional. Essa estratégia diversificada apresenta maior probabilidade de atingir a aptidão promissora do interlocutor e portanto de comovê-lo ao pensar com o corpo inteiro. Tal vivência propicia ainda o desejo - que assim como no conto das mil e uma noites desempenha papel imprescindível, mostra-se ferramenta propulsora indispensável na dinâmica de ensino/aprendizagem - de querer compreender, sob outras óticas, algo que já possui um certo grau de sentimento, construindo um significado multidirecionalmente e assumindo portanto uma identidade ampla, como no dizer yorubá de que cada qual vê o pôr do sol da porta de sua casa.

A questão afetiva abarca ainda atividades que têm o intuito de gatilhar analogicamente o desenvolvimento de um determinado conceito, via sinais analógicos associados a referenciais de experiência, fazendo uso de distintas aptidões intelectuais. A baixa capacidade de assimilação evidenciada nas estratégias atuais de ensino/aprendizagem levanta a necessidade de afetividade na atribuição de significado aos conceitos que navegam na grande rede de conhecimento atualmente acessível de distintas maneiras, conformando uma ecologia cognitiva mais complexa.

Evidencia-se a afetividade no sentido de Ricouer - tornar o conhecimento nosso -, com a preocupação em oferecer distintos terrenos na dinâmica de compreensão de um determinado conceito como o exemplo apresentado para consonância. Nesse caso, aquele promissor na capacidade intrapessoal brilhará seus olhos quando se apresenta tal conceito auditivamente, outro, que sente maior satisfação em atividades em grupo e que exigem o corpo utilizando portanto a aptidão corporal-cinestésica e a interpessoal, sorrirá com os olhos quando do desenvolvimento de tal conceito por meio das atividades envolvendo grupo de pessoas batendo palmas e assim por diante, como na estória dos seis cegos.

De maneira geral, a matemática oferece subsídios capazes de justificar as trajetórias dos conceitos referidos, bem como diversas regras de harmonia e contraponto musicais estabelecidas na Idade Média e Moderna como reflexo - muitas vezes de maneira tácita - de fenômenos físico-matemáticos. Conscientemente, a matemática oferece suporte silencioso à evolução dos sistemas musicais, ao mesmo tempo que a música manifesta arquétipos também presentes na matemática que contribuem mutuamente para a evolução coletiva da ciência/arte.

Como já mencionado, o Temperamento somente foi sistematizado matematicamente sob uma ótica causal e efetuado musicalmente sob uma ótica arquetípica e acausal graças à descoberta do logaritmo por Napier no começo do século XVII. As gamas anteriormente predominantes também baseavam-se em conceitos matemáticos, tais como média harmônica, o que constrói tal conceito a partir da maneira como este manifestava-se sob uma ótica musical. A matemática, através do Temperamento, propiciou o surgimento de novos esquemas que incluem o próprio sistema tonal expandindo significativamente o universo da música. O Temperamento fornece novas possibilidades à música assim como os números irracionais ampliam significativamente o universo da matemática.

No âmbito didático, as reflexões anteriores podem contribuir de diversas formas. Por exemplo, um aluno com deficiência no eixo lógico-matemático, mas promissor na competência musical, pode assimilar o significado de Séries de Fourier a partir da metáfora em que se observa seus termos como harmônicos do som agora também relacionados com matemática e portanto com novo significado. Nesse sentido, melodia, harmonia e todos os conceitos enredados direta ou indiretamente ao significado de Séries de Fourier e harmônicos do som ganham nova dimensão sob uma ótica matemática. Tal reorganização pode propiciar para um músico a mudança do próprio significado de matemática, agora observada entretecida a sua competência mais familiar.

Nesse caso, o aluno pode apreender o conceito em questão sentindo em seus ouvidos os termos da Série de Fourier, que agora agregam-se a sua rede afetiva. De maneira análoga, esse processo poderia ser aplicado por exemplo, na compreensão, como já mencionado, de construções de escalas musicais para a formação dos calendários ou vice-versa, bem como no entendimento do processo que substitui o pitagorismo por concepções que incluem os números irracionais através da dinâmica de transformação do sistema musical num novo sistema que permite novas formas ou vice-versa. Tal dinâmica poderia ainda ser aplicada no entendimento da construção de escalas musicais pela formação de calendários ou vice-versa, bem como na construção de diversos outros conceitos, por reprodução histórica ou não em sala de aula, pertinentes a essas áreas sustentados por esquemas ou arquétipos análogos. A percepção de como tais esquemas e arquétipos manifestam-se e emergem no decorrer da história permite, ainda, conjecturar, criar e inventar situações de ensino utilizando-se de analogias criteriosas entre distintos cenários para fins de construção e enredamento de significados, o que possibilita, num âmbito mais amplo, a conexão entre afeto e cognição.

4.3.1 A ciência servindo a e servindo-se da consciência

Recursos didático-pedagógico mencionados tais como o uso da história, tecnologias, competências intelectuais em contextos coletivos adquirem um nova dimensão quando percebidos sob uma ótica intrapessoal. Assim como certos sinais enredam significados, configurando, num determinado momento, uma gestalt no sentido psicológico da palavra, ou mesmo na acepção epistemológica apresentada no capítulo III com as idéias de Temperamento e Séries de Fourier, as oficinas procuram reproduzir gestalts ainda com o intuito tácito de estimular o hábito intrapessoal de conformar gestalts em outros âmbitos. Assim como as contribuições de Arquitas concernentes à matemática/música mostram-se como um primeiro prenúncio da idéia de Temperamento, muitos sinais chegam-nos trazendo arquetipicamente prenúncios de aspectos futuros de nossas vidas ampliando nossas consciências. Tais observações apresentam-se num certo sentido ressonantes com a idéia subjacente à lei biogenética de Haeckel (Hariki, 1997) - a Ontogênese recapitula a Filogênese - , cuja adaptação generalizada à luz da organização teórica deste trabalho consistiria em relacionar biunivocamente as distintas aptidões intelectuais com a competência intrapessoal.

Sob essa mesma ótica, a observação do desenvolvimento da Inteligência Coletiva possibilita configurar inconscientemente uma dinâmica/estrutura de pensamento que chaveie visão mecânica e orgânica, local e global, permitindo vislumbrar um sentido espaço-temporal mais amplo em circunstâncias cognitivo/afetivas localmente conflituosas e contraditórias. Tais observações induzem analogicamente, ao âmbito intrapessoal, posturas não somente científicas mas educacionais que incluem o erro, a incerteza, o acaso, a adversidade, a instabilidade, etc no processo evolutivo, o que estabelece num âmbito mais íntimo estruturas de pensamento/sentimento mais amplas e portanto, uma identidade mais íntegra. Dessa maneira, a ciência serve à consciência que, reciprocamente, retro-alimenta a primeira num processo sincrônico, inerente a qualquer ser humano que permita o desenvolvimento e manifestação do pensamento analógico.

Do ponto de vista de rede de significações, a estrutura/dinâmica de desenvolvimento coletivo estabelece configurações que ressoam por toda a rede, impregnando espaços que possuem em suas arquiteturas dinâmicas vibratórias simpáticas àquelas provenientes da perturbação inicial. Sob essa ótica, para assimilar analogicamente os arquétipos subjacentes a tais dinâmicas, mostra-se necessário desenvolver uma estrutura de pensamento que inclua em seus "modos vibratórios" configurações simpáticas àquelas "em propagação". A potência de tal estrutura relaciona-se à associação harmônica entre maior diversidade vibratória e flexibilidade nas reconfigurações, o que almeja, a meu ver, qualquer processo educativo eficaz, na medida em que objetiva a capacidade de enfrentar incertezas e adversidades cognitivo/afetiva das mais distintas naturezas.

Cabe lembrar que a matemática não pretende explicar completamente música e nem o contrário, assim como quaisquer outras relações estabelecidas entre duas capacidades intelectuais não apresentarão tal objetivo, até porque cada aptidão possui natureza própria, impossível de se determinar totalmente a partir de estrutura/dinâmicas pertinentes a outra competência. As analogias e relações observadas possuem sempre caráter parcial. A própria dinâmica de desenvolvimento do pensamento coletivo ocidental determinou e moldou a música com características inexistentes, por exemplo, na música oriental. O pensamento coletivo ocidental, ao relevar inferências lógico-formais, impregna as distintas ciências com argumentações dessa natureza. A música ocidental herda num certo sentido tal característica que se reflete em pedagogias musicais apoiadas em concepções regidas por inferências de natureza essencialmente lógico-matemáticas, não extraindo a expressão máxima da música através de competências musicais.

Generalizando, mostra-se estratégia eficaz a construção e enredamento de significados utilizando-se não somente as áreas aduzidas, mas descobrindo esquemas e arquétipos comuns a conceitos pertencentes a qualquer das competências da inteligência. Uma analogia ou metáfora utilizada de maneira sensível e criteriosa por parte do professor pode reconfigurar significativamente o pensamento do aluno em uma situação difícil de aprendizagem, possibilitando a maior compreensão daquilo que foge a intuição mais imediata, ou que parece a ele muito abstrato.

4.4 As oficinas interdisciplinares de Matemática/música

Pretende-se nesse ponto apresentar um panorama geral da metodologia utilizada nas oficinas para fins de discutir-se, em um âmbito mais amplo, algumas implicações das concepções defendidas nesta obra concernentes às formas de organização dos trabalhos escolares. As oficinas procuram reproduzir a trajetória da matemática/música apresentada no capítulo I e re-interpretada no capítulo III à luz da organização teórica defendida nesse trabalho, fazendo uso de recursos tecnológicos, das múltiplas inteligências e de toda ecologia cognitiva disponível. Para fins de fornecer a vivência musical necessária à compreensão da relação entre a matemática e a música, familiarizam-se inicialmente os participantes com conceitos tais como agudo e grave, forte e fraco, timbre, intervalos musicais, consonância e dissonância, fazendo uso do teclado, violão, flauta e, principalmente, da voz.

Partindo do experimento de Pitágoras, as oficinas de matemática/música reproduzem distintas circunstâncias da interação de ambos terrenos no decorrer da história. Tendo em vista a diversidade de público nas oficinas - alunos e professores de 1o e 2o graus, alunos de licenciatura em matemática, monitores da Estação Ciência -, a linguagem utilizada apresenta-se bastante diversificada. Nesse ponto, as múltiplas inteligências mostram-se instrumentos preciosos, uma vez que possibilitam a apresentação de conceitos abstratos - por exemplo, onda - em linguagem mais simples através de brincadeiras, tais como o sopro divino e o passa-mensagem, que fazem uso de competências corporal-cinestésicas, espaciais, etc.

Já que o experimento de Pitágoras pressupõe o conhecimento de intervalos musicais, familiariza-se inicialmente o público-alvo com tal conceito dedicando especial atenção às consonâncias perfeitas - oitava, quinta e quarta. Fazendo uso de competências musicais, lógico-matemáticas e corporais, procura-se nesse ponto construir o conceito de intervalo musical, principalmente quando o público possui pouca familiaridade com música, estabelecendo um campo afetivo por meio do qual os significados apresentados posteriormente ganham sentido. O desconhecimento de intervalos musicais requer uma construção artificial de certa familiaridade com tal conceito, para fins de estabelecer pontes entre o conhecimento envolvido neste experimento e o universo afetivo dos interlocutores.

Uma vez concluída a vivência anterior, configura-se a turma em grupos que recebem monocórdios para reproduzir o experimento de Pitágoras. A atividade consiste basicamente em encontrar as frações da corda que produzem os intervalos de oitava, quinta e quarta, seguida de alguns exercícios envolvendo a correspondência entre produto de frações e acréscimo/decréscimo de intervalos. Envolvendo principalmente competências lógico-matemáticas e musicais, tais exercícios re-significam e desterritorializam os conceitos de frações e intervalos musicais - usualmente associados respectivamente aos campos da matemática e da música - ao conectá-los na rede de significados.

A atividade anterior induz naturalmente a questionamentos a respeito da relação entre frações simples e consonâncias perfeitas. Mostrando-se presente no decorrer de toda a oficina, a questão referida alimenta e norteia o desenvolvimento de distintos significados emergentes no desenrolar das atividades de forma semelhante ao papel de tal pergunta no processo histórico. Uma vez familiarizados com a relação entre frações e intervalos musicais por meio de exercícios envolvendo produto de frações e percepção de superposição de intervalos, constrói-se a afinação pitagórica por percursos de quintas. Nesse processo, verifica-se, por exemplo, que 2/3 de 2/3 de um comprimento resulta em um novo comprimento que produz o som correspondente a duas quintas superpostas, cantado anteriormente. Distintos exercícios dessa natureza são explorados com o intuito não somente de construir a escala pitagórica, mas de trabalhar a correspondência entre produtos de frações similares e a sensação de acréscimo de intervalos equivalentes.

Tal relação resignifica possíveis associações ingênuas nesse âmbito uma vez que à "soma" de intervalos musicais corresponde o "produto" de frações da corda que produz os intervalos referidos. A construção da escala pitagórica leva naturalmente ao não fechamento do percurso de quintas com um número inteiro de intervalos de oitavas resultando na coma pitagórica, gérmen do temperamento igual que contribuirá juntamente com o questionamento supra-referido - por que relações simples associam-se à consonâncias perfeitas ? - para a condução geral da oficina culminando respectivamente com a emergência do Temperamento e das Séries de Fourier.

Todo o processo até agora apresentado procura ser exibido de modo a produzir inquietações e dúvidas concernentes aos conceitos matemático-musicais envolvidos na trajetória dessas ciência/artes para fins de estabelecer expectativas e criar desejos - no sentido comentado anteriormente - de resolução de problemas nessa interface. Cabe ressaltar aqui que aqueles mais próximos afetivamente de algumas das duas competências principalmente envolvidas estabelecem pontes com a outra aptidão não inata tanto pela relação matemática/música quanto pelas distintas circunstâncias da oficina que procuram criar artificialmente vivências em música objetivando a produção de novos campos afetivos àqueles não familiarizados com tal arte.

A partir de agora, a oficina ressalta alguns teóricos-musicais gregos que trabalharam com a relação matemática-música dedicando especial atenção à Arquitas de

Tarento. Inicialmente, os participantes realizam atividades concernentes à descoberta do pensador tarentino relativa à associação direta entre altura musical e freqüência do som, tais como movimentação de cordas observando que à maiores freqüências de movimentação correspondem notas mais agudas, observação de um alto-falante ligado a um freqüencímetro vibrar à medida que a freqüência varia, procurando ainda sentir a vibração com o dedo apoiado sobre o equipamento e estabelecendo naturalmente a associação entre freqüência e altura musical.

Cabe ressaltar nesse ponto a importância, principalmente para o caso de público-alvo infantil, da passagem de vibrações inaudíveis para audíveis, vindo de freqüências baixas, nas quais se vê a vibração da caixa, até atingir freqüências altas, simultaneamente à percepção de que o som caminha do silêncio, passando ao audível tornando-se mais agudo. Tal experiência conecta tacitamente os significados de altura musical e freqüência no imaginário da criança, de tal maneira que quando esta criança estiver diante dessa associação com caráter mais formal em uma circunstância futura, ela já terá uma referência - consciente ou não - na qual se apoiar afetivamente.

Outro aspecto muito valorizado concernente às contribuições de Arquitas para a trajetória da matemática/música diz respeito à afinação estabelecida pelo pensador tarentino, construída a partir do cálculo de médias harmônicas e aritméticas. Nesse caso, os participantes das oficinas calculam distintas médias harmônicas e aritméticas de comprimentos de cordas que produzam notas da escala, verificando no monocórdio a nota produzida. Cabe ressaltar aqui as diferenças de afinação entre as escalas de Arquitas e de Pitágoras - por exemplo, a terça 64/81 e a terça 4/5 - comparadas por eles auditivamente.

Após o trabalho com as contribuições de Arquitas para a matemática/música, introduz-se o conceito de onda conjecturado inicialmente por Crysippus e Vitruvius com as brincadeiras sopro divino e passa-mensagem já mencionadas, e outras que objetivam estabelecer o contraponto entre transmissão de energia - mais associada ao conceito de onda - e transmissão de massa. As crianças realizam algumas atividades e depois pergunta-se em quais casos enviou-se uma encomenda e em quais mandou-se uma mensagem ou telegrama. A idéia aqui mostra-se muito semelhante àquela subjacente à atividade do alto-falante: os alunos introduzem em seus imaginários tal vivência para que futuramente já possuam alguma referência afetiva quando encontrarem em suas trajetórias conceitos apoiados em esquemas cognitivos de mesma natureza.

A partir desse ponto, a oficina procura apresentar uma síntese do desenvolvimento da música na Idade Média, familiarizando os participantes com o desenrolar dessa arte no período referido com o intuito de entender o processo matemático subjacente a tal dinâmica. Ouvindo-se exemplos de cantos Gregorianos, Organa paralelos, livres e Melismáticos e outras formas musicais, procura-se perceber o processo de diversificação passado pela música em distintos sentidos.

Os pontos mais relevantes dessa parte da oficina concernem a distintos paralelos entre as ciências em questão, tais como a diversificação referida acompanhada da passagem da música de afinações apoiadas em racionais para escalas formadas por intervalos produzidos por números irracionais com o Temperamento. Tal dinâmica apresenta paralelo ainda com a repartição do monocórdio em um número de partes cada vez maior, culminando na sua divisão infinita com o Temperamento. Outro ponto que se procura valorizar neste momento é a transformação da quinta em um intervalo mais consonante que a quarta com a verticalização da música - diferentes vozes e instrumentos.

Cabe enfatizar que as oficinas ressaltam constantemente distintos elementos contribuintes ocultos da construção das idéias de Temperamento e Séries de Fourier na relação matemática/música a: dúvida de Pitágoras sobre relações simples subjacentes a intervalos consonantes, a afinação de Arquitas com tendência ao Temperamento, a diversificação da música associada à necessidade do Temperamento, a quinta tornando-se mais consonante que a quarta com a verticalização da música. Esses elementos possuiriam um papel similar aos pontos pretos do negativo da foto que em um determinado momento compõem um sentido mais amplo com a percepção do cachorro, mencionados no capítulo II. Esta dinâmica possui semelhança ainda com alguns processos de criação musical em que trechos musicais aparentemente não relacionados vêm à mente no decorrer de um período e após algum tempo, percebem-se relações semânticas entre os elementos referidos compondo um todo - uma composição.

A partir desse momento, a oficina concentra as atenções em pensadores do Renascimento, séculos XVI e XVII, que contribuíram para a construção de significados no eixo matemática/música. Dando continuidade à estratégia mencionada, enfatizam-se contribuições tais como as modificações de Zarlino nas relações subjacentes aos intervalos de terça e sexta, fortemente associadas às Séries de Fourier, a concepção de consonância de Galileu associada à coincidência de pulsações de ar, etc. Para fins de elucidar o significado subjacente à concepção de consonância do cientista italiano, configura-se a turma em dois grupos.

Uma vez estabelecida uma pulsação, os grupos variam o número de palmas por pulsação de diversas maneiras para sentir o efeito do todo - quanto mais simples a relação entre as freqüências dos grupos, maior a coincidência no resultado global. Utilizando portanto competências corporal-cinestésicas - intra e interpessoais -, pode-se tornar visível um conceito abstrato como coincidência de pulsações altas de difícil confirmação prática - no sentido de perceber simultaneamente seus efeitos auditivos, pois as freqüências são muito altas e portanto não perceptíveis - através de uma atividade em que se vê literalmente a relação das pulsações ao mesmo tempo em que se sente a coincidência dos pulsos. Tal atividade revela o potencial analógico concernente à integralização do pensamento pensando-se com o corpo inteiro.

Outro resultado de Galileu reproduzido na oficina segundo uma ecologia cognitiva atual, concerne à relação não somente entre altura musical e freqüência, mas entre intensidade musical e amplitude, bem como timbre e forma de uma função periódica. Confirmam-se tais descobertas por meio de um osciloscópio no qual o participante da oficina canta uma nota e, observando a função periódica na tela do equipamento, verifica a variação dos parâmetros matemáticos freqüência, intensidade e forma da variação respectivamente da altura musical, da intensidade e do timbre.

A vivência mencionada mostra-se significativa, pois os participantes sentem as modificações musicais ao mesmo tempo em que vêem os "retratos" matemáticos dessas mudanças, o que se aproxima da estratégia utilizada na reprodução da descoberta de Arquitas de que altura musical relaciona-se diretamente com freqüência. Em ambas atividades, os alunos vivenciam a construção de um significado simultaneamente em âmbitos matemáticos e musicais, o que induz à conexão dos conceitos envolvidos na rede - altura com freqüência, intensidade com amplitude, timbre com forma, etc. Essa construção consolida-se na medida em que tais atividades reproduzem cenários históricos da relação matemática/música e portanto trazem certa carga afetiva por povoarem o Imaginário Coletivo. Construindo significados segundo essa tática, a oficina sugere tacitamente o hábito não somente de conectar conceitos pertinentes à matemática e à música, mas de associar significados pertencentes a princípio a distintas competências da inteligência.

A oficina apresenta uma explicação qualitativa para a fórmula de Mersenne através da vibração de algumas cordas de diferentes tamanhos e densidades lineares, favorecendo a percepção de que à medida que a corda diminui, a vibração natural aumenta, e à medida que a densidade linear aumenta, a vibração natural diminui. A estratégia subjacente a essa atividade possui forte semelhança com aquela que reproduz a experiência de Arquitas. Nessa última, aumenta-se a freqüência de vibração de um alto-falante do inaudível e visível ao audível e invisível estabelecendo naturalmente, por indução e analogia, a conjectura de que a freqüências maiores correspondem notas mais agudas simplesmente pela experiência visual e auditiva independentemente de saber a freqüência do gerador de audio.

A atividade que reproduz a experiência de Mersenne com a corda possui o mesmo espírito, pois à medida que se diminui o seu tamanho, percebe-se visivelmente que a freqüência de vibração da corda aumenta. A partir de um determinado momento, a vibração torna-se tão alta que não se percebe mais as diferenças; porém a vivência leva o participante a conjecturar por indução que, para cordas menores, as freqüências devem aumentar. Do ponto de vista de rede, tais atividades podem ser comparadas metaforicamente à construção de uma ponte partindo somente de um lado, associado à visualização. Conquista-se o outro lado da ponte, correspondente à audição, através da verificação passo a passo de que a comprimentos menores, associam-se freqüências maiores.

Tais observações possuem caráter semelhante às acelerações rítmicas progressivas convertendo-se em alturas mencionadas por Wisnik[58] (Wisnik, 1989, p.18). A reprodução das experiências de Galileu e de Mersenne propiciam a conexão entre conceitos usualmente associados à matemática a outros comumente pertinentes à música por meio da percepção de ambos conceitos ao mesmo tempo. Assim como as reflexões de Wisnik integram ritmo e altura, tais atividades integram conceitos considerados pertencentes exclusivamente a uma das áreas propiciando a desterritorialização de tais conceitos.

---

58 Nesse ponto, Wisnik integra as idéias de ritmo e intervalo ao comentar que um ritmo de 2 contra 3 perceptível visualmente pode ser olhado como um intervalo de quinta, pois o primeiro transformar-se-ia no segundo se multiplicássemos as freqüências de cada pulsação por um número considerável - por exemplo 100.

A oficina reproduz ainda outros experimentos tais como a corda vibrante de Wallis, fazendo uso de um gerador de audio ligado a uma corda que simula a outra corda do experimento original. Esses e outros experimentos induzem o participante a uma melhor compreensão do contexto dentro do qual a relação entre Série Harmônica e Séries de Fourier acontece, assim como diversos momentos da oficina tal como a discussão sobre a coma pitagórica, a apresentação de distintas afinações estabelecidas no decorrer da história, as aproximações de frações exibidas por Descartes com o intuito de respeitar as proporções pitagóricas e ao mesmo tempo explicar as relações irracionais que estão surgindo, a necessidade de divisão da corda do monocórdio em um número cada vez maior de partes levam o participante a uma gestalt - no sentido apresentado no capítulo II - a respeito do Temperamento.

Seguindo a linha anterior, as oficinas apresentam as contribuições de Saveur concernentes a explicações para batimentos e timbre. Tendo em vista que o matemático francês era surdo e mudo, a oficina procura mostrar como Saveur explicou o fenômeno do batimento fazendo os participantes sentir na madeira do monocórdio o efeito da vibração de duas cordas com afinações muito próximas, apresentando a forma matemática da onda resultante em seguida. Seguindo uma das linhas das atividades anteriores, essa vivência tem o intuito de mostrar distintas faces do significado subjacente a batimento.

Considerando que a explicação de timbre apresentada por Saveur considera essencialmente a relação intrínseca entre Séries de Fourier e Série Harmônica, a discussão a respeito das idéias do matemático francês concernentes ao timbre praticamente propicia mais uma gestalt com a emersão natural da relação entre os conceitos supracitados. Oferecendo distintos elementos ao longo de seus desenvolvimentos, as oficinas tentam propiciar situações que favoreçam a configuração de gestalts. A criação de tais situações faz com que os participantes enredem os elementos por eles assimilados estabelecendo interpretações e dinâmicas de criações envolvendo outras formas de inferência distintas da lógico-formal.

A imprecisão oferecida por tais situações favorece distintas interpretações, abrindo canais cognitivo/afetivos outrora latentes, resultando em diferentes interpretações para uma coleta de dados aparentemente próxima. A troca de experiência propiciada por tal vivência permite que os participantes construam significados multidirecionalmente, de maneira análoga à história dos seis cegos, citada no capítulo II. Tal atividade revela dinâmicas operacionalizáveis somente em contexto coletivo, da mesma forma que uma música a quatro vozes não pode ser cantada por uma única pessoa. Essas vivências propiciam a emergência de criação cognitivo/afetivas dificilmente realizáveis individualmente. Poder-se-ia pensar tal criação coletiva como a junção de distintas peças de uma quebra-cabeças, representando os diferentes participantes - formando um sentido mais amplo - a figura existente no quebra-cabeça montado. Segundo esta metáfora, querer realizar tal criação individualmente equivaleria a conjecturar a imagem do quebra-cabeça completo possuindo somente uma peça ou, na história dos seis cegos, dizer que o objeto analisado, trata-se de um elefante somente com a experiência táctil da perna.

Uma vez explicitada a proximidade semântica entre Séries de Fourier e Série Harmônica, a oficina procura reinterpretar distintos conceitos matemático-musicais agora à luz de tal relação, elucidando argumentações místico-numerológicas, desprovidas de respaldo matemático apresentadas em diferentes momentos históricos ou mesmo inferências resistentes de teórico-musicais defendidas com base na proporcionalidade pitagórica.

Cabe ressaltar que, à luz da relação estreita entre Séries de Fourier e Série Harmônica, o conceito de consonância adquire uma nova dimensão, pois agora não somente torna-se claro compreender as distintas concepções apresentadas para este conceito no decorrer da história como estabelecer novas concepções para consonância, utilizando a idéia de MDC na busca raiz harmônica comum e MMC na busca do primeiro harmônico comum. Para isso, os alunos comparam a configuração harmônica produzida por duas notas através de faixas que possuem, cada uma, a distribuição dos harmônicos de um som de tal maneira que as distâncias físicas entre os harmônicos apresentam medidas proporcionais às distâncias entre as freqüências dos harmônicos em questão. Tal atividade tem repercussão significativa, pois traz um conceito abstrato como coincidência de harmônicos para uma dimensão visual, estabelecendo portanto uma analogia entre situações concernentes a competências musicais, lógico-matemáticas e espaciais.

A oficina finaliza com a apresentação da relação entre Séries de Fourier e Série Harmônica e suas conseqüências, bem como com a comparação - escutando-se através de um programa no computador as escalas de forma serial e paralela - entre as distintas afinações estabelecidas no decorrer da história desde a pitagórica até a temperada igualmente. Destaca-se, nessa última atividade, a percepção nítida da grande diferença entre a quinta do lobo e a quinta pura, justificando portanto a necessidade do estabelecimento do Temperamento. Cabe ressaltar a importância da utilização de distintas competências da inteligência, bem como tecnologias intelectuais tais como monocórdios, o computador, osciloscópio, toca-fitas, teclado, piano, flauta, equipamentos de ressonância e acústica em geral estabelecendo um cenário diversificado que favorece a construção e enredamento multidirecional de significados.

4.5 Implicação na forma de organização das atividades escolares

Embora este trabalho exiba naturalmente até o presente momento algumas implicações concernentes à forma de organização das atividades escolares especialmente nos comentários referentes às oficinas, pretendemos concentrar nas próximas linhas as principais decorrências, no âmbito referido, das concepções teóricas aqui defendidas. Considerando que a forma tradicional de organização dos trabalhos escolares não favorece a operacionalização da proposta apresentada neste trabalho, faz-se necessário naturalmente uma nova configuração para a estrutura/dinâmica de ensino/aprendizagem. Por exemplo, a construção multidirecional de significados envolvendo distintas competências intelectuais mencionada no capítulo II torna-se impraticável num cenário tradicional de ensino/aprendizagem.

Nesse sentido, as oficinas interdisciplinares favoreceram significativamente a efetivação da construção referida, uma vez que elas oferecem grande diversidade em suas atividades. Para participar de uma oficina, deve-se praticar atividades concernentes a distintas competências intelectuais. A oficina exige, por exemplo, que os participantes cantem e ouçam ativamente em diversos momentos, seja para adquirir vivência com os intervalos musicais, para aprender as consonâncias perfeitas necessárias à reprodução do experimento de Pitágoras, seja para diferenciar as distintas formas musicais desenvolvidas na Idade Média, seja para exercitar a coordenação motora ao simular analogicamente a concepção de consonância de Galileu, etc.

Pedindo naturalmente o exercício de competências musicais, intra e interpessoais, corporal-cinestésicas, essas atividades possuem um caráter bidirecional no sentido de proporcionar recíproca e simultaneamente a construção de conceitos a serviço do desenvolvimento de competências intelectuais e o desenvolvimento de competências a serviço da construção de conceitos. Sob uma ótica mais ampla, cabe ressaltar nesse ponto um novo contraponto com a forma de organização de trabalhos escolares tradicionais concernente à tensão desenvolvimento das competências intelectuais do aluno versus realização dos conteúdos escolares. A presente proposta exigiria uma maior preocupação com um equilíbrio dinâmico entre tais aspectos frente às atividades escolares tradicionais, norteadas principalmente pelo cumprimento dos conteúdos escolares.

Realizam-se tais atividades a serviço de uma melhor assimilação dos conceitos abordados no decorrer da oficina, que por sua vez contribuem com a construção das explicações teóricas para os conceitos musicais de Temperamento, Série Harmônica, consonância, etc. Comparando com a forma de organização de trabalhos escolares tradicional, a diversificação referida possui caráter um pouco parecido com a dos exercícios e problemas no que se refere à fixação de conceitos, porém em uma dimensão mais ampla, uma vez que tais atividades exigem naturalmente a utilização de uma variedade de competências. Pode-se imaginar de maneira metafórica a dinâmica de desenvolvimento e fixação de conceitos apresentada anteriormente como respectivamente uma "exploração" e "colonização' na rede de significados. O fato de abrir alguns momentos da oficina para esclarecer conceitos apresentados via diferentes competências exige naturalmente uma formação mais ampla para o professor.

A oficina apresenta ainda diferentes atividades coletivas, envolvendo o corpo e coordenação, tais como cantar em grupo, exposições em público, competições tais como as brincadeiras do sopro divino e passa-mensagem já mencionadas, a simulação da concepção de consonância de Galileu através de palmas, etc, que exigem naturalmente a percepção do outro, colocação no lugar do companheiro, sintonia com o outro, liderança, sentimento solidário, consciência de grupo etc. À luz da organização teórica esquematizada no capítulo II, tais atividades estão mais diretamente a serviço da construção dos significados de escala, intervalos, frações, onda, consonância etc, de acordo com a metáfora dos seis cegos, fazendo uso principalmente de competências corporal-cinestésica, intra e interpessoais. Por exemplo, as brincadeiras referidas mostram-se como uma possível visão corporal-cinestésica da idéia de onda. "Chaveando" as distintas competências intelectuais, as oficinas apresentam significativa diversidade em espaços de tempo relativamente curtos.

Nesse sentido, a efetivação da proposta apresentada nessa tese exige flexibilidade por parte do coordenador da oficina para abrir um conceito segundo diferentes visões, sempre que necessário, com o intuito de estimular, sob uma ótica mais ampla, o hábito de pensar em analogias. A idéia de que cada qual vê o por do sol da porta de sua casa deve ser concretizada a cada momento, no sentido de propiciar diferentes pontos de vista diante de qualquer conceito, independente de que competência intelectual tal ponto exigir utilizar. Na realização das oficinas ou qualquer outra atividade congruente com a proposta teórica apresentada, o professor ou coordenador da atividade deve desenvolver o hábito de expressar, bem como extrair e "permitir" do grupo, dentro do possível, o máximo de significações para cada conceito abordado, o que não possui muita congruência com as formas tradicionais de organização das atividades escolares. Tal estrutura apresenta-se ainda "dissonante" com a formação dos professores em geral, bem como os processos de avaliação tradicionais, que não respondem à flexibilidade para a diversificação demandada pela presente proposta.

O efeito de apresentar, de modo seqüencial, tais significações interligadas analogicamente propicia associações inconscientes num sentido análogo à atividade já mencionada do alto-falante em que a criança percebia visualmente a vibração da caixa ao mesmo tempo em que ouvia o som tornar-se mais agudo. Cabe ressaltar nesse ponto que a emergência de distintas interpretações e representações para um mesmo conceito propiciando uma resignificação coletiva do conceito referido, de maneira análoga à história dos seis cegos, depende fortemente do grau de afetividade do grupo. Tal afetividade relaciona-se à busca por parte do professor de transformar o agrupamento em grupo - segundo a acepção apresentada no capítulo II -, ou seja, como coordenador da classe, ele deveria estabelecer organicidade no grupo.

Tais reflexões concedem ao professor um papel de articulador de índoles e de precariedades, no sentido de a partir da percepção das tendências e dificuldades cognitivo/afetivas no aluno, colocá-lo dinâmica, equilibrada e respectivamente em atividades nas quais tal aluno aflore e em outras onde ele deva esforçar-se para vencer suas dificuldades. Cabe ressaltar nesse ponto a importância do professor oferecer solo fértil para que os alunos desenvolvam capacidades reconhecidamente promissoras ou mesmo latentes, bem como solos mais áridos para que eles transmutem suas condições desvendando fertilidade ali.

Por exemplo, um aluno com boa capacidade lógico-matemática e com dificuldades de relacionamento poderia ora resolver problemas de matemática decorrentes do desenvolvimento de uma oficina e em outros momentos ter que coordenar um grupo de estudos para a realização de um projeto, ou mesmo explicar a sua resolução para os colegas com maior dificuldade em matemática. Tal dinâmica estaria diretamente ligada à idéia de equilibrar a radiografia cognitivo/afetiva mencionada no capítulo

II, bem como equilibrar a tensão desenvolvimento das competências intelectuais versus realização dos conteúdos escolares, fazendo uso das tendências promissoras como apoio para o desenvolvimento daquelas em que o aluno possui maior dificuldade.

Para efetivar essa proposta, a consciência, por parte do professor, de esquemas cognitivos, sejam aqueles apresentados no capítulo II sejam outros concernentes à construção de significados segundo certa diversidade intelectual, favorece a busca de distintas "personalidades" para um mesmo conceito, estimulando naturalmente o desenvolvimento da competência analógica.

As oficinas incluem ainda discussões concernentes aos contextos históricos dentro dos quais os significados apresentados foram construídos, bem como resoluções de diversos problemas matemáticos decorrentes das dúvidas levantadas a partir dos experimentos reproduzidos, da explicação de conceitos musicais envolvidos e atividades em geral. Assim como conceitos matemático-musicais, diferentes circunstâncias históricas são reproduzidas direta ou analogicamente fazendo uso de distintas competências intelectuais. Tal dinâmica convida o participante a reinterpretar os conceitos envolvidos e sugerir novas atividades para a situação em questão, utilizando outras competências intelectuais.

As analogias presentes na oficina direta ou subliminarmente, verbal ou visualmente, associadas ao ambiente afetivo desenvolvido, propiciam a emergência de novas analogias e, sob uma ótica mais ampla, o hábito de criação de analogias. Essa retroalimentação enriquece significativamente a dinâmica das atividades, que renovando-se e incorporando novas formas a cada realização, concede à oficina um caráter vivo e autônomo, aumentando, do ponto de vista de rede, a "densidade" de conexões, e portanto interpretações, aos significados a cada momento. O uso da história situa-se dentro da diversidade referida como mais um recurso para contribuir com elementos na configuração de gestalts mencionada nos comentários concernentes às oficinas.

As oficinas procuram reproduzir inquietações científico/artísticas da relação matemática/música na história com o intuito de alimentar certo sentimento sobre a construção de conceitos pertinentes, estabelecendo uma nova dimensão entre o objeto tratado e o sujeito. Procura-se dinamizar as oficinas de tal modo que os participantes incorporem, por exemplo, a "persona" de Pitágoras e a pergunta do pensador grego referente a associação entre intervalos consonantes e razão de números simples emerja naturalmente. Propiciando repercussões na construção da identidade, tais estratégias favorecem ainda o desenvolvimento da afetividade em nível intrapessoal. Atividades com essa natureza catalisam o sentimento no sentido de, uma vez que aproximam o conhecimento do interlocutor que se apropria naturalmente dele quando percebe analogias da experiência objetiva com o âmbito intrapessoal e subjetivo.

Nesse sentido, as oficinas ou qualquer operacionalização dessa proposta teórica procuram fazer com que seus participantes mergulhem dentro de sua história de maneira análoga àqueles filmes em que nos transpomos para os personagens sentindo suas emoções em diferentes níveis. A busca da empatia entre diferentes dimensões - participante/participante, participante/conceito etc - torna-se um objetivo constante de atividades escolares congruentes com a proposta teórica desta obra, o que se traduz na integração sujeito/objeto ou mesmo na transferência de experiências relativas a distintas competências intelectuais para o âmbito intrapessoal.

À luz da concepção deste trabalho, as atividades escolares procuram fornecer um ambiente propício à associação entre aquilo que se constrói objetivamente e distintas situações usualmente pertencentes a outros ambientes intelectuais, nos quais subjazam esquemas similares. Conectadas analogicamente, tais situações transferem, por sua vez, elementos para o ambiente intrapessoal, promovendo integração entre sujeito e objeto e contribuindo para o desenvolvimento da consciência a partir da ciência, bem como construção da identidade individual e coletiva. Nesse sentido, o conteúdo transforma-se num veículo para concretização dessa dinâmica voltada principalmente para o desenvolvimento de um equilíbrio dinâmico entre as distintas competências intelectuais do aluno.

Talvez aqui encontre-se uma característica bastante marcante da diferenciação entre trabalhos escolares tradicionais e aqueles decorrentes da organização teórica defendida por este trabalho, em que o conteúdo situa-se a serviço do desenvolvimento inter e intrapessoal do aluno e o professor procura conciliar a necessidade intelectual do aluno - em termos de desenvolver as competências menos promissoras - na maneira de construir o conteúdo.

O desenvolvimento afetivo nos trabalhos escolares estabelece um ambiente propício à manifestação da Inteligência Coletiva no sentido de que o grupo escolar, assumindo caráter orgânico, passa a "timbrar"[59]. Assumindo identidade de grupo, a afetividade referida favorece aos participantes adotar uma trajetória comum peculiar àquela organização de pessoas, no sentido de otimizar os potenciais individuais a serviço de um organismo coletivo. Tal peculiaridade compõe-se a partir do contexto social, cultural, geográfico etc dentro do qual os participantes se inserem definindo distintas características comuns e próprias àquele grupo como um "timbre coletivo". Sob tal ótica e à luz da teoria apresentada nessa obra, o trabalho do professor traduz-se em "timbrar" com essa turma no sentido de estabelecer pontes analógicas entre elementos pertinentes a tais características peculiares e significados a serem enredados em sala de aula, fazendo uso das distintas competências intelectuais.

Sob essa atmosfera, a dúvida, o problema, a dificuldade intelectual de um participante, etc, são expressões do organismo coletivo, permitindo, ao professor, configurar uma radiografia cognitiva/afetiva da turma. Definindo portanto as frentes intelectuais que servem de apoio bem como aquelas sobre as quais se deve investir mais em cada turma particular, tal dinâmica favorece um maior equilíbrio na tensão desenvolvimento das competências intelectuais versus realização dos conteúdos escolares.

Nesse ponto, as analogias envolvendo múltiplas competências assumem papel de articulação do grupo, no sentido de que a diversidade de trabalhos no decorrer de uma oficina com distintas configurações coletivas vai

---

59 A metáfora "timbrar" nesse contexto empresta da música a idéia de que há sintonia naquilo que é mais peculiar às vozes do grupo: o timbre.

quebrando as barreiras e travas principalmente em níveis intra e interpessoais dos alunos construindo a identidade de grupo. Os participantes vivenciam experiências de distintas naturezas, possibilitando um maior leque de situações com as quais se identificar, sentir empatia e brilhar, fatores que favorecem o estabelecimento de afetividade e organicidade entre os participantes.

Nesse sentido, as dinâmicas analógicas possibilitam o afloramento e o desvendar de competências ocultas dos participantes de difícil manifestação fora do contexto de grupo e que não ocorreriam ou teriam muito menos chance de ocorrer em cenários tradicionais de organização de trabalhos escolares. Explicitando o pensamento do grupo, as oficinas intencionam ser espaços para experimentar e manifestar o sentimento e inteligência coletivos, competências imprescindíveis na formação pessoal e impossíveis de desenvolver fora de contexto de grupo.

As concepções teóricas apresentadas nesse trabalho repercutem ainda no processo de avaliação. O leque de manifestações possibilitado pela diversidade de trabalhos escolares, bem como pela organicidade do grupo fornece um espectro mais largo, comparado com a avaliação tradicional, das tendências e dificuldades intelectuais do aluno, segundo a concepção de Gardner. A participação em atividades de distintas naturezas durante uma oficina faz com que revele em algum momento um competência intelectual pouco ou muito desenvolvida.

Por exemplo, na atividade das palmas concernente a relação entre números simples na concepção de consonância de Galileu, um participante de um grupo pode ter entendido teoricamente que deve bater três palmas em uma unidade de tempo e depois duas, enquanto o outro grupo realiza o contrário. No entanto, na hora de fazer a atividade, o corpo não mente e não responde, descoordenando-se e invertendo o número de palmas. Em outra circunstância, por exemplo, relativa à idéia de consonância, em que um participante deve entoar uma nota enquanto o colega canta uma quinta acima, a pessoa pode ter entendido a idéia, mas não conseguir emitir o intervalo, ou mesmo conseguir cantar individualmente cada nota de forma melódica, mas não fazê-lo simultaneamente com o colega.

Tais expressões revelam distintas naturezas de dificuldades em diferentes níveis, ou mesmo capacidade de compreender teoricamente de maneira clara, mas dificuldade de expressar o mesmo significado segundo uma competência mais prática. Essas manifestações mostram-se representativas da necessidade de diversificação, fazendo uso das múltiplas competências intelectuais, no ponto de vista sobre um mesmo significado como um hábito na construção de significados na organização de trabalhos escolares, propiciando uma resignificação constante sobre os conceitos abordados em sala de aula e portanto um enredamento de conhecimento dinâmico.

Tal dinâmica permite ao professor aprimorar a cada momento o desempenho coletivo ao articular índoles e dificuldades. Uma situação semelhante ocorre no canto coral em que a mudança de posição de uma pessoa, por questões de empatia de distintas naturezas, pode modificar significativamente a qualidade vocal, bem como tornar a experiência individual de cada participante muito mais profícua. Nesse sentido, a diversidade de atividades numa organização de trabalhos tais como os da oficina de matemática e música mencionada possibilita a configuração de um perfil mais abrangente dos participantes, e portanto um aprimoramento mais efetivo da qualidade de sentimento, na acepção de Ricouer, na dinâmica de ensino/aprendizagem.

Cabe ressaltar que a oficina, assim como qualquer forma nova de organização de trabalhos escolares, gera certa resistência, manifestada, por exemplo, pela dificuldade e falta de flexibilidade de passar de uma atividade para outra, especialmente quando estas possuem naturezas bem distintas. No dizer de Caetano Veloso em sua música Sampa,

À mente apavora o que ainda não é o mesmo velho

Caetano Veloso

A construção de conteúdos de forma não discursiva e pouco precisa, através de configuração de gestalts, dando margem portanto a diferentes interpretações, também gera a princípio certa dificuldade, assim como a dificuldade de criar em cima da interface matemática/música por tratar-se de uma área interdisciplinar envolvendo dois assuntos usualmente não dominados simultaneamente. Um ponto importante do trabalho concerne à adaptação a novas formas de organização de atividades escolares, por exemplo, através das oficinas mencionadas, compatíveis com as concepções defendidas na presente tese.

Revelando o forte condicionamento não apenas referente à organização dos trabalhos escolares, tal resistência evidencia ainda a falta de hábito de pensar analogicamente, uma vez que as oficinas não privilegiam as competências lógico-matemática e lingüística. Esses aspectos concedem, em um nível mais profundo, à oficina ou qualquer outra forma de atividade congruente com a presente proposta, uma função de reorganização estrutural e dinâmica do pensamento.

Para fins de construir conceitos de maneira mais abrangente, os esquemas apresentados no capítulo II mostram-se catalisadores especialmente na velocidade de mudança de "ângulos" de observação sobre um mesmo significado respeitando as características peculiares de cada ponto de vista, um aspecto que revela significativa dificuldade e resistência. Comparada metaforicamente à passagem rápida por distintas línguas quando da expressão de um texto sem falar com sotaque, a dinâmica anterior ocorre em uma dimensão prática nas oficinas com o intuito de induzir mentalmente a hábitos de mesma natureza, o que envolve certamente outros tipos de inferência distintos do lógico-matemático e lingüístico.

As oficinas mostram-se insistentes na postura anterior, reproduzindo arquetipicamente a cada momento a história dos seis cegos com o intuito de desenvolver nos participantes o hábito e desejo de querer compreender um conceito, segundo diferentes visões. Possível de concretizar em organizações escolares tais como as oficinas mencionadas, tal "varredura" passa inevitavelmente por terrenos mais afetivos, onde se sente, no sentido de Ricouer, o conceito em questão, dando portanto sentido.

Encontramo-nos agora no ponto focal deste trabalho. As oficinas utilizam distintos recursos tais como atividades que induzem a pensar com o corpo inteiro, dinâmicas envolvendo diferentes competências intelectuais, etc, com o intuito tácito de propiciar e resgatar o hábito de pensar analogicamente a serviço de sentir o conhecimento. Procurando fazer brilhar os olhos do participantes, as oficinas e, sob uma ótica mais ampla, esta obra objetiva ressaltar a importância do processo de sensibilização nos trabalhos escolares, bem como na formação pessoal e coletiva.

Ao propiciar ambientes afetivos, oficinas bem como outras formas de organização de trabalhos escolares congruentes com a concepção teórica defendida nesse trabalho deveriam aproximar as distintas circunstâncias apresentadas do âmbito intrapessoal integrando ciência e consciência, sujeito e objeto, bem como sintonizando os participantes entre si. Ao estabelecer empatia e ressonância entre os conceitos apresentados e as realidades afetivas dos participantes, fazendo uso criterioso do pensamento analógico na construção e reconstrução de significados, as atividades escolares estariam propiciando a assimilação dos significados, a "assemelhação" aos conceitos e um trabalho de sensibilização, fator imprescindível na construção do sentimento individual e coletivo.

REFERÊNCIAS BIBLIOGRÁFICAS

ABDOUNUR, O. J., BOTTURA, C.B. From Mathematics to Music: a Numerical Journey through sounds. São Paulo, IME-USP, 1997. 20p. (RT-MAT-9701).

ARBIB, M., HESSE, M., The Construction of Reality. Cambridge: Cambridge University Press, 1986

ALALEONA, D. História da Música, São Paulo: Editora Ricordi, 1978.

ASSAYAG, G. ; CHOLLETON, J.P. Musique, nombres et ordinateurs. La recherche, Paris, vol.26, p.804-809, juillet-août. 1995.

BENNET, R. Uma breve história da música. Rio de Janeiro: J.Zahar Editor, 1982.

BLACK, M., Como as Metáforas Funcionam: Uma resposta a Donald Davidson. In: Sacks, S. (org.). Da Metáfora. São Paulo: Educ-Pontes, 1992. p.127-144.

________. La metáfora. In: Sacks, S. (org.) Modelos y Metaforas. Madrid: Teorema, 1968. p.36-56

________. Modelos y arquetipos. In: Sacks, S. (org.) Modelos y Metaforas. Madrid: Teorema, 1968. p.216 - 238.

________. Models and Metaphors: studies in language and philosophy. Ithaca: Cornell University, 1962. 267p.

BONE, D. Music and the Circular Functions. Modules and Monographs in Undergraduate Mathematics and its Applications. (COMPLETAR)

BOROWSKY, E.J. ; BORWEIN, J.M. Collins Dictionary of Mathematics. Great Britain: Harpers Collins Publishers, 1989.

BOYER, C. B. História da Matemática. 2. ed. São Paulo: Ed. Edgard Blücher, 1996.

BUNT, L. N. H.; JONES, P.S.; BEDUNT, J. D. The historical roots of elementary mathematics. [s.l.]: Dover Publications, 1988.

BUSH, V. ; FRANKLIN, D. Harmonic analysis. In: Haley, W. (org.). Encyclopaedia Britannica, Chicago: University of Chicago, 1969. v. 1, p. 106-109.

BUZON, F. Science de la nature et théorie musicale chez Isaac Beeckman (1588-1637). Reviste Histoire des Sciences, v.38, n.2, p.99-120, 1985.

CAPRA, F. et al. Belonging to the universe. London: Penguin Books, 1992.

CARTIER, P. Kepler et la musique du monde. La Recherche, Paris, v.26, p.750-755, juillet-août, 1995.

CASTANHA, P. Tradução e notas. In: Zarlino, G. Da Inztitutioni armoniche.

COHEN, A. Mersenne, Marin. In: THE NEW GROVES Dictionary of music and musicians. New York: Mac Millan, 1980. p.188 -190.

COHEN, H.F. Quantifying music: the science of music at the first stage of the Scientific Revolution, 1580-1650. Boston: D. Reidel Publishing, 1984.

COTTINGHAM, J. Dicionário Descartes. In: DICIONÁRIOS de Filósofos. Rio de Janeiro: J. Zahar, 1995.

DAVIDSON, D. O que as metáforas significam. In: Sacks, S. (org.) Da metáfora. São Paulo: Educ - Pontes, 1992. p.34-51.

DAMÁSIO, A. O Erro de Descartes: emoção, razão e o cérebro humano. São Paulo: Companhia das Letras, 1996.

DESCARTES, R. Compendium of Music. [s.l.]: American Institute of Musicology, 1961.

DESCARTES, R. Compendio de Música. Introducción de Ángel Gabilondo. Madrid: Tecnos, 1992.

DIAS, Rosa Maria. Nietzsche e a Música. Rio de Janeiro: Imago, 1994.

DOSTROVSKY, S.; BELL, J. F. ; TRUESDELL, C. Physics of music. In: THE NEW GROVES Dictionary of music and musicians. New York: Mac Millan, 1980. p.664-677.

DRABKIN, W. Fourth, THE NEW GROVES Dictionary of music and musicians. New York: Mac Millan, 1980, p.736.

DUIT, R. On the role of analogies and methaphors in learning science. Science Education, v.75, n.6, p.649-672. 1991.

ERNY, Pierre. L'Enfant dans la pensée traditionnelle de l'Afrique noire. Paris: Le Livre Africain, 1968.

FALLAS, L.A. La Analogia Pitagorica; Estudio interpretativo del pensamiento de Arquitas de Tarento. Revista de Filosofia de la Universidad de Costa Rica, número extraotrdinário, 1992

GARDNER, H. Estruturas da mente: a teoria das inteligências múltiplas. Porto Alegre: Artes Médicas Sul, 1994.

__________. Inteligências Múltiplas: a teoria na prática. Porto Alegre, Artes Médicas, 1995.

GARDNER, H. ; WINNER, E., O desenvolvimento da competência metafórica: implicações para as disciplinas humanísticas. In: Sacks, S. (org.). Da Metáfora. São Paulo: Educ-Pontes, 1992. p.127-144.

GENTNER, D. Structure-mapping: a theoretical framework for analogy. Cognitive Science. v.7, p.155-70. 1993.

HARIKI, S. & BONFIGLIOLI, C. P. História, matemática e tecnologia. p.1-8. Maio 1997. Texto de apoio para uma conferência para alunos de pós-graduação na FE-USP.

HELMHOLTZ, H. On the sensations of tone. New York: Dover Publications, 1954.

HINDEMITH, P. Craft of musical composition I, theory. London: [s.e.], 1937.

HOFSTADTER, D.R. Gödel, Escher, Bach: an eternal golden braid. New York: Vintage Books, 1979.

HOUAISS, A. Harmonia. In: DUARTE, R. ; MOUTINHO, I.R.O. Enciclopédia Mirador Internacional. São Paulo: Encyclopaedia Britannica do Brasil, 1976. p. 5668-5671.

HUTCHINS, R.M. Ptolemy, Copernicus, Kepler. London: Encyclopedia Britannica, 1952.

IRMÃO MARISTAS. Física. São Paulo: FTD, 1965

JAPIASSÚ, H. ; MARCONDES, D. Dicionário básico de Filosofia. Rio de Janeiro: J. Zahar, 1996.

JUNG, C. G. , O homem e seus símbolos. Rio de Janeiro: Nova fronteira, 1964.

JUNG, C.G. Sincronicidade. Petrópolis: Vozes, 1984.

KEPLER, J. L' Harmonie du monde. Bordeaux: Éditions Bergeret, 1977.

KEPLER, J. The harmonies of the world. In: Ptolemy, Copernicus, Kepler. London: William Benton Publisher, 1952. (Great Books of the Western World, v.16).

KUHN, T. A Estrutura das Revoluções Científicas. São Paulo: Perspectiva, 1987.

LAKOFF, G.; JOHNSON, M. Los mitos del objetivismo y el subjetivismo. In: METÁFORAS de la vida cotidiana. Madrid: Ediciones Catedra, 1986, p.228-237.

LESTER, J. Compositional in the Eighteenth Century. Cambridge: Harvard University Press, 1994.

LÉVY, P. ; AUTHIER, M. As árvores de conhecimento. São Paulo: Escuta, 1995.

LÉVY, P. L' Intelligence Collective: pour une anthropologie du cyberspace. Paris: Ed. La Découverte, 1994.

______. Tecnologias da Inteligência: O futuro do pensamento na era da informática. Rio de Janeiro: Ed. 34, 1993.

LIMA, E.L. Logaritmos. Rio de Janeiro, IMPA VITAE, 1991. 107p. (Coleção do Professor de Matemática, 1).

LINDSAY, R.B., Sound. In: Harvey, W.(org.). Encyclopaedia Britannica. Chicago: University of Chicago, 1969. v. 4, p. 925-952.

MACHADO, N. J. Epistemologia e Didática. As concepções de conhecimento e inteligência e a prática docente. São Paulo, Cortez Ed., 1995

______________. Matemática e Educação: alegorias, tecnologias e temas afins. São Paulo: Cortez, 1995.

MARTIN, H. Les mathématiques et la musique. In: LIONNAIS, F. Le. (org.). Les grands courants de la pensée mathématique. Paris: Editions des Cahiers du sud, 1948.

MECACCI, L. Conhecendo o cérebro. São Paulo: Nobel;

Instituto Italiano di Cultura di São Paulo; Instituto ítalo-Brasileiro, 1987.

MERSENNE, M. Harmonie Universelle: the books on instruments. Netherlands: Martinus Nijhoff; Hague, 1957.

MONTUCLA, J.F. Histoire des Mathématiques. Paris: Tome Premier, 1799. ano 7.

NEPOMUCENO, L. X. Acústica Técnica. São Paulo: Etegil, 1968.

O'KEEFFE, V. Mathematical-musical relationships: a bibliography. The Mathematics Teacher, v.65, p.315-324.1972.

OUSPENSKY, P.D. Fragmentos de um Ensinamento Desconhecido. São Paulo: Pensamento, [s.d.].

PAHLEN, K. Nova História Universal da Música. São Paulo: Melhoramentos, 1991.

PALISCA, C.V., Zarlino, Gioseffo. In: THE NEW GROVES dictionary of music and musicians. New York: Mac Millan, 1980.

PESSOA, F. Obra Poética. Rio de Janeiro: Nova Aguilar, 1987.

PIAGET, J. Recherches sur les Correspondences. Paris: Presses Universitaires de France, 1980.

POLYA, G. Induction and analogy in mathematics: mathematics and plausible reasoning. Princeton: Princeton University Press, 1954. 280p.

RAMEAU, J.P. Treatise on Harmony. New York: Dover Publications, 1971.

RIBEIRO, R. & ABDOUNUR, O. J. Analogias na Estruturação de Criação negras e mestiças. Anais do XXV Congresso Interamericano de Psicologia, Porto Rico, 1995

RICOUER, P., O processo metafórico como cognição, imaginação e sentimento In: Sacks, S. (org.). Da Metáfora. São Paulo: Educ-Pontes, 1992. p.145-160.

RICOUER, P. Teoria da Interpretação: o discurso e o excesso de significação. Lisboa: Edições 70. Lisboa, 1976.

SADIE, S. (Ed.) Dicionário Grove de música. Rio de Janeiro: J. Zahar, 1988.

___________ The new Grove dictionary of music and musicians. New York: Mac Millan, 1980.

SIMMONS, G.F. Cálculo com Geometria Analítica. São Paulo: McGraw-Hill, 1987.

SIMONSEN, M.H. Sons e números. Revista Brasileira de Música, Rio de Janeiro, v. 20, p. 43-48. 1992-1993.

TAHAN, M. Os números governam o mundo: Foclore da Matemática. Rio de Janeiro: Ediouro, Rio de Janeiro, [s.d.].

TANNERY, P. Memoire scientifique: science exactes de l'Antiquité. Toulouse: Privat, 1915. v.3: Notions historiques: 158 -187.

__________. Memoire scientifique: science exactes de l'Antiquité. Toulouse: Privat, 1915. v.3 : Du ròle de la musique grecque: p 68-89.

__________. Memoire scientifique: science exactes de l'Antiquité. Toulouse: Privat, 1915. v.3 : Sur un point d'histoire de la musique Grecque: p 90 -115.

TAYLOR, C. Exploring Music, the science and technology of tones and tunes. Bristol: Institute of Physics Publishing, 1992.

THAGARD, Paul. The greatest analogies in the history of science. Intelligence Artificielle au Canada, p.14-20. 1993.

____________. Analogy, Explanation and Education. Journal of Research in Science Teaching, v. 29, n.6, p. 537-544. 1992.

WEBER, Max. Os fundamentos racionais e sociológicos da música. São Paulo: EDUSP, 1995.

WISNIK, J.M. O som e o sentido: uma outra história das músicas. São Paulo: Companhia Das Letras, 1989.

Dados do Autor

Oscar João Abdounur nasceu no Rio de Janeiro, em 1964. Graduado em Engenharia Eletrônica pelo Instituto Tecnológico de Aeronáutica (ITA) e doutor em Educação pela Universidade de São Paulo (USP). Leciona no Instituto de Matemática e Estatística da Universidade de São Paulo (IMEUSP) desde 1989, onde atua na área de Epistemologia, Didática e História da Matemática. Atualmente, aprofunda sua pesquisa realizando um pós-doutorado no Max Planck Institut fuer Wissenschaftgeschichte, em Berlin, onde se dedica particularmente às relações entre matemática e música na Idade Média e Renascimento.

Publicou diversos artigos e, juntamente com Seiji Hariki, o livro *Matemática aplicada: administração, economia e contabilidade* (São Paulo, Editora Saraiva, 1999)

Impresso em abril de 2000 em off-set 75g/m²
nas oficinas da Bartira Gráfica

*Não encontrando este livro nas livrarias,
solicite-o diretamente à editora.*

Escrituras Editora e Distribuidora de Livros
Rua Maestro Callia, 123 - Vila Mariana 04012-100 - São. Paulo, SP
Telefax: (11) 5082-4190 - http://www.escrituras.com.br
Administrativo - email: escrituras@escrituras.com.br
Arte - email: arte@escrituras.com.br